21世纪财务会计系列教材

会计学原理

KUAIJIXUE YUANLI

主　编：辛　林

副主编：陈　渠　黄弘扬

厦门大学出版社 XIAMEN UNIVERSITY PRESS

国家一级出版社

全国百佳图书出版单位

图书在版编目（CIP）数据

会计学原理／辛林主编. -- 厦门 ：厦门大学出版社，2021.8（2023.7 重印）
ISBN 978-7-5615-8298-5

Ⅰ. ①会… Ⅱ. ①辛… Ⅲ. ①会计学－高等学校－教材 Ⅳ. ①F230

中国版本图书馆CIP数据核字(2021)第137574号

出版人　郑文礼
责任编辑　许红兵　施建岚
美术编辑　张雨秋
技术编辑　朱　楷

出版发行　厦门大学出版社
社　　址　厦门市软件园二期望海路 39 号
邮政编码　361008
总　　机　0592-2181111　0592-2181406(传真)
营销中心　0592-2184458　0592-2181365
网　　址　http://www.xmupress.com
邮　　箱　xmup@xmupress.com
印　　刷　厦门金凯龙包装科技有限公司

开本　787 mm×1 092 mm　1/16
印张　20.25
插页　1
字数　409 千字
印数　2 501～3 500 册
版次　2021 年 8 月第 1 版
印次　2023 年 7 月第 2 次印刷
定价　52.00 元

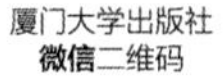
厦门大学出版社
微信二维码

厦门大学出版社
微博二维码

前 言

随着我国会计理论研究进一步深入、会计实务不断发展，尤其是近几年我国会计准则的变更、税收政策的改革，许多交易或事项的账务处理方法发生了改变。这就要求我们必须使用最新最前沿的知识进行教学，才能使学生更好地将理论与实际相结合。因此，为了紧跟最新财税法规、会计准则的变化，总结我们在本科教学质量与教学改革项目、财会实训室建设中的探求和成果，我们编写了这部教材。

本教材在吸取同类教材众家之长的基础上，结合编写人员多年来的教学经验，对相关内容进行了大胆的精简、浓缩、提炼和升华，使全书紧凑凝练、简明实用。此外，考虑到课堂教学要求，本教材在每章后附有针对性练习题，供学生及时掌握相关知识点。

在本教材的编写过程中，我们积极借鉴和吸纳最新会计理论研究、会计实务的最新成果，以《企业会计准则》为指导，力求内容与时俱进。例如，关于流动资产与流动负债的定义，采用2020年注册税务师考试教材《财务与会计》中的新定义；关于收入的确认条件，以2017年公布的新收入准则为依据；书中涉及的一般纳税人增值税税率，按照2019年4月财政部、税务总局调整的13%进行核算；根据财政部《关于修订印发2019年度一般企业财务报表格式的通知》，选取了适用于已执行新金融准则或新收入准则企业的一般企业财务报表格式，对财务报表进行编制。

本教材由福州工商学院辛林教授拟定编写大纲和写作指导并担任主编，陈渠、黄弘扬担任副主编，具体分工如下：陈渠编写第一章、第十章；叶巧艳编写第二章；杨贵兴编写第三章；郑理惠编写第四章；辛林编写第五章；黄弘扬编写第六章；李国田编写第七章；吕家天编写第八章；邓淑婷编写第九章。辛林负责全书的统稿及修改定稿工作。

由于知识水平有限，教材中难免有不足和错误之处。我们衷心希望本教材能够得到大家的认可，也恳请各位读者和同行多提改进建议，以便我们在今后的修订中不断完善、提高教材质量。

作者

2021年6月

目　录

第一章　绪　论

第一节　会计的产生与发展

会计伴随着人类的产生而产生，伴随着人类的发展而发展。从旧石器时代、新石器时代、农业时代、远洋贸易时代、工业时代到现代的泛金融化和信息化时代，会计从简单的结绳记事到今天的财务系统集成，一直伴随人类进步而不断发展和成熟。而其演化的历史，可以从东西方会计文明的发展中得以窥见。

一、西方会计的发展

大约一万年前，农业结束了人类的采集狩猎生活，人类慢慢定居下来，开始驯化各种动植物，积累财富，并逐渐形成私有财产。公元前4000年左右，两河流域的美索不达米亚人在泥版上用楔形文字记录神殿的财物收支、工资支出、现金收入、贷款利息和不动产等多类交易事项，开创了有文字记录的人类会计文明。

公元前3400—前3000年，古城乌鲁克的一块泥版上清楚地记载37个月内，收到29 086单位的大麦（大约3 800蒲式耳），并由“库辛”签发。

公元前3100年，史上第一个埃及王朝法老王统治了下尼罗河谷，他们将泥版按照时间顺序插进长杆中，逐渐形成某种意义上的会计账簿。

而据马克思考证，“在远古的印度公社，已经有一个农业记账员，在那里，簿记已经独立为一个公社官员的专职。由于这种分工，节约了时间、劳力和开支”。

公元前18世纪，世界上最早一部成文法典《汉谟拉比法典》记录古巴比伦的经济关系以及刑法民事与商业标准，并认为会计账目不仅是政府征税的依据，也是诉讼的证据。

公元前4世纪，雅典已经拥有一个审计法院，并配有在法庭上作证的会计。

公元5世纪左右，罗马帝国皇帝奥古斯都制定的政府预算表上已经详细分列整个罗马帝国的收入和支出，并且收支互相平衡，体现“量入为出”的理财思想。

1494年，会计学之父卢卡·帕乔利出版《算术、几何、比与比例概要》一书，该书第一部分中的第九篇第十一论“计算与记录要论”对复式簿记有相当全面、系统的描述，奠定了西式复式簿记的基础，成为会计发展史上的重要里程碑。该书的出版标志着近代会计的开始。

1602年，荷兰政府为荷兰东印度公司颁发特许状，允许其垄断荷兰国家的远洋贸易经营权21年，公司于1606年9月9日发行世界上第一张面值150荷兰盾的股票。股份公司的诞生意味着所有权与经营权的分离，股东对会计信息的需求逐渐加大。

1673年，法国颁布《商事王令》，规定每一个批发商均应设置反映自己经济业务的账簿，破产时若发现未设置账簿，应视为欺诈破产，以死刑处之。

18世纪，以蒸汽机为代表的工业革命使生产率得到大幅提高，高利润又吸引大量资本投资建厂，造成恶性竞争。在1815年及随后多次经济危机中，大批工厂纷纷倒闭，英国法院要求倒闭公司必须聘请一名会计师参与清算工作，会计师成为最赚钱的职业之一，许多没有工作的人都开始学习会计。为了加强对会计师的管理，1854年世界上第一个会计师协会——爱丁堡特许会计师协会成立，会计的作用获得社会的认可。

英国在审计、复式簿记原理与早期成本会计方面的贡献，使它很快成为世界会计发展的中心，这一历史地位一直保持到19世纪。在18世纪和19世纪之交，德国在会计、审计研究方面也出现大的突破。德国在会计、审计理论研究与方法处理应用方面充分体现了西欧大陆国家的特色，在世界会计发展史上自成一派，成为“大陆式会计、审计”的创始国，从而与英国及后来的美国分庭抗礼，与“英美式会计、审计”并列成为两大流派。

西方会计的崛起是资本主义经济、科学技术进步、产业革命率先在西欧产生和发展的必然结果。直至20世纪初，伴随着资本主义市场经济发展中心的转移，世界会计发展中心从英国乃至西欧转移到美国。

20世纪30年代的经济危机，让人们发现会计缺乏统一规范的危害，美国于1933年和1934年分别颁布《证券法》和《证券交易管理法》，并成立证券交易委员会(SEC)，监管上市公司财务报告程序，规定上市公司的报表必须交由会计师事务所审计，并制定统一的会计原则和报告格式。1938年，美国会计师协会开始组建正式的会计准则制定机构，系统的会计学理论体系也逐渐建立起来。

二、中国会计的发展

以中国为代表的东方，除了悠久的历史和灿烂的文化以外，会计的发展也异彩纷呈。

会计的萌芽可以追溯到史前社会的“结绳记事”、“刻符记事”、“绘图记事”和“书契记录”时代。例如，《周易正义》中讲“事大，大结其绳；事小，小结其绳。结之多少，随物众寡”。在文献《易・系辞下》中有记载，“上古结绳而治，后世圣人易以书契，百官以治，万民以察”。

公元前2070年，大禹在国家建制后，在茅山大会诸侯，汇总稽核他们的功德业绩，奠定了古代财计报告、审查与考核的基础。

河南安阳殷墟出土的大量甲骨卜辞中有按时间、地点、种类和数量记录出猎收获的内容，用“卯”和“埋”表示支出，用“毕”和“获”表示收入，这是我国会计的雏形。

但是“会计”一词的出现，是在我国奴隶社会鼎盛的西周时期。《周礼・天关・司会》中记载：“司会掌邦之六典、八法、八册……而听其会计。”而“司会”就是当时“掌国之官府郊野县都之百物财用”的会计机构，主要职责是对财务收支活动进行月计、岁会，考核各官府的政绩。

春秋时期的孔子，提出最早的会计原则“会计当而已矣”，意指会计的收、付、存要平衡正确无误。

随着人类社会生产的发展和需要，会计得到进一步的发展和完善。自春秋战国时期到秦朝，《礼记・王制》中所讲的“量入以为出”的“上计”报告制度为统治者继承与演进，“籍书”(也称簿书)开始出现，“入”和“出”也被作为一种记录符号来使用。至汉代，“上计簿”已成为核算国家财政收支的重要会计工具。与此同时，形成以“收入”、“支出”和“结余”为要素的“三柱清册”结算法。

到唐宋时期，我国会计理论与方法得到进一步推进，不仅产生了《元和国计簿》、《太和国计簿》、《会计录》等具有代表性的会计著作，还创立了四柱清册法。四柱清册法以“旧管”、“新收”、“开除”和“实在”为要素，通过“旧管＋新收＝开除＋实在”这一平衡式定期清算账目，相当于现在的“期初结存＋本期收入＝本期支出＋期末结存”。这种计算法既可检查日常记录的正确性，又可分类汇总日常会计记录，使之起到全面反映经济活动的作用。

明末清初的龙门账，以“来”和“去”作为记账符号，记账规则是“有来必有去，来去必相等”，把全部项目分为“进”(相当于收入)、“缴”(相当于支出)、“存”(相当于资产)和“该”(相当于资本和各项负债)四类，采用“进－缴＝存－该”的平衡式计算盈亏，将“进”和“该”列在总账上方，“缴”和“存”列在总账下方，分别编制“进缴结册”和“存该结册”，两表计算结果相等称为“合龙门”。龙门账的诞生标志着中式簿记由单式记账向复式记账转变。

18世纪中叶，在龙门账的基础上形成了一种比较成熟的复式簿记——“四脚账”，即一切业务都要登记“来账”和“去账”两笔，以反映来龙去脉。账簿分上、下两格，垂直书写，上格为“天”，记收；下格为“地”，记付；上、下两格所记金额必须相等，称之为“天地合账”。

“四柱清册法”、“龙门账”、“四脚账”等都是较为科学的会计方法，甚至成为复式簿记的雏形，但在19世纪中叶以前始终没有完备的复式簿记产生。1897年，中国通商银行首先采用借贷复式簿记。1905年蔡锡勇、蔡璋编写的《连环账簿》一书，标志着借贷复式簿记正式传入中国。1918年，谢霖在北京创办中国第一家会计师事务所——正则会计师事务所。1925年3月，我国成立历史上第一个会计师公会——上海会计师公会。至20世纪40年代，无论政府会计还是公司会计的革新都取得了一定进展。

1949年中华人民共和国成立，中国从此发生翻天覆地的变化，中国经济、中国会计进入了一个崭新的发展时期。经过20世纪50年代至60年代的经济恢复与初步发展，中国的会计事业逐步建立和发展起来，并在财计组织建设、统一会计制度、改革与统一会计方法、建立会计方法体系、开展会计理论研究以及会计教育等方面取得了初步成效，为社会主义会计事业进一步发展奠定了基础。

1978年党的十一届三中全会召开，党和国家把工作重点转移到现代化建设上来，坚定不移地实行改革开放政策，并逐步把经济改革全面推向纵深发展阶段，为全面开展会计改革创造了良好的社会经济环境。1985年我国颁布《中华人民共和国会计法》，标志着我国会计工作从此进入法制阶段，经过1993年、1999年和2017年的修订颁布，我国会计法规建设呈现出历史性进步。

20世纪90年代以来，我国经济发展和改革步入快车道。在90年代初，为了规范会计行为并解决我国会计与国际会计的协调、接轨问题，在国务院及财政部的领导下，我国着手研究制定会计准则，并于1992年11月30日颁布《企业会计准则》和《企业财务通则》(简称“两则”)。1997年5月28日，我国颁布《事业单位会计准则》。

进入21世纪，我国会计迎来了一个崭新的发展时期。2000年6月21日，国务院颁发《企业财务会计报告条例》；2000年12月29日，财政部发布《企业会计制度》；2001年11月27日，财政部发布《金融企业会计制度》；2004年4月27日，财政部发布《小企业会计制度》；2004年8月18日，财政部发布《民间非营利组织会计制度》；2006年2月15日，财政部发布由1项基本会计准则和38项具体会计准则组成的企业会计准则体系；2014年，财政部对2006年发布的具体会计准则进行修订，发布修订后的第2、9、30、33、37号企业会计准则，同时新发布第39、40、41号企业会计准则；2017年4月28日，财政部发布《企业会计准则第42号——持有待售的非流动资产、处置组和终止经营》，并对第14、16、22、23、24、37号企业会计准则进行修订，从而形成由1项基本会计准则和42项具体会计准则组成的新的企业会计准则体系。

综上所述，会计是随着生产的进步而进步的，随着人类的发展而不断发展的，近代会计发展于英国，现代会计发展于美国。而随着中国经济的高速发展，未来的会计将在中国得到进一步的发展与完善。

第二节 会计的概念和职能

一、会计的概念

会计是以货币为主要计量单位，采用专门方法和程序，对企业和行政、事业单位的经济活动进行完整的、连续的、系统的核算和监督，以提供经济信息和反映受托责任履行情况为主要目的的经济管理活动。

二、会计的职能

会计的职能是指会计在企业经营管理过程中所具有的功能。马克思将簿记归纳为“过程的控制和观念总结”。会计学术界一般将“控制”解读为监督或者管理；将“观念总结”解读为反映或核算，即用观念上的货币对在生产过程中所发生的经济活动进行综合反映。《中华人民共和国会计法》第五条也将会计定位于“进行会计核算，实行会计监督”。因而，我国学术界一般认为核算和监督是会计的两个基本职能，除此以外，会计还具有预测经济前景、参与经济决策、评价经营业绩等拓展职能。

(一)基本职能

1. 会计的核算职能

会计的核算职能，是指会计以货币为主要计量单位，对特定主体的经济活动进行确认、计量、记录和报告。会计核算贯穿于经济活动的全过程，是会计最基本的职能。会计核算的内容主要包括：(1)款项和有价证券的收付；(2)财物的收发、增减和使用；(3)债权、债务的发生和结算；(4)资本、基金的增减；(5)收入、支出、费用、成本的计算；(6)财务成果的计算和处理；(7)需要办理会计手续、进行会计核算的其他事项。

会计在对经济活动进行确认、计量、记录和报告的过程中，体现出会计核算的以下特点：

(1)会计核算主要以货币为计量尺度，综合反映企业的经济活动。会计在用货币综合反映的同时，也可以采用实物量度(数量、重量、体积)和劳动量度(工作时长)进行记录，以保证会计记录的准确性和完整性。

(2)会计核算是对企业实际发生的经济业务进行核算。在取得原始凭证的基础上,对企业发生的资金收付,财物的增减、使用,债权债务的发生和结算,收入、成本、费用、利润的形成和分配等进行核算。

(3)会计核算具有完整性、连续性和系统性。会计核算的完整性,是指在时间上和空间上对所有应该核算的会计对象不能有任何遗漏;会计核算的连续性,是指对会计对象的确认、计量、记录和报告要连续进行,不能有任何中断;会计核算的系统性,是指要采用科学的会计核算方法对会计信息进行加工处理,保证所提供的会计数据资料成为一个有序的、整体的会计信息系统。

2. 会计的监督职能

会计的监督职能,是指对特定主体经济活动和相关会计核算的真实性、合法性和合理性进行审查。真实性审查,是指检查各项会计核算是否根据实际发生的经济业务进行。合法性审查,是指检查各项经济业务是否符合国家有关法律法规,遵守财经纪律,执行国家各项方针政策,以杜绝违法乱纪行为。合理性审查,是指检查各项财务收支是否符合客观经济规律及经营管理方面的要求,保证各项财务收支符合特定的财务收支计划,实现预算目标。

【例 1-1】 东方公司的销售人员小林到外地签订一份销售合同,带回一些住宿、交通和餐饮的发票和单据到单位会计部门报销差旅费。会计人员首先要对销售人员小林的出差行为是不是公司业务安排进行审查,如果不是,所有费用不予报销。如果是,则进入费用审核报销的流程:第一步,辨认各种单据凭证的真伪;第二步,会计确认所有合格凭证的金额;第三步,比对公司对应业务差旅费的标准,核准同意报销的金额;第四步,交予出纳支付现金;第五步,将报销金额计入销售费用。在这个过程中,相关人员都要签名盖章,填写业务发生的时间,以备日后出现差错或问题时可以追溯。

会计监督是对业务发生的全过程进行监督,包括事前监督、事中监督及事后监督。事前监督是在交易事项尚未进行时的监督,主要通过参与预算编制、合同谈判等工作进行监督;事中监督是对正在进行的经济活动进行监督,主要通过对公司成本费用的计算,发现异常事项,及时进行监督;事后监督是对已经发生的经济活动进行会计监督,主要是在支付环节进行。

事前监督可以起到预防作用,事中监督可以及时发现问题,事后监督可以总结经验教训,避免产生经营风险。而在实务中,对企业经济活动的监督是全方位的,不仅有会计内部监督,更有财政、审计、税务、人民银行、证券监管、保险监管等外部监督。

总之,核算和监督是会计的两大基本职能,“离开了核算就无所谓会计,监督也无从谈起,它是整个会计工作的基础;而离开了监督,会计也就失去了生命,它是整个会计工作的灵魂”[①]。

---

① 杨纪琬.关于“会计管理”概念的再认识[J].会计研究,1984(6):7-12.

(二)拓展职能

1. 预测经济前景,是指根据财务报告等提供的信息,定量或者定性地判断和推测经济活动的发展变化规律,以指导和调节经济活动,提高经济效益。

2. 参与经济决策,是指根据财务报告等提供的信息,运用定量分析和定性分析方法,对备选方案进行经济可行性分析,为企业经营管理等提供决策相关的信息。

3. 评价经营业绩,是指利用财务报告等提供的信息,采用适当的方法,对企业一定经营期间的资产运营、经济效益等经营成果,对照相应的评价标准,进行定量及定性对比分析,做出真实、客观、公正的综合评判。

三、现代会计的两大分支

会计学作为经济管理的专门学科,主要有财务会计和管理会计两大分支。

财务会计是以提供财务状况、经营成果和现金流量为主的知识体系。财务会计信息的使用者主要是投资者、债权人以及其他外部利益相关者,因此,财务会计也被认为是面向对外报告的会计。财务状况是关于资产、负债、所有者权益及其构成状况的信息,如流动资产、固定资产、无形资产、流动负债、股本(实收资本)、资本公积等得到广泛使用的会计信息和指标。经营成果是关于收入、利润及其构成的信息,如收入、费用的构成及其变化、利润的形成过程等。现金流量信息主要涉及现金流量的构成、规模、时间及其变化等信息,反映现金管理水平和状况。

管理会计是以提供成本、绩效信息为主的知识体系。管理会计信息的使用者主要是企业内部管理人员,因此,管理会计也被认为是面向企业内部报告的会计。管理会计是在成本会计的基础上发展起来的,其核心内容是用于企业决策的成本信息,如产品成本、变动成本、固定成本、沉没成本、成本动因、作业成本以及在此基础上形成的边际利润、本量利分析、作业成本法等。用于长期投资决策的净现值、内含报酬率、回收期等方法也是管理会计的重要组成部分。除了决策的相关信息外,管理会计还包含计划、评价的知识体系,如预算、业绩评价、战略实施等,形成"战略→计划→预算→考核→激励"这一完整循环的管理控制系统。

2014 年 10 月 27 日,财政部发布《关于全面推进管理会计体系建设的指导意见》(以下简称《指导意见》),提出以推进管理会计理论体系、管理会计指引体系、管理会计人才队伍、管理会计信息系统化建设为主体,同时推动管理服务市场,发展"4+1"管理会计基本框架和发展模式。其中,"理论体系"是基础,解决目前对管理会计认识不一、缺乏公认的定义和框架等问题;"指引体系"是保障,与时俱进地拓展和开发管理会计工具方法,为管理会计的实务应用提供指导示范;"人才队伍"是关键,是该体系中发挥主观能动性的核心,是体现"坚持人才带动,整体推进"原则的重点;"信息系统”是支撑,通过现代化的信息化手段,充分实现会计和业务的有机融合,支撑管理会计的应用和发展;“咨询服务”是确保四大任务顺利实施推进的外部支持,为单位提供更为科学、规范的管理会计实务解决方案。《指导意见》的出台,为我国管理会计发展规划了蓝图,指明了方向。

第三节　会计法律体系

一、会计法律

(一)会计法律的含义

会计法律是指为了体现国家利益和根本意志而由国家立法机关经过一定的立法程序制定的,强迫会计行为主体必须实施,用以指导会计工作、调整经济活动中会计关系的法律。在会计规范体系中,会计法律最具权威性、约束力。为了规范会计工作,世界各国通常都会以不同形式制定会计法律。

我国的会计法律是由国家最高权力机关——全国人民代表大会及其常务委员会制定,以中华人民共和国主席令的形式颁布实施的会计法律规范,它是会计工作的基本大法,在会计规范体系中处于最高层次,是制定其他各层次会计规范的基本依据。

目前,我国最主要的会计法律是《中华人民共和国会计法》(以下简称《会计法》)。同时,我国规范会计行为的专业法律还有《中华人民共和国注册会计师法》、《中华人民共和国审计法》。此外,《中华人民共和国公司法》、《中华人民共和国外资企业法》、《中华人民共和国企业破产法》、《中华人民共和国证券法》、《中华人民共和国经济合同法》以及各项税法等经济法律的相关条款,也是对相关会计行为的法律规定。

(二)《会计法》的主要内容

为了适应我国经济发展和会计工作规范化、法制化建设工作的需要,1985 年 1 月 21 日,第六届全国人民代表大会常务委员会第九次会议审议通过了我国第一部《会计法》,并于同年 5 月 1 日起施行。1993 年 12 月 29 日,第八届全国人民代表大会第五次会议对《会计法》进行了修正。根据进一步深化经济体制改革对会计工作提出的新要求,1999 年 10 月 31 日第九届全国人民代表大会常务委员会第十二次会议对《会计法》重新修订。2017 年 11 月 4 日,第十二届全国人民代表大会常务委员会第三十次会议对《会计法》再一次进行修正。

《会计法》是会计的法律规范,是一切会计工作最重要的根本大法。国家机关、社会团体、企事业单位和其他组织都必须依据《会计法》办理相关事项。凡是拟定会计法规、准则、制度，都要以此为依据。

修订后的《会计法》全文共7章52条，包括总则，会计核算，公司、企业会计核算的特别规定，会计监督，会计机构和会计人员，法律责任，附则。

同时，修订后的《会计法》增加了确保会计资料真实完整的条款，明确单位负责人对本单位的会计工作和会计资料的真实性、完整性负责，加大了对违法行为的处罚力度，并对会计监督部分做了较大的修改。

二、会计行政法规

(一)会计行政法规的含义

我国的会计行政法规是指由国家最高行政机关国务院根据会计法律制定，以中华人民共和国国务院令的形式颁布实施的会计规范。在会计规范体系中，会计行政法规的权威性、约束力仅次于会计法律。

会计行政法规一般以条例的名义发布。我国现行的会计行政法规主要有1990年12月31日中华人民共和国国务院令第72号、1990年12月31日起施行的《中华人民共和国总会计师条例》(以下简称《总会计师条例》)和2000年6月21日中华人民共和国国务院令第287号、2001年1月1日起施行的《企业财务会计报告条例》。

(二)我国会计行政法规的主要内容

《总会计师条例》包括总则、总会计师的职责、总会计师的权限、任免与奖惩、附则等5章，共23条。其主要内容涉及设置总会计师的条件、总会计师的地位、总会计师的职责、总会计师的权限、总会计师的任命(或者聘任)和免职(或者解聘)程序、总会计师必须具备的条件等。

《企业财务会计报告条例》包括总则、财务会计报告的构成、财务会计报告的编制、财务会计报告的对外提供、法律责任、附则等6章，共46条。

三、会计制度

(一)会计制度的含义

在会计规范体系中，会计法律是指导会计工作、调整经济生活中会计关系的纲领性文件，会计行政法规是对会计工作的原则性规定，而会计制度是规范会计工作的具体依据和标准，是会计工作应当遵守的办事规程或行为准则，是各单位对特定交易或者事项进行会计处理的具体办法。

我国的会计制度可以分为两种层次：一种是国家统一的会计制度，另一种是单位内部的会计制度。

国家统一的会计制度是指国务院财政部门根据会计法律和会计行政法规制定的关于会计核算、会计监督、会计机构和会计人员以及会计工作管理的制度。国家统一的会计制度属于会计规章,其名称一般冠以“制度”、“准则”、“规范”、“规定”、“办法”等。在会计规范体系中,国家统一的会计制度处于第三层次,它在会计规范体系中所占的比例往往最大,涉及面最广,具有针对性强的特性。

单位内部的会计制度,是指各单位根据《会计法》和国家统一的会计制度规定,结合单位类型和内容管理的需要,自行制定或委托社会会计服务机构代为制定,用以处理会计事务的内部会计管理制度。在会计规范体系中,单位内部的会计制度处于第四层次,它是结合单位自身需要而对国家统一的会计制度的进一步补充。

(二)我国会计制度体系

自新中国成立以来,特别是自改革开放以来,我国十分重视会计制度建设工作,会计制度日益完善。从目前情况看,我国的会计制度体系由国家统一的会计制度和单位内部的会计制度两大部分构成,其中国家统一的会计制度内容构成如图1-1所示。

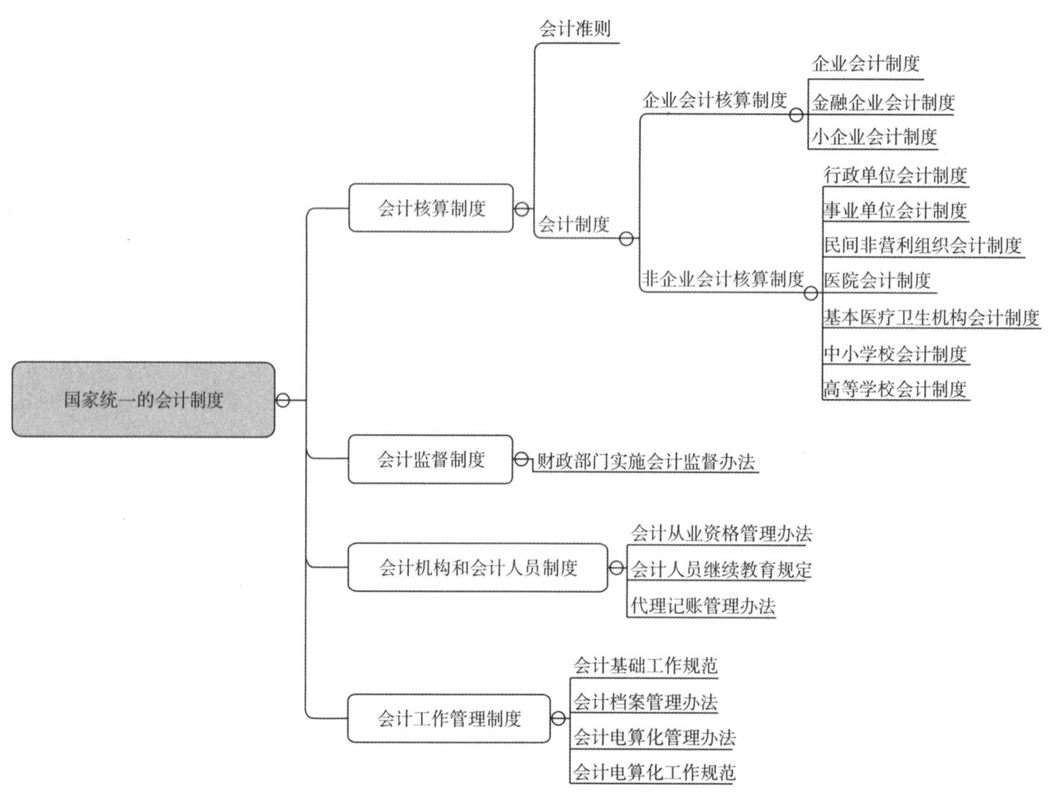

图 1-1 国家统一的会计制度内容构成

四、会计准则

(一)会计准则的含义

所谓会计准则,是指会计人员在从事会计工作的过程中,对交易或事项进行确认、计量以及在编制财务会计报告时应当遵循的基本规则和指南,它也是评价和鉴定会计工作质量的准绳。

会计准则既是对会计实践活动的规律性总结,又具有指导会计实务的功能,它直接指出会计应该怎样和不应该怎样。因此,会计准则是会计行为的指南,是生成和提供高质量会计信息的重要技术标准,是会计人员从事会计工作所应遵循的规范。此外,会计准则也是构成现代会计理论体系的核心内容,没有会计准则,也就无所谓会计理论。因此,加强对会计准则的研究,制定和实施切实可行的会计准则,具有十分重要的理论意义和现实意义。

(二)我国现行的会计准则体系

我国现行的会计准则可以按其适用范围分为两大体系:一是适用于企业的会计准则,也称营利组织会计准则,包括企业会计准则和小企业会计准则,它在我国现行的会计准则体系中占有主体地位;二是适用于非企业的会计准则,也称非营利组织会计准则,我国现行会计准则体系中的非营利组织会计准则只有财政部于 2012 年 12 月 6 日发布并自 2013 年 1 月 1 日起施行的修订后的《事业单位会计准则》。

1. 企业会计准则

我国现行的企业会计准则是规范企业会计确认、会计计量、会计报告的会计准则,它由基本准则、具体准则和应用指南三个层次构成。

第一层次:基本会计准则。基本会计准则是指适用面最广、对会计工作具有普遍指导意义的准则,是根据《会计法》和其他有关法律、行政法规制定的,同时也是制定具体会计准则的依据。基本准则主要就会计核算基本内容做出原则性的规定。基本准则包括四部分内容:一是财务报告的目标;二是会计核算的基本假设和基本原则;三是资产、负债、所有者权益、收入、费用、利润等会计要素的确认、计量准则,即会计要素准则;四是会计报告的基本内容和要求。

第二层次:具体会计准则。具体会计准则是根据基本会计准则的要求,就会计核算的基本业务和特殊业务做出的规定。具体准则按其内容可以分为共性业务会计准则、会计报表准则和特殊行业、特殊会计业务准则。例如现金流量表、关联方关系及交易的披露、收入、投资、债务重组、或有事项等。具体会计准则必须在基本会计准则基础上制定。

2006 年 2 月 15 日,财政部发布由 1 项基本会计准则和 38 项具体会计准则组成的企业会计准则体系;2014 年财政部对 2006 年发布的具体会计准则进行了修订,发布修订后的第 2、9、30、33、37 号企业会计准则,同时新发布第 39、40、41 号企业会计准则;2017 年 4 月 28 日,财政部发布《企业会计准则第 42 号——持有待售的非流动资产、处置组和终止经营》,并对第 14、16、22、23、24、37 号企业会计准则进行修订,从而形成由 1 项基本会计准则和 42 项具体会计准则组成的新的企业会计准则体系。详见表 1-1。

表 1-1　企业会计准则中的具体会计准则一览表

编号	准则名称	发布日期	修订日期
1	存货	2006-02-15	
2	长期股权投资	2006-02-15	2014-03-13
3	投资性房地产	2006-02-15	
4	固定资产	2006-02-15	
5	生物资产	2006-02-15	
6	无形资产	2006-02-15	
7	非货币性资产交换	2006-02-15	
8	资产减值	2006-02-15	
9	职工薪酬	2006-02-15	2014-01-27
10	企业年金基金	2006-02-15	
11	股份支付	2006-02-15	
12	债务重组	2006-02-15	
13	或有事项	2006-02-15	
14	收入	2006-02-15	2017-07-05
15	建造合同	2006-02-15	
16	政府补助	2006-02-15	2017-05-10
17	借款费用	2006-02-15	
18	所得税	2006-02-15	
19	外币折算	2006-02-15	
20	企业合并	2006-02-15	
21	租赁	2006-02-15	2018-12-07
22	金融工具确认和计量	2006-02-15	2017-03-31
23	金融资产转移	2006-02-15	2017-03-31
24	套期会计	2006-02-15	2017-03-31
25	原保险合同	2006-02-15	

续表

编号	准则名称	发布日期	修订日期
26	再保险合同	2006-02-15	
27	石油天然气开采	2006-02-15	
28	会计政策、会计估计变更和差错更正	2006-02-15	
29	资产负债表日后事项	2006-02-15	
30	财务报表列报	2006-02-15	2014-01-26
31	现金流量表	2006-02-15	
32	中期财务报告	2006-02-15	
33	合并财务报表	2006-02-15	2014-02-17
34	每股收益	2006-02-15	
35	分部报告	2006-02-15	
36	关联方披露	2006-02-15	
37	金融工具列报	2006-02-15	2014-06-20 2017-05-02
38	首次执行企业会计准则	2006-02-15	
39	公允价值计量	2014-01-26	
40	合营安排	2014-01-27	
41	在其他主体中权益的披露	2014-03-14	
42	持有待售的非流动资产、处置组和终止经营	2017-04-28	

第三层次:应用指南。我国企业会计准则中的应用指南是根据基本准则和具体准则制定的,是对具体准则的操作指引,是指导会计实务操作的细则,它有助于会计人员完整、准确地理解和掌握具体准则,确保具体准则的贯彻实施。我国财政部2006年10月30日发布的《企业会计准则——应用指南》主要包括两个方面的内容:一是准则解释,主要是对各项准则的重点、难点和关键问题等进行具体解释;二是会计科目和会计报表,主要是对企业应当设置的会计科目、企业主要的账务处理、会计报表的格式和编制要求等进行具体说明。

2. 小企业会计准则

2011年10月18日,财政部发布《小企业会计准则》,自2013年1月1日起执行。《小企业会计准则》适用于在我国境内依法设立的、符合《中小企业划型标准规定》所规定的小型企业标准的企业。但有三类小企业除外:股票或债券在市场上公开交易的小企业,金融机构或其他具有金融性质的小企业,企业集团内的母公司和子公司。

《小企业会计准则》借鉴《企业会计准则》的制定方式,在核算方法上兼具小企业自身的特色，尤其采取与税法更为趋同的计量规则，简化了会计准则与税法的协调。

第四节　会计核算的基本前提

会计核算的基本前提又称会计假设，是会计进行确认、计量和报告的先决条件。公认的会计核算基本前提有四个，分别是会计主体、持续经营、会计分期和货币计量。

一、会计主体假设

会计主体假设是指会计工作为其服务的特定单位或组织。单位是国家机关、社会团体、公司、企事业单位和其他组织的统称。会计主体假设为会计工作规定了活动的空间和范围，包含两层意思：一是要划清单位与单位之间的界限，也就是说，甲企业记录和报告的经济活动只限于甲企业发生的，不能把其他企业的经济活动算在甲企业的头上；二是公私要分明，也就是要划清企业所有者的活动和企业的活动，换句话说，不能将企业所有者个人的开支列入企业的账上。

此外，会计主体与法律主体并不是同一概念。一般来说，法律主体必然是会计主体，但会计主体不一定是法律主体。任何企业，无论是独资、合资或合伙，都是一个会计主体。在企业规模较大的情况下，为了便于掌握其分支机构的生产经营活动和收支情况，可以将分支机构作为会计主体，要求其每期编制会计报表。此外，在控股经营的情况下，母公司及其控制的子公司均为独立的法律主体，各为会计主体，但在编制合并会计报表时，也可将母公司和子公司这些独立的法律主体组成的企业集团视为一个会计主体，将其各自的会计报表予以合并，以反映企业集团整体的财务状况和经营成果。也就是说，会计主体，可以是独立法人，也可以是非法人（如合伙经营活动）；可以是一个企业，也可以是企业内部的某一单位或企业中的一个特定部分（如企业的分公司、企业建立的事业部）；可以是单个企业，也可以是由几个企业组成的企业集团。

二、持续经营假设

持续经营假设是一种时间上的假定，是指在可预见的将来，如果没有明显的证据证明企业不能经营下去，就认为企业将会按照当前的规模和状态继续经营下去，不会停业或破产，也不会大规模削减业务。“可预见的将来”通常是指企业足以收回资产成本的经营期间。

持续经营假设在会计理论中占据着极其重要的地位，会计核算上所使用的一系列会计处理方法，都是建立在持续经营的前提下的。在持续经营假设下，企业拥有的各项资产就会在正常的经营过程中耗用、出售或转换，承担的债务也会在正常的经营过程中得到清偿，经营成果也会不断形成。

【例 1-2】 一台设备可以使用 5 年，假设按照年限平均法计提设备折旧，企业就可以将这台设备的成本按 5 年进行分摊，每年的成本为总成本的 1/5。在实务中，要不断地对企业是否可以持续经营进行判断和评估，如果不能持续经营，企业应披露终止经营的信息。

如果没有持续经营的前提条件，一些公认的会计处理方法将缺乏存在的基础，一些公认的会计处理方法也将无法采用，企业也就不能按照正常的会计原则、正常的会计处理方法进行会计核算，不能采用通常的方式提供会计信息。

三、会计分期假设

会计分期假设是建立在持续经营假设基础上的，指将企业持续经营期人为地分割为一个个连续的、长短相同的期间，以便结算账目、确定损益、编制报表、及时提供会计信息。这是由于持续经营假设已经把会计主体当作一个长期存在的经营单位看待，而信息使用者为了短期决策却经常需要企业在某个时期的财务状况、经营成果和现金流量等各种信息。为了满足信息使用者的这种需要，企业应及时向有关各方提供信息，而不能等到经营活动结束时再去考察企业的经营成果，这样，就有了会计期间即会计分期假设。

会计期间可以采用历年制和跨期制。历年制就是自然年度，年度期间是 1 月 1 日到 12 月 31 日；跨期制可以选择当年的 4 月 1 日至次年的 3 月 31 日等。我国《会计法》规定，会计期间采用历年制。西方国家的一些公司采用跨期制。会计期间分为年度和中期，年度通常是一年，称为“会计年度”；中期是指短于一个完整会计年度的报告期间，如月份、季度、半年度等。

会计期间的划分对会计核算有着重要的影响。由于有了会计期间，才产生本期与非本期的区别；有了本期与非本期的区别，才产生权责发生制和收付实现制，才使不同类型的会计主体有了记账的基准。如果企业采用权责发生制，对于一些收入和费用要按照权责关系在本期和以后会计期间进行分配，确定其归属的会计期间，为此需要在会计处理上运用预收、预付、应收、应付、预提、摊销等一些特殊的会计方法。

四、货币计量假设

货币计量假设是指会计提供的信息主要以货币（即记账本位币）为计量尺度，反映会计主体的经济活动。

货币计量假设可以使各种性质的会计主体(企业)的经济业务按同一标准计量反映,信息可比。如果只核算数量而不确定金额,不同财物之间就失去比较的基础,无法加总计算,会计信息就要大打折扣。选择货币作为共同的计量尺度来反映企业的经济活动是商品经济发展的产物。企业经济活动中凡是能够用货币计量的,就可以进行会计反映;凡是不能用货币计量的,则不必进行会计反映。即凡是进入会计核算系统的,必须具有货币的可计量性。

会计核算以货币计量,使会计核算的对象——企业的生产经营活动统一地表现为货币运动,能够全面完整地反映企业的财务状况和经营成果。我国以人民币作为记账本位币。企业业务收支以人民币以外的货币为主的单位,也可以选定其中一种货币作为记账本位币,但编制的财务报表应当折算为人民币反映。在境外设立的中国企业向国内报送的财务报表,也应当折算为人民币反映。

第五节　会计核算基础

会计核算基础是会计确认、计量、记录和报告的基础。由于会计分期假设,需要划清本期和非本期的界限,明确收入和费用的归属期,以便正确计算每期损益。会计核算基础包括收付实现制和权责发生制。

一、收付实现制

收付实现制,也称现金制或现收现付制,是指以现金的实际收付为标志来确定本期收入和支出的会计核算基础的一种方法。

【例 1-3】 假设 3 月份销售一批商品,价值 8 000 元,5 月份收到款项。

对于该笔收入,实际发生于 3 月份,但实际收款发生于 5 月份。按照收付实现制要求,应按照款项实际收到的时间确认收入,所以 8 000 元应该确认为 5 月份的收入。

【例 1-4】 假设 1 月份支付第一季度的房租共 15 000 元。

对于该笔费用,实际支付的时间是 1 月份,实际应该由 1 月、2 月、3 月共同承担。按照收付实现制要求,应按照款项实际支付的时间确认费用,所以 15 000 元应该确认为 1 月份的费用。

二、权责发生制

权责发生制,也称应计制或应收应付制,是指以取得收取款项的权利或支付款项的义务为标志来确定本期收入和费用的会计核算基础的一种方法。

根据权责发生制，凡是当期已经实现的收入和已经发生或者应当负担的费用，无论款项是否收付，都应当作为当期的收入和费用，计入利润表；凡是不属于当期的收入和费用，即使款项已在当期收付，也不应当作为当期的收入和费用。

【例 1-5】承接例 1-3，该笔收入实际发生于 3 月份，收款发生于 5 月份。按照权责发生制要求，应按照收入的发生确认收入归属期，所以 8 000 元应该确认为 3 月份的收入。

【例 1-6】承接例 1-4，该笔费用实际支付的时间是 1 月份，房租应该由 1 月、2 月、3 月共同承担。按照权责发生制要求，应按照费用的发生或承担确认费用归属期，所以 15 000 元应该分别在 1 月、2 月、3 月各确认 5 000 元。

在我国，政府会计由预算会计和财务会计构成。其中，预算会计实行收付实现制，国务院另有规定的，从其规定；财务会计实行权责发生制。

第六节　会计信息质量要求

会计信息质量要求即会计信息应当具有的质量特征、质量标准，它主要回答的是会计应当提供什么样的会计信息。会计信息质量要求是会计实践经验的高度理论概括，其形成在很大程度上依赖于人们对会计活动本质的认识，并受会计目标、会计环境等的制约和影响。总结多年会计实践经验和中外会计理论研究成果，我国《企业会计准则——基本准则》(2007 版)概括了 8 项会计信息质量要求，即可靠性、相关性、可理解性、可比性、实质重于形式、重要性、谨慎性、及时性。

一、可靠性

可靠性又称客观性或真实性，是指企业应当以实际发生的交易或者事项为依据进行会计确认、计量和报告，如实反映符合确认和计量要求的各项会计要素及其他相关信息，保证会计信息真实可靠，内容完整。

按照可靠性要求，会计核算必须以真实、合法、可靠的凭证为依据，加强对会计凭证的审核，如实反映企业发生的各项交易或者事项；所提供的会计信息必须客观、真实地反映企业财务状况、经营成果和现金流量的实际情况，不得提供虚假和歪曲的会计信息；对会计凭证、会计账簿和财务会计报告等会计记录，不得涂改和伪造；对诸如在产品的盘存估价、固定资产使用年限的确定等一些确实无法完全避免会计人员一定程度主观意志影响的事项，会计人员应尽可能取得间接证据，说明其所做的某些主观判断是接近实际的，务必使主观成分减少到最低程度，尽量减少可能发生的误差，保证会计信息的准确性，提高会计信息的精确性。

二、相关性

相关性亦称有用性，是指企业提供的会计信息应当与财务会计报告使用者的经济决策需要相关。这有助于会计报告使用者对企业过去、现在或未来的情况做出评价或者预测。

按照相关性要求，会计在收集、加工处理、传递会计信息的过程中，必须考虑有关各方对信息需求的不同特点，以确保提供的会计信息与财务会计报告使用者的需求相关联，确保提供的会计信息有助于会计报告使用者对企业过去、现在或未来的情况做出评价或者预测，充分发挥会计信息的作用。

应当指出，有用性并不是要求企业的会计信息完全满足财务会计报告使用者的所有要求。即使不考虑重要性、及时性的质量要求，由于不同的财务会计报告使用者有着不同的需要，再全面的会计信息事实上也难以满足所有方面的需要。因此，企业对外编报的财务会计报告只能反映通用的会计信息，只要使用者通过对其进行适当加工能够得到所需要的信息，能够满足投资者、债权人等有关各方了解企业财务状况、经营成果和现金流量的基本需要，能够满足国家宏观经济管理的基本需要，能够满足企业加强内部经营管理的基本需要，会计信息就必然有助于财务会计报告使用者的经济决策，会计信息就达到了有用性的质量要求。

三、可理解性

可理解性又称明晰性、清晰性，是指企业提供的会计信息应当清晰明了，便于财务会计报告使用者理解和使用。

会计信息的价值在于决策有用，而可理解性是会计信息有用性的一个重要条件。即使是客观的、有用的会计信息，如果其内涵不清，含义不明，内容不为人们所理解，也无助于财务会计报告使用者的经济决策，从而可能变成无用的信息。

按照可理解性要求，会计对交易或者事项的处理应采用规范的操作程序和方法，会计凭证、会计账簿和财务会计报告等会计记录要能清晰地反映企业交易或者事项的来龙去脉，财务会计报告应当一目了然地反映企业的财务状况、经营成果和现金流量，对一些不易理解的问题还应在财务会计报告中做出相应解释，从而使会计信息清晰明了，简明易懂，便于使用。

四、可比性

可比性是指企业交易或事项的处理要做到会计政策一致、核算方法统一、计量属性统一，不得随意变更。

这就要求企业提供的会计信息应当具有纵向可比性和横向可比性。纵向可比性是指同一企业不同时期发生的相同或相似的交易或者事项，应当采用一致的会计政策，不得随意变更，确定需要变更的，应当在会计报表附注中说明。横向可比性是指不同企业发生的相同或相似的交易或者事项，应当采用规定的会计政策，确保会计信息口径一致、相互可比。

五、实质重于形式

实质重于形式是指企业应当按照交易或者事项的经济实质进行会计确认、计量和报告，不应仅以交易或者事项的法律形式为依据。

在多数情况下，企业发生的交易或者事项的法律形式与其经济实质是一致的，因而在会计核算中，为了简便易行而又能反映交易或者事项的经济实质，企业通常以交易或者事项的法律形式为依据提供会计信息。然而，企业发生的交易或者事项的法律形式与其经济实质并不总是吻合的，当二者在某些情况下出现不一致时，企业应当按照交易或者事项的经济实质进行会计确认、计量和报告，不应仅以交易或者事项的法律形式为依据，以体现对交易或者事项的经济实质的尊重，保证会计信息与客观经济事实相符。

【例 1-7】 企业租入的资产（短期租赁和低值资产租赁除外），虽然从法律形式来讲企业并不拥有其所有权，但是由于租赁合同规定的租赁期相当长，往往接近于该资产的使用寿命，租赁期结束时承租企业有优先购买该资产的选择权，在租赁期内承租企业有权支配资产并从中受益等，从其经济实质来看，企业能够控制租入资产所创造的未来经济利益，在会计确认、计量和报告时就应当将租入的资产视为企业的资产，在企业的资产负债表中进行反映。

六、重要性

重要性是指在合理预期下，财务报表某项目的省略或错报会影响使用者据此做出经济决策的，则该项目具有重要性。也就是说，企业提供的会计信息应当反映与企业财务状况、经营成果和现金流量等有关的所有重要交易或者事项。对于不重要的经济业务，可以简化处理，也不必在会计报表上详细列示。

重要性应当根据企业所处的具体环境，从项目的性质和金额两方面予以判断，且对各项目重要性的判断标准一经确定，不得随意变更。判断项目性质的重要性，应当考虑该项目在性质上是否属于企业日常活动，是否显著影响企业的财务状况、经营成果和现金流量等因素；判断项目金额大小的重要性，应当考虑该项目金额占资产总额、负债总额、所有者权益总额等直接相关项目金额的比重或所属报表单列项目金额。

七、谨慎性

谨慎性又称稳健性、审慎性，是指企业对交易或者事项进行会计确认、计量和报告应当保持应有的谨慎，不应高估资产或者收益，低估负债或者费用。

在市场经济条件下，企业在生产经营活动中总是存在着应收账款能否收回、固定资产是否会提前报废、有关资产是否会发生减值等一系列事先难以确定的因素，从而使企业生产经营活动具有不确定性，企业不可避免地面临着风险。为减少或分散、化解企业未来可能发生的风险，自然要求企业在生产经营活动中应持审慎态度。

也就是说，企业不应高估资产价值，或资产计价应从低；不应高估收益，或不应当确认任何可能实现的收入和利得；不应低估负债，或负债估价应从高；不应低估费用，或应当合理预计可能发生的费用和损失。根据这一要求，会计人员在对具有不确定性的经济交易或者事项进行会计处理，当有多种方法可供选择时，应当做出合理的职业判断，尽可能选用不导致虚增企业利润的做法。

【例 1-8】在会计实务中，对坏账损失的核算选用备抵法，对固定资产折旧的计提选用加速折旧法，对可能发生的资产减值损失计提资产减值准备等，都是谨慎性要求的具体体现。

应当指出，由于谨慎性要求在会计实务中的运用必然会影响企业的财务状况和经营成果。因此，我国的会计法规不允许企业设置秘密准备。企业不得故意低估资产或者收益，也不得故意高估负债或者费用，以避免扭曲企业真实的财务状况和经营成果，影响会计信息的可靠性、有用性，损害会计信息的质量，误导财务会计报告使用者的经济决策。

八、及时性

及时性是指企业对于已经发生的交易或者事项，应当及时进行会计确认、计量和报告，不得提前或者延后。

由于会计信息具有时效性，必然要求会计核算应当及时进行，讲求会计信息的时效性以便于使用者的及时利用，防止会计信息失效。具体来说，企业对于当期发生的交易或者事项应当在当期内进行会计处理，不得延至下期；财务会计报告应当在会计期间结束后的规定日期内编制完毕并及时呈报，不得拖延。

会计信息的及时性虽然本身并不能增加会计信息的效用，但如果不及时提供会计信息，即使有用的会计信息也会失效。因此，及时性是会计信息有用性的限制因素，确保及时性是满足会计信息有用性要求的重要保证。

以上 8 项会计信息的质量特征相互联系、紧密配合，共同反映会计信息应当具备的质量要求，企业在对交易或者事项进行会计确认、计量和报告时应当综合加以运用，确保会计信息的质量。

第七节　会计核算的基本程序和方法

一、会计核算的基本程序

会计程序就是会计为了满足会计信息质量要求，实现会计目标，对一家企业的经济活动进行反映和监督的整个过程及步骤，也就是会计信息的加工处理程序。会计提供信息时，首先应从企业经济活动产生的大量经济数据中筛选、辨认出含有会计信息的数据，使之能够进入会计信息处理系统，然后通过加工处理，将其转换成有用的会计信息，再以恰当的方式输送给会计信息的使用者，从而实现会计目标。在长期的会计实践中，经过人们的不断总结，形成以会计确认、会计计量、会计记录和会计报告为主要环节的会计程序。

（一）会计确认

会计确认，是指依据一定的标准，辨认数据能否输入、何时输入会计信息系统以及如何进行报告的过程。会计确认包括会计记录的确认和编制会计报表的确认。

【例 1-9】东方公司销售商品的应收账款，如果按正常分析，很可能收回，则确认为收入；而如果对方宣告破产或流动资金持续严重不足，资不抵债，无法偿还，则不能把此销售确认为收入。

（二）会计计量

会计计量，是以数量关系来确定物品或事项之间的内在关系，把数额分配于具体事项的过程。也就是说，在企业会计核算中对会计对象的内在数量关系加以衡量、计算和确定，使其转化为能用货币表现的财务信息和其他相关的经济信息，以便集中和综合地反映企业的财务状况及经营成果。

一个完整的会计计量模式，除计量对象，还包括两个因素：计量属性和计量单位。计量属性是指被计量对象可计量某一方面的特性或外在表现形式，即被计量对象予以数量化的特征或方面。会计计量属性主要包括历史成本、公允价值、可变现净值、重置成本、现值。计量单位是指计量对象就某一属性进行计量时具体使用的标准量度。可供选择的计量单位有两种：名义货币单位和一般购买力货币单位。名义货币单位是指各国主要流通货币的法定单位。一般购买力货币单位就是以各国货币的一般购买力或实际交换比率作为计量单位。

（三）会计记录

会计记录是指用专门的会计方法在会计凭证、会计账簿、财务会计报告中登记经济业务事项的过程。会计确认主要解决某项经济业务事项"是什么，是否应当在会计上反映"的问题；会计计量主要解决某项经济业务事项在会计上"反映多少"的问题；会计记录主要解决某项经济业务事项在会计上"如何登记"的问题。

（四）会计报告

会计报告是指会计对外和对内提供企业财务状况和经营成果、现金流量及其他方面的会计信息的过程，简而言之就是编制和报送财务会计报告的工作，它是会计程序的最后环节。

二、会计核算方法

会计方法是核算和监督会计对象、实现财务会计目标的方法。会计方法分为会计核算方法和会计分析方法。本课程主要介绍会计核算方法。

会计核算方法，是指对会计对象（企业经济活动）连续、系统、全面、综合地进行确认、计量、记录和报告时所采用的各种方法。主要包括设置账户、复式记账、填制和审核会计凭证、登记账簿、成本计算、财产清查和编制财务会计报告。

（一）设置账户

账户是对企业经济活动分门别类加以反映的工具。设置账户就是将会计科目作为账户的名称并赋予一定的格式和结构，用于分类反映各种账户增减变动情况及其结果的一种方法。它是分类管理思想在会计上的体现，可以有效表达单位的财务信息。

【例 1-10】 东方公司销售一批货物，但钱还没有收到，会计需要设置"应收账款"账户来反映哪个客户没有付钱，同时设置"库存商品"账户反映库存的减少。

（二）复式记账

复式记账法是指对企业发生的每项经济业务，都必须用相等的金额在两个或两个以上相互联系的账户中进行登记，全面系统地反映经济业务增减变化的一种记账方法。

【例 1-11】东方公司接受股东投入，一方面要记录企业银行存款的增加，另一方面要记录实收资本的增加。这种记录方法既记录资产的变动，又记录资产变动的原因，反映资产与实收资本之间的相互联系，便于对经济业务进行监督和控制。

(三)填制和审核会计凭证

填制和审核会计凭证是会计核算工作的基础。每个企业都必须按一定的程序填制和审核会计凭证，根据审核无误的会计凭证进行账簿登记，如实反映企业的经济业务。由执行和完成该项经济业务的人员和会计人员填制会计凭证，写明经济业务的内容和数量，并在凭证上签名盖章，明确经济责任。根据会计信息质量可靠性的要求，在会计核算中，处理任何一项经济业务都必须以会计凭证作为依据。没有真凭实据就不能任意收付款项和动用财产物资，也不能进行账务处理。所有会计凭证都要由会计部门审核。只有经过审核无误的会计凭证才能作为经济业务的证明和登记账簿的依据。因此，填制和审核会计凭证就成为会计核算的一种专门方法。它体现了会计信息质量可靠性的要求，是核算和监督经济活动与财务收支的基础。

【例 1-12】东方公司销售一批商品，销售部门开出一张销售发票，取得 10 万元的转账支票，会计人员要对销售发票的真实性进行核对、审查，确认无误后，在记账凭证上同时增加企业的银行存款和销售收入 10 万元。记账凭证是登记账簿的依据，在过入账簿之前，必须对记账凭证进行审核，以保证账簿记录的准确和可靠。

(四)登记账簿

登记账簿是指由相同格式的账页组成的簿籍。会计账簿包括日记账、总分类账、明细分类账和备查账簿。登记账簿就是将审核无误的记账凭证，按照时间的先后顺序，逐一抄入相应的总分类账簿和明细分类账簿的过程。账簿能够全面、连续、系统地反映企业经济全貌，是编制会计报表的基础。账簿是记账凭证和会计报表之间的中间环节，上接记账凭证，下连会计报表。

(五)成本计算

成本一般是指取得资产所付出的代价。成本计算是指按照成本计算对象进行归集汇总，从而计算出总成本和单位成本的一种方法。成本计算的对象可以是一批原材料、一件产品、一栋房子、一个项目等。资产成本取决于资产取得的方式，采购、加工、生产、制造的成本构成是不同的。正确计算成本是会计核算的一项基础工作，直接关系到对企业资产的管理和盈亏的计算，并通过不同时期的成本对比，寻求降低成本、提高经济效益的方法。

(六)财产清查

财产清查是通过盘点实物、核对往来款项等来检查和确定各种财产物资和债权债务账实是否相符的一种方法。财产清查分为定期清查和不定期清查。定期清查一般是企业编制年度会计报表之前必须进行的一项工作，否则就无法保证会计报表数据的真实和完整。不定期清查主要是针对财税部门的检查、资产收购、资产重组或遭受自然灾害等进行的清查。

在清查中如果发现账实不符，需要查明分清责任，及时进行处理。财产清查除了保证账实相符之外，对减少库存、加速资金周转都具有十分重要的作用。

(七)编制财务会计报告

编制财务会计报告是指在日常核算的基础上，按照相关要求和一定格式将企业的经济活动定期编制成财务会计报告，以考核企业经营战略和预算执行结果的一种专门方法。财务会计报告是指企业对外提供的反映企业某一特定日期的财务状况和某一会计期间的经营成果、现金流量等会计信息的文件，主要包括会计报表及其附注和其他应当在财务会计报告中披露的相关信息和资料。会计报表至少应当包括资产负债表、利润表、现金流量表等报表。附注是指对在会计报表中列示项目所做的进一步说明，以及对未能在这些报表中列示项目的说明等。

七种会计核算方法是一个完整的体系，是相互联系、紧密结合的，必须一环紧扣一环，才能保证核算工作的顺利进行。

一、判断题

1. 会计是随着社会经济的发展而发展的，经济越发展会计越重要。 (　　)
2. 会计的核算职能即会计的管理职能。 (　　)
3. 会计核算方法是指对会计对象进行连续、系统、全面、综合的确认、计量和报告所采用的各种方法。 (　　)
4. 会计假设是会计核算的前提。 (　　)
5. 会计主体一定是法律主体，法律主体大于会计主体。 (　　)
6. 会计分期假设是持续经营假设的前提。 (　　)
7. 谨慎性原则是指在多种方法可供选择时，尽量选择不高估费用和损失的方法。 (　　)

二、单项选择题

1. (　　)年，世界上第一个会计职业团体爱丁堡特许会计师协会成立，使会计的作用获得社会的认可。

A. 1494　　B. 1654　　C. 1754　　D. 1854

2. 在中国，(　　)的诞生标志着中式簿记由单式记账向复式记账转变。

A. 龙门账　　B. 四脚账　　C. 结绳记账法　　D. 三柱清册法

3. 会计的基本职能是(　　)。

A. 核算与监督　　B. 分析与考核　　C. 预测和决策　　D. 核算与控制

4. 下列各项中,作为会计分期基础的是(　　)。

A. 会计主体　　B. 持续经营　　C. 货币计量　　D. 币值稳定

5. 会计核算要求以实际发生的交易或事项为依据进行会计确认、计量、报告的会计信息质量要求是(　　)。

A. 相关性　　B. 谨慎性　　C. 可比性　　D. 可靠性

6. 下列各项中,体现可比性要求的是(　　)。

A. 会计指标口径一致　　B. 按照交易的实质进行会计处理

C. 会计指标必须真实　　D. 会计处理方法简单明了

7. 主要向外部信息使用者提供企业财务状况、经营成果和现金流量信息的是(　　)。

A. 管理会计　　B. 财务管理　　C. 财务会计　　D. 审计

三、多项选择题

1. 会计除核算和监督两个基本职能外,还有以下哪些拓展职能?(　　)

A. 预测　　B. 决策　　C. 控制　　D. 分析

2. 实务中对企业经济活动的监督除内部监督以外,还包括外部监督。外部监督主要包括(　　)部门和机构的监督。

A. 财政　　B. 审计和税务　　C. 人民银行　　D. 证券和保险

3. 以下属于会计核算方法的有(　　)。

A. 设置账户　　B. 复式记账

C. 填制和审核会计凭证　　D. 登记账簿

4. 会计假设是会计核算的前提,一般公认的四个假设是(　　)。

A. 会计主体　　B. 持续经营　　C. 会计分期　　D. 货币计量

5. 会计信息质量要求是保证企业财务会计报告信息有助于管理和决策所应具备的基本特征,主要包括(　　)。

A. 可靠性　　B. 相关性　　C. 可比性　　D. 及时性

四、简答题

1. 请描述一下你对会计的认识。

2. 会计核算的方法有哪些?

3. 会计的基本职能是什么?

4. 会计学的分支包括哪些内容?

5. 会计信息质量要求中,你对哪一个印象最深? 为什么?

第二章　账户和复式记账

第一节　会计要素

会计对象是会计主体核算和监督的客体，可抽象为资金运动，也可具体表现为企业的经济活动。会计要素是对会计对象的基本分类，是会计对象的具体化，是进行会计核算的基本单位，是确定会计科目、设置账户的依据。

《企业会计准则——基本准则》将会计要素分为六大类，分别是资产、负债、所有者权益、收入、费用和利润。其中，资产、负债、所有者权益三大要素主要反映企业的财务状况，说明企业在某一时日经营资金的来源和配置情况，又称为资产负债表要素或静态会计要素；收入、费用、利润三大要素主要反映企业的经营成果，说明企业在一定时期内生产经营的成果，又称为利润表要素或动态会计要素。

一、资产

资产是指企业过去的交易或者事项形成的、由企业拥有或者控制的、预期会给企业带来经济利益的资源。

企业过去的交易或者事项包括购买、生产、建造行为以及其他交易或者事项。预期在未来发生的交易或者事项不形成资产。

由企业拥有或者控制，是指企业享有某项资源的所有权，或者虽然不享有某项资源的所有权，但该资源能被企业控制。

预期会给企业带来经济利益，是指直接或者间接导致现金和现金等价物流入企业的潜力。如果某种经济资源已不能为企业带来经济利益，它就不应再列为资产，例如损毁报废的车辆、回收无望的款项。

企业的资产多种多样，有些资产是有形的，如原材料、产成品、机器设备、厂房等；

有些资产是无形的，如专利权、商标权、著作权、特许经营权等。

(一)资产的特征

1. 资产是能用货币计量的经济资源

企业的经济资源多种多样，只有能用货币计量的资源才能确认为企业的资产。如果企业拥有或控制的某项经济资源不能用货币计量，就不能把它列为企业的资产。

2. 资产是过去的交易或事项所形成的

资产的成因是资产存在和计价的基础。只有过去发生购买、建造等行为获取的资源才能确认为企业的资产，未来发生的交易或事项不能形成资产。

3. 资产是企业拥有或控制的资源

企业的资产不仅包括企业拥有所有权的部分，还包括企业拥有使用权、实质上掌握未来收益和风险的部分。前者指企业的各种财产、债权和其他权利；后者指企业虽然没有所有权但拥有使用权的资源。

4. 资产能为企业带来未来的经济利益

未来的经济利益具体表现为未来的现金净流量的增加，即资产能够增加企业未来现金的流入，如应收账款的收回、存货的出售；或因耗用而节省未来现金的流出，如固定资产的使用、预付账款的支付。

(二)资产的确认条件

将一项资源确认为资产，除了需要符合资产的定义，还应同时满足以下两个条件：

1. 与该资源有关的经济利益很可能流入企业

从资产的定义可以看到，能为企业带来经济利益是资产的一个本质特征，但在现实生活中，由于经济环境瞬息万变，与该资产有关的经济利益最终能否流入企业具有不确定性。因此，资产的确认应当与经济利益流入企业的可能性结合起来。如果根据所掌握的信息，与该资源有关的经济利益流入企业的可能性很大，则将其确认为资产；反之，如果经济利益流入企业的可能性很小，则不能将其确认为资产。

2. 该资源的成本或价值能够可靠计量

可计量性是所有会计要素确认的重要前提，资产的确认也是如此。只有当资源的取得成本或价值能够用货币可靠计量时，才能确认为资产。在实务中，企业取得的许多资产都需要付出成本，例如企业购买或者生产的存货、企业购置的厂房或者设备等，对于这些资产，只有实际发生的成本或者生产成本能够可靠计量，才能视为符合了资产确认的可计量条件。

(三)资产的分类

企业的资产种类繁多，按流动性不同可分为流动资产和非流动资产。

资产满足下列条件之一的，应当归类为流动资产：

1. 预计在一个正常营业周期中变现、出售或耗用。

2. 主要为交易目的而持有。

3. 预计在资产负债表日起 1 年内(含 1 年)变现。

4. 自资产负债表日起 1 年内,交换其他资产或清偿负债的能力不受限制的现金或现金等价物。

流动资产主要包括货币资金、应收及预付款项、交易性金融资产和存货等资产。

流动资产以外的资产应当归类为非流动资产,包括长期股权投资、投资性房地产、固定资产、生产性生物资产、递延所得税资产、无形资产等资产。

二、负债

负债是指企业过去的交易或者事项形成的、预期会导致经济利益流出企业的现时义务。

(一)负债的特征

1. 负债是由企业过去交易或事项形成的

负债应当由企业过去的交易或者事项所形成。换句话说,只有过去的交易或者事项才形成负债,企业将在未来发生的承诺、签订的合同等交易或者事项,不形成负债。

2. 负债是企业承担的现时义务

负债必须是企业承担的现时义务,这里的现时义务是指企业在现行条件下已承担的义务。未来发生的交易或者事项形成的义务,不属于现时义务,不应当确认为负债。

债务责任应该能用货币确切计量或估计,比如银行借款到期的偿还金额是本金加利息,销售产品承担的“三包”责任是以现有资料合理地估计判断金额的。凡是不能用货币计量的经济责任,不能确认为负债。

3. 负债预期会导致经济利益流出企业

预期会导致经济利益流出企业是负债的一个本质特征。只有在履行义务时会导致经济利益流出企业的,才符合负债的定义。在履行现时义务清偿负债时,导致经济利益流出企业的形式多种多样,例如,用现金偿还或以实物资产形式偿还,以提供劳务形式偿还,部分转移资产、部分提供劳务形式偿还,将负债转为资本等。

(二)负债的确认条件

将一项现时义务确认为负债,除了需要符合负债的定义,还需要同时满足以下两个条件:

1. 与该义务有关的经济利益很可能流出企业

从负债的定义可以看出，预期会导致经济利益流出企业是负债的一个本质特征。在实务中，履行义务流出的经济利益带有不确定性，因此，负债的确认应该与经济利益流出的可能性相结合。如果有确凿证据表明与现时义务有关的经济利益流出企业的可能性很大，就应该将其确认为负债；反之，如果企业虽然承担了债务，但是偿还债务导致经济利益流出企业的可能性很小或不复存在，就不应该将其确认为负债。

2. 未来流出的经济利益的金额能够可靠地计量

负债也需要符合可计量性，对于流出的经济利益金额应当能够用货币可靠计量。比如购买材料的赊销款、向银行贷款形成的借款，可以根据合同规定确认偿还的金额。

（三）负债的分类

在资产负债表上，企业的负债应按其流动性，分为流动负债和非流动负债。

负债满足下列条件之一的，应当归类为流动负债：

1. 预计在一个正常营业周期中清偿。
2. 主要为交易目的而持有。
3. 自资产负债表日起 1 年内（含 1 年）到期应予以清偿。
4. 企业无权自主地将清偿推迟至资产负债表日后 1 年以上。

流动负债主要包括短期借款、应付及预收款项、应付职工薪酬、应交税费等。

流动负债以外的负债应当归类为非流动负债，包括长期借款、应付债券、长期应付款、递延所得税负债等。

需要注意的是，判断流动资产、流动负债时所称的一个正常营业周期，是指企业从购买用于加工的资产起至实现现金或现金等价物的期间。正常营业周期通常短于 1 年，在 1 年内有若干个营业周期。但是，也存在正常营业周期长于 1 年的情况，如房地产开发企业开发用于出售的商品房，造船企业制造的用于对外出售的大型船舰等，营业周期往往超过 1 年才变现、出售或耗用，但仍应划分为流动资产；应付账款等经营性项目，属于企业正常经营周期中使用的营运资金的一部分，有时在资产负债表日后超过 1 年才到期清偿，也应划分为流动负债。正常营业周期不能确定时，应当以 1 年（12 个月）作为划分流动资产或流动负债的标准。不符合流动资产或流动负债标准的，应划分为非流动资产或非流动负债。

三、所有者权益

所有者权益又称为股东权益，是指企业资产扣除负债后，由所有者享有的剩余权益。所有者权益金额取决于资产和负债的计量，即：

所有者权益＝资产－负债

(一)所有者权益的特征

1. 所有者权益实质是企业从投资者手中吸收的投入资本，是企业进行经营活动的“本钱”。所有者投资可供企业长期使用，除非企业发生减资、清算，否则企业无须偿还所有者投资。

2. 所有者权益也是股东权益，表明了所有者对企业资产扣除负债后的剩余所有权、参与企业的利润分配权。

(二)所有者权益的确认条件

所有者权益体现的是所有者在企业中的剩余权益，因此，所有者权益的确认和计量主要依赖于资产和负债的确认和计量。例如，企业接受投资者投入的资产，在该资产符合确认条件时，就相应地符合所有者权益的确认条件；当该资产的价值能够可靠计量时，所有者权益的金额也就可以确定。

(三)所有者权益的分类

所有者权益包括实收资本(股本)、资本公积、盈余公积和未分配利润。

1. 实收资本(股本)

实收资本是指投资者按照有限责任公司章程或合同、协议的约定，实际投入企业的资本。股本是指按照股份面值计价的投入资本，我国上市公司发行的股票面值为每股 1 元人民币。一般有限责任公司用实收资本，股份有限公司用股本。

2. 资本公积

资本公积是指归所有者所共有的，主要来源于资本投入过程中产生的溢价，以及直接计入所有者权益的利得和损失。

3. 盈余公积

盈余公积是指企业按照规定从净利润中提取的留存收益，它包括法定盈余公积和任意盈余公积。法定盈余公积指企业按照《公司法》规定的比例从净利润中提取的公积金；任意盈余公积指企业经股东大会或类似机构批准后按规定比例从净利润中提取的公积金。盈余公积可用于弥补企业亏损。

4. 未分配利润

未分配利润是指企业未作分配留待以后支配的净利润。它包括企业历年积累的未分配利润和企业本年形成的利润。

企业的所有者权益事实上由两部分组成：一是投资者投入的资本(实收资本、资本公积)；二是企业在生产经营活动中赚取的留存在企业的收益(盈余公积、未分配利润)。

【例 2-1】 东方公司在上海证券交易所发行 1 000 万股股票，发行价为 10 元/股。每股面值为 1 元人民币。会计在记录时，将 1 亿元发行收入分为两个部分进行记录：1 000 万元面值(1 000 万股×1 元)计入“股本”，以满足法律对资本按面值表述的要求；9 000 万元股本溢价(超出股本面值部分，即 1 亿元减去 1 000 万元)计入“资本公积”。公司上市一年后赚取税后利润 3 000 万元，这 3000 万元是企业资本的增值额，属于留存收益，按照《公司法》规定，按当年税后利润的 10%计提法定盈余公积，3 000 万中的 300 万元(3 000×10%)形成盈余公积，剩余的 2 700 万元是当期形成的未分配利润。

该举例所有者权益构成如下：

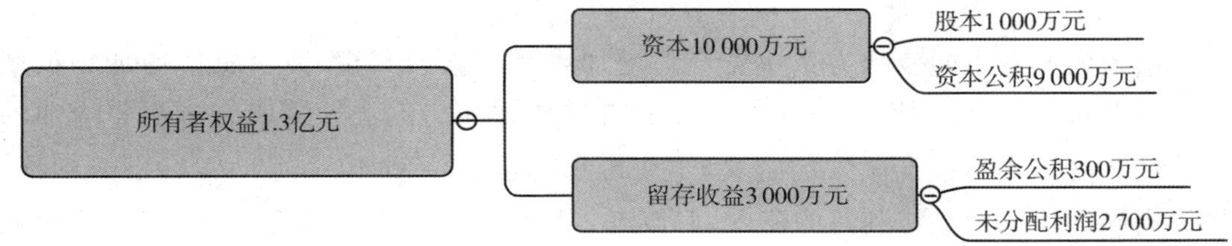

(四)所有者权益与负债的区别

所有者权益是企业的净资产，相对于负债而言，区别如下：

1. 偿还责任的区别

负债是企业对债权人承担的经济责任，负有偿还的义务；所有者权益是企业对投资人承担的经济责任，除非企业发生减资、清算等情形，一般情况企业不需要归还投资者。

2. 权利的区别

债权人只享有收回债务本金和利息的权利，无权参与企业的经营管理和利润分配；投资者有权参与企业的经营管理，也可以分享利润分配。

3. 性质上的区别

所有者权益享有第二求偿权，债权人权益具有第一求偿权。企业破产清算时，负债拥有优先求偿权；所有者权益只能在清偿了所有负债后，才能还给投资者。

四、收入

收入是指企业在日常活动中形成的、会导致所有者权益增加的、与所有者投入资本无关的经济利益的总流入。收入只有在经济利益很可能流入从而导致企业资产增加或者负债减少，且经济利益的流入额能够可靠计量时才能予以确认。

(一)收入的特征

1. 收入是企业日常活动中形成的

日常活动指企业为完成其经营目标所从事的经营性活动以及与之相关的活动。例如，工业企业制造并销售产品、商业企业销售商品、保险公司签发保单、咨询公司提供咨询服务、软件企业为客户开发软件、安装公司提供安装服务、商业银行对外贷款等，均属于企业的日常活动。明确界定日常活动是为了将收入与利得相区分，因为企业非日常活动所形成的经济利益的流入不能确认为收入，而应计入利得。

2. 收入表现为企业资产的增加，或者负债的减少，或者两者兼而有之

收入导致经济利益的流入，从而使资产增加。例如，企业销售商品，应当收到现金或者在未来有权收到现金。收入流入的经济利益可以用于抵偿负债，导致负债减少，例如，企业用销售商品获得的现金偿付未付的欠款。

3. 收入会导致企业所有者权益增加

收入的取得可能表现为企业资产的增加或者负债的减少，或者资产增加和负债减少两者兼而有之，最终将导致企业所有者权益增加。不会导致所有者权益增加的经济利益的流入不符合收入的定义，不应确认为收入。例如，企业向银行借入款项，尽管也导致了企业经济利益的流入，但该流入并不导致所有者权益增加，反而使企业承担了一项现时义务。企业对于因借款导致的经济利益的增加，不应确认为收入，而应当确认为一项负债。

4. 收入是与所有者投入资本无关的经济利益的总流入

收入应当会导致经济利益的流入，从而导致资产的增加。例如，企业销售商品、应当收到现金或者有权在未来收到现金，才表明该交易符合收入的定义。在实务中，经济利益的流入有时是所有者投入资本所导致，所有者投入资本的增加不应当确认为收入，应当计入所有者权益。

(二)收入的确认条件

企业收入的来源渠道多种多样，不同收入来源的特征虽然有所不同，但其收入确认条件却是相同的。当企业与客户之间的合同同时满足下列条件时，企业应当在客户取得相关商品控制权时确认收入：(1)合同各方已批准该合同并承诺将履行各自义务；(2)该合同明确了合同各方与所转让商品或提供劳务相关的权利和义务；(3)该合同有明确的与所转让商品或提供劳务相关的支付条款；(4)该合同具有商业实质，即履行该合同将改变企业未来现金流量的风险、时间分布或金额；(5)企业因向客户转让商品或提供劳务而有权取得的对价很可能收回。

(三)收入的分类

在企业会计核算中，通常将一家企业的收入分为营业收入和投资收益等，其中，营业收入又分为主营业务收入和其他业务收入。

1. 主营业务收入

主营业务收入是指企业在日常销售商品、提供劳务以及让渡资产使用权等日常活动中所获得的收入，如销售产品、提供安装服务、软件订制服务、广告制作等取得的收入。主营业务可以是一项业务，也可以是多项业务的集合。比如，一个集团既有酒店、商贸，又有旅游、零售等业务，企业可将这些业务带来的收入都确认为主营业务收入。

2. 其他业务收入

其他业务收入是指企业主营业务以外的其他经营活动实现的收入，如销售原材料、出租包装物、出租固定资产等业务取得的收入。

3. 投资收益

投资收益是企业以各种方式从事对外投资活动所形成的经济利益流入，包括因对外投资获得的利润(股利)或发生的损失、利息等。

五、费用

费用是指企业在日常活动中发生的、会导致所有者权益减少的、与向所有者分配利润无关的经济利益的总流出。费用只有在经济利益很可能流出从而导致企业资产减少或者负债增加，且经济利益的流出额能够可靠计量时才能予以确认。

(一)费用的特征

1. 费用是企业日常活动中形成的

费用必须是企业日常活动中所形成的，日常活动所产生的费用通常包括销售成本(营业成本)、职工薪酬、折旧费、无形资产摊销等。将费用界定为日常活动所形成的，是为了将其与损失相区分，企业非日常活动所形成的经济利益的流出不能确认为费用，而应计入损失。

2. 费用会导致企业所有者权益减少

与费用相关的经济利益的流出，会导致资产的减少或负债的增加，最终导致所有者权益的减少。不会导致所有者权益减少的经济利益流出不符合费用的定义，不应确认为费用。例如企业向所有者分配利润也会导致经济利益的流出，而该经济利益的流出属于所有者权益的抵减项目，不应确认为费用，应当将其排除在费用的定义之外。

3. 费用是与向所有者分配利润无关的经济利益的总流出

费用的发生应当会导致经济利益的流出，其表现形式包括现金或者现金等价物的流出，其具体表现为企业资金的支出或企业资产的耗费。但不是所有的经济利益流出都是费用，如向所有者分配利润虽然也导致经济利益流出，但它是企业用赚来的利润回报投资者，不能确认为费用。

(二)费用的确认条件

费用的确认除了应当符合定义外，还至少应当符合以下条件：(1)与费用相关的经济利益应当很可能流出企业；(2)经济利益流出企业的结果会导致资产的减少或者负债的增加；(3)经济利益的流出额能够可靠计量。

(三)费用的分类

在会计核算中，通常可将企业的费用分为营业成本、税金及附加、期间费用等，其中，营业成本又分为主营业务成本和其他营业成本，期间费用则分为销售费用、管理费用和财务费用。

1. 营业成本

营业成本是指企业为生产产品、提供劳务等发生的可归属于产品成本、劳务成本等的费用。企业应当在确认销售商品收入、提供劳务收入等时，将已销售商品、已提供劳务的成本计入当期损益。营业成本包括主营业务成本和其他业务成本。

2. 税金及附加

税金及附加是指企业经营活动应负担的相关税费，包括消费税、城市维护建设税、教育费附加、资源税、房产税、城镇土地使用税、车船税、印花税等。

3. 期间费用

期间费用是指不构成产品成本，直接计入当期损益的各项费用，包括销售费用、管理费用和财务费用。销售费用指企业在销售商品过程中发生的各项费用，如运输费、装卸费、包装费、保险费、展览费、广告费等。管理费用指企业为组织和管理生产经营活动而发生的各项费用，如行政管理部门员工工资、办公费、差旅费、业务招待费、董事会津贴等。财务费用指企业为筹集生产经营所需资金而发生的各项费用，如利息支出、汇兑损失、手续费等。

六、利润

利润是指企业在一定会计期间的经营成果。利润包括收入减去费用后的净额，直接计入当期利润的利得和损失等。

(一)利润的特征

1. 利润金额的确认、计量依赖于企业收入、费用及直接计入当期利润的利得和损失。

2. 利润数额的变动往往引起所有者权益数额的变动。

3. 利润是评价企业管理层业绩的一项重要指标，也是财务会计报告使用者进行决策的重要参考指标。

(二)利润的确认条件

利润反映的是收入减去费用、利得减去损失后的净额的概念。因此，利润的确认主要依赖于收入和费用以及利得和损失的确认，其金额的确定也主要取决于收入、费用、利得和损失金额的计量。

(三)利润的内容

1. 营业利润

营业利润是指企业在业务经营中取得的利润，收入减去费用后的净额即营业利润。它是企业从事日常活动取得的成果，所反映的是企业日常活动的业绩情况。营业利润可用公式表示如下：

营业利润＝营业收入－营业成本－税金及附加－销售费用－管理费用－财务费用－资产减值损失＋公允价值变动损益(－公允价值变动损失)＋投资收益(－投资损失)＋其他收益＋资产处置损益

其中：

营业收入是指企业经营业务所确认的收入总额，包括主营业务收入和其他业务收入。

营业成本是指企业经营业务所发生的实际成本总额，包括主营业务成本和其他业务成本。

资产减值损失是指企业计提各项资产减值准备所形成的的损失。

公允价值变动收益(损失)是指企业交易性金额资产等公允价值变动形成的应计入当期损益的利得(损失)

投资收益(损失)是指企业以各种方式对外投资所取得的收益(发生的损失)

其他收益主要是指企业日常活动相关的除冲减相关成本费用以外的政府补助。

资产处置损益是指企业出售固定资产、无形资产等过程中相关收入扣除成本、费用后的净收益或净亏损。

2. 利润总额

利润总额是指营业利润加上营业外收入，减去营业外支出后的金额。

利润总额＝营业利润＋营业外收入－营业外支出

其中：

营业外收入是指企业发生的与其日常活动无直接关系的各项利得。

营业外支出是指企业发生的与其日常活动无直接关系的各项损失。

3. 净利润(税后利润)

净利润是指利润总额减去所得税费用后的余额。

净利润＝利润总额－所得税费用＝利润总额×(1－企业所得税税率)

其中：所得税费用是指企业确认的应从当期利润总额中扣除的所得税费用。

第二节　会计等式

一、会计恒等式

会计恒等式也称会计平衡公式，是指表明各会计要素之间基本关系的恒等式。企业发生的每一笔经济业务都是资金运动的过程，必然涉及相应的会计要素，或此消彼长，或共同增加，或共同减少。会计要素之间的这种内在关系可以通过数学表达式予以描述，即会计等式。

(一)基本会计等式

企业为了从事生产经营活动，就必须拥有资产。这些资产以不同的形态为企业生产经营的各个阶段提供基础。企业资产都有一定的来源渠道，或者来源于债权人，形成企业的负债；或者来源于投资者，形成企业的所有者权益。也就是说，一定数额的资产必然对应着相同数额的负债和所有者权益，一定数额的负债和所有者权益必然对应相同数额的资产。投资人和债权人对企业资产都有要求权，这种要求权称为权益，即：

资产＝权益

资产＝负债＋所有者权益

这一会计等式是最基本的会计等式，它表明某一会计主体在某一特定时点所拥有的资产情况，也表明这些资产的来源情况。它是设置账户、复式记账以及编制资产负债表的理论依据。

(二)动态会计等式

企业的目标是从生产经营中取得收入，获得利润，实现盈利。企业取得收入的同时必然发生相应的费用，企业将一定期间内的收入与费用进行对比，确认盈利情况。收入大于费用的差额为利润；反之，收入小于费用的差额为亏损。因此，收入、费用和利润三者间的关系为：

收入－费用＝利润

这一会计等式表明企业某一会计期间的经营成果，是编制利润表的理论基础。

(三)扩展的会计等式

企业的经营成果属于投资者。企业获得利润将使所有者权益增加，同时资产增加；企业发生亏损将使所有者权益减少，同时资产也减少。因此，企业进行生产经营活动，产生收入、费用、利润后的会计等式为：

资产＝负债＋所有者权益＋利润

资产＝负债＋所有者权益＋(收入－费用)

值得注意的是：一定会计期间内净资产的增加不等于企业利润的增加，因为在本期经营过程中可能有新的投资者投入资本或原有投资者追加投资导致资本增加；企业亏损也不一定导致本期所有者权益的减少，因为可能有新的资本投入导致资本增加等。

二、经济业务对会计等式的影响

(一)经济业务类型

虽然企业的经济业务种类繁多，但可以归结为以下四种类型：

1. 经济业务引起会计等式左边资产要素内部发生增减变化，即一个项目增加，另一个项目减少，增减的金额相等。

2. 经济业务引起会计等式右边负债和所有者权益要素之间发生增减变化，即等式右边的要素此增彼减，增减的金额相等。

3. 经济业务引起会计等式左右两边等额增加，即资产增加，负债或所有者权益也同时增加。

4. 经济业务引起会计等式左右两边等额减少，即资产减少，负债或所有者权益也同时减少。

以上四种经济业务类型具体可分为以下九种情况，如表2-1所示。

表2-1　经济业务类型的具体情况

序号	经济业务类型	具体业务种类
1	等式左边一增一减	一项资产增加、另一项资产减少
2	等式右边一增一减	一项负债增加、另一项负债减少
		一项所有者权益增加、另一项所有者权益减少
		一项负债增加、一项所有者权益减少
		一项负债减少、一项所有者权益增加
3	等式两边同时增加	一项资产增加、一项负债增加
		一项资产增加、一项所有者权益增加
4	等式两边同时减少	一项资产减少、一项负债减少
		一项资产减少、一项所有者权益减少

(二)任何经济业务的发生不会破坏会计恒等式

虽然经济业务的发生会引起会计要素发生增减变化，但无论怎样变化，都不会破坏会计等式的平衡关系。

【例 2-2】 假设东方公司 20××年 8 月 31 日资产、负债、所有者权益情况如表 2-2 所示。

表 2-2　东方公司资产、负债、所有者权益情况表

单位:元

资产	金额	负债及所有者权益	金额
银行存款	200 000	短期借款	100 000
应收账款	400 000	应付账款	300 000
原材料	400 000	实收资本	1 100 000
固定资产	500 000		
合计	1 500 000	合计	1 500 000

资产{银行存款 200 000；应收账款 400 000；原材料 400 000；固定资产 500 000} ＝负债{短期借款 100 000；应付账款 300 000} ＋所有者权益(实收资本 1 100 000)

总额:1 500 000　　　　总额:1 500 000

企业 9 月份发生如下经济业务:

(1)1 日,收到投资人投入的本金 300 000 元,存入银行。

这项经济业务使企业银行存款增加 300 000 元,即由原来的 200 000 元增加到 500 000 元;同时使企业的实收资本增加 300 000 元,即由原来的 1 100 000 元增加到 1 400 000 元。这项经济业务使企业的资产(银行存款)和所有者权益(实收资本)同时增加,双方增加的金额相等,等式两边依然平衡。

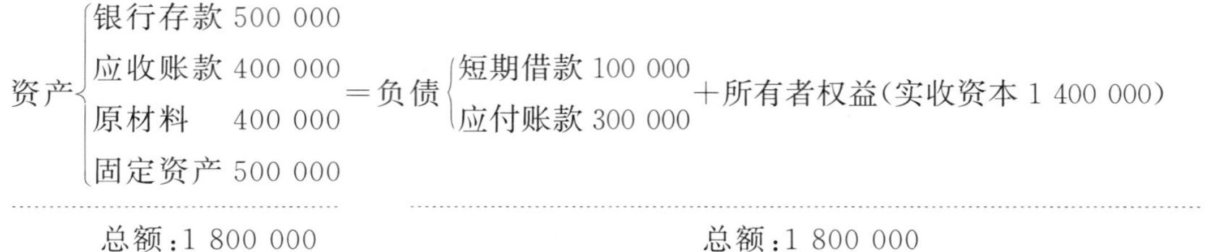

(2)6 日,用银行存款归还银行借款 40 000 元。

这项经济业务使企业银行存款减少 40 000 元,即由 500 000 元减少到 460 000 元;同时使企业的短期借款减少 40 000 元,即由原来的 100 000 元减少到 60 000 元。这项经济业务使企业的资产(银行存款)和负债(短期借款)同时减少,双方减少的金额相等，等式两边依然平衡。

资产：银行存款 460 000；应收账款 400 000；原材料 400 000；固定资产 500 000 ＝负债：短期借款 60 000；应付账款 300 000 ＋所有者权益（实收资本 1 400 000）

总额：1 760 000　　　　总额：1 760 000

(3)15 日，以银行存款购入设备一台，价值 200 000 元。

这项经济业务使企业的银行存款减少 200 000 元，即由 460 000 元减少到 260 000 元，同时使企业的固定资产增加 200 000 元，即由原来的 500 000 元增加到 700 000 元。这项经济业务使企业的一项资产（银行存款）减少，另一项资产（固定资产）增加，增减的金额相等，等式两边依然平衡。

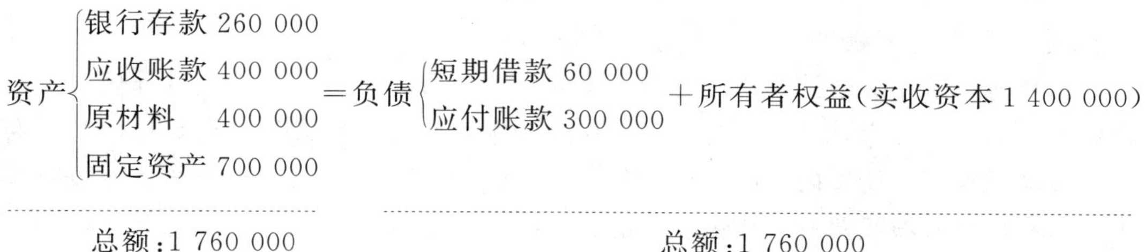

(4)22 日，向银行借款 100 000 元偿还部分货款。

这项经济业务使企业的短期借款增加 100 000 元，即由 60 000 元增加到 160 000 元，同时使企业的应付账款减少 100 000 元，即由原来的 300 000 元减少到 200 000 元。这项经济业务使企业的一项负债（短期借款）增加，另一项负债（应付账款）减少，增减的金额相等，等式两边依然平衡。

资产：银行存款 260 000；应收账款 400 000；原材料 400 000；固定资产 700 000 ＝负债：短期借款 160 000；应付账款 200 000 ＋所有者权益（实收资本 1 400 000）

总额：1 760 000　　　　总额：1 760 000

业务(1)资产和所有者权益同时增加 300 000 元，资产总额增加 300 000 元；业务(2)资产和负债同时减少 40 000 元，资产总额减少 40 000 元；业务(3)资产一增一减 200 000 元，资产总额保持不变；业务(4)负债一增一减 100 000 元，资产总额保持不变。

由此可见，等式两边同增，资产总额增加，如业务(1)；等式两边同减，资产总额减少，如业务(2)；等式左边或右边一增一减，资产总额不变，如业务(3)、(4)。但是无论何种类型的经济业务，都不会破坏会计恒等式的平衡关系。

第三节　会计科目

一、会计科目的概念及意义

(一)会计科目的定义

会计要素将会计对象划分为资产、负债、所有者权益、收入、费用、利润六大类，虽然将会计对象具体化了，但仍然无法满足企业提供会计信息的需要。为了进行会计核算，还要将会计要素进一步具体化，进一步分类。

会计科目就是对会计要素进一步分类的具体项目。每一个会计科目都代表某一会计要素的具体内容，如库存现金、银行存款分别代表资产要素的两个具体内容。会计科目能反映同一要素内部的差异，将同一要素的具体项目区分开，为全面、系统、分类核算和监督各项经营业务提供会计信息基础。

(二)设置会计科目的意义

1. 会计科目是编制记账凭证和复式记账的依据

根据会计有关法律规定，企业发生的经济业务都应填制会计凭证。设置会计科目是编制会计凭证的基础依据。复式记账要求每一笔经济业务在两个或两个以上相互联系的账户中进行登记，以反映资金运动的来龙去脉。会计科目是设置账户的依据。

2. 会计科目是编制会计报表、提供会计信息的基础

会计报表中的许多项目与会计科目是一致的，并要根据会计科目的本期发生额和余额填列。会计科目是编制会计报表的基础，并能提供全面统一的会计信息，便于投资者、债权人以及其他会计信息使用者掌握和分析企业的财务状况和经营成果。

二、会计科目的设置原则

会计科目要全面、系统地反映企业的各项经济业务，在设置过程中必须遵循以下基本原则。

(一)合法性原则

设置会计科目要符合国家的会计法规体系的规定和满足企业经济管理的要求。

国家的会计法规体系，体现了国家对财会工作的要求，因此设计会计科目首先要以此为依据，所设置的会计科目，应尽量符合《会计法》、《企业会计准则》以及《企业会计制度》的规定，满足国家宏观经济管理的要求。

（二）完整性原则

设置会计科目，必须对会计要素的具体内容进行全面反映，以分门别类地反映和监督各项经营业务。对企业的任何经济业务不能有任何遗漏，即所设置的会计科目应能覆盖企业所有的要素。

（三）适用性原则

会计科目应该满足会计信息使用者了解企业财务状况和经营成果的需要，既能适应企业经营活动的特点，又能满足企业内部经营管理的需要。在会计科目的设置上既不能太过粗略，无法反映信息使用者需要的信息；也不能太过细致，使提供会计信息的成本过高。

（四）简明性原则

每一会计科目的名称、含义、作用应该明确易懂，各科目之间不能互相混淆，以保证核算指标口径一致。

总之企业组织形式、所属行业、经营内容以及业务种类的不同，都会影响会计科目的设置，在合法性的基础上，企业应根据自身的特点，设置符合本企业需要的会计科目。

三、会计科目的分类

（一）按反映的经济内容不同分类

会计科目按其反映的经济内容不同，可以分为资产类、负债类、所有者权益类、成本类、损益类五大类。

1. 资产类科目

资产类科目主要反映资产要素的内容，主要包括“库存现金”、“银行存款”、“应收账款”、“原材料”、“应收票据”、“库存商品”、“在建工程”、“预付账款”、“应收利息”、“固定资产”、“无形资产”、“其他应收款”等科目。

2. 负债类科目

负债类科目主要反映负债要素的内容，主要包括“短期借款”、“应付职工薪酬”、“应付账款”、“应付票据”、“长期借款”、“应付债券”、“应付利息”、“长期应付款”等科目。

3. 所有者权益类科目

所有者权益类科目主要反映所有者权益、利润要素的内容，主要包括“实收资本”、“资本公积”、“盈余公积”、“本年利润”、“利润分配”等科目。

4. 成本类科目

成本类科目包括“生产成本”、“制造费用”、“劳务成本”、“研发支出”等科目。

5. 损益类科目

损益类科目主要反映收入、费用要素的内容，主要包括“主营业务收入”、“其他业务收入”、“主营业务成本”、“其他业务成本”、“管理费用”、“销售费用”、“财务费用”、“税金及附加”、“资产减值损失”、“资产处置损益”、“投资收益”等科目。

财政部2006年印发的《企业会计准则——应用指南》规定了156个会计科目名称及其编号，涵盖了各类企业的交易或事项。制造业企业常用的会计科目见表2-3。

表2-3 会计科目表

序号	编号	名称	序号	编号	名称
		一、资产类			二、负债类
1	1001	库存现金	52	2001	短期借款
2	1002	银行存款	53	2101	交易性金融负债
3	1012	其他货币资金	54	2201	应付票据
4	1101	交易性金融资产	55	2202	应付账款
5	1121	应收票据	56	2203	预收账款
6	1122	应收账款	57		合同负债
7	1123	预付账款	58	2211	应付职工薪酬
8	1131	应收股利	59	2221	应交税费
9	1132	应收利息	60	2231	应付利息
10	1221	其他应收款	61	2232	应付股利
11	1231	坏账准备	62	2241	其他应付款
12	1401	材料采购	63		持有待售负债
13	1402	在途物资	64		受托代销商品款
14	1403	原材料	65	2401	递延收益
15	1404	材料成本差异	66	2501	长期借款
16	1405	库存商品	67	2502	应付债券
17	1406	发出商品	68		租赁负债
18	1407	商品进销差价	69	2701	长期应付款
19	1408	委托加工物资	70	2702	未确认融资费用
20	1471	存货跌价准备	71	2801	预计负债
21		合同资产	72	2901	递延所得税负债
22		持有待售资产			三、所有者权益类
23	1501	债权投资	73	4001	实收资本(或股本)
24	1502	债权投资减值准备	74		其他权益工具

续表

序号	编号	名称	序号	编号	名称
25	1503	其他债权投资	75	4002	资本公积
26	1504	其他债权投资减值准备	76	4101	其他综合收益
27	1511	长期股权投资	77		专项储备
28	1512	长期股权投资减值准备	78	4102	盈余公积
29		其他权益工具投资	79	4103	本年利润
30	1521	投资性房地产	80	4104	利润分配
31	1522	投资性房地产累计折旧(或摊销)	81	4201	库存股
32	1523	投资性房地产减值准备			四、成本类
33	1531	长期应收款	82	5001	生产成本
34	1532	未实现融资收益	83	5101	制造费用
35	1601	固定资产	84	5301	研发支出
36	1602	累计折旧	85		合同取得成本
37	1603	固定资产减值准备	86		合同履约成本
38	1604	在建工程			五、损益类
39	1605	工程物资	87	6001	主营业务收入
40	1606	固定资产清理	88	6051	其他业务收入
41		使用权资产	89	6101	公允价值变动损益
42		使用权资产累计折旧	90	6111	投资收益
43		使用权资产减值准备	91	6115	资产处置损益
44	1701	无形资产	92	6301	营业外收入
45	1702	累计摊销	93	6401	主营业务成本
46	1703	无形资产减值准备	94	6402	其他业务成本
47	1711	商誉	95	6403	税金及附加
48	1712	商誉减值准备	96	6601	销售费用
49		长期待摊费用	97	6602	管理费用
50	1811	递延所得税资产	98	6603	财务费用
51	1901	待处理财产损溢	99	6701	资产减值损失
			100		信用减值损失
			101	6711	营业外支出
			102	6801	所得税费用
			103	6901	

注:会计科目编号是按一定的规则编制的,编号采用一科目一编号原则。常用会计科目表中的会计编号一般以四个数字作为会计科目的号码,其中每个数字表示的含义不同。例如,库存现金的编号为1001,第一个1表示资产,第二个0表示货币资产,后面的01表示现金,以此类推。企业也可以根据自己的需要编制会计科目的编号。

(二)按科目级次的不同分类

会计科目按其所提供的会计信息的详细程度可分为总分类会计科目和明细分类会计科目两大类。

1. 总分类科目

总分类科目也称总账科目、一级科目,它是对会计要素的具体内容进行总括分类,提供总括核算指标的会计科目。例如“库存现金”、“银行存款”、“原材料”、“应付账款”、“应交税费”、“管理费用”等。总分类科目一般由会计制度统一规定,前述会计科目表中的科目皆为总分类科目。

2. 明细分类科目

明细分类科目也称二级明细分类科目、子科目,是对总分类科目作进一步的分类,提供更详细、更具体的会计信息的科目。例如“应付账款”按债权人名称设置明细科目,反映应付账款的具体对象。

各企业在总分类科目下,可以结合本单位的具体情况自行设置明细科目。对于明细科目较多的情况,企业可以在总分类科目下设置二级明细科目甚至三级明细科目,以满足企业的会计核算需求。

表 2-4 以“原材料”科目为例,说明了企业总分类科目与明细分类科目之间存在的关系。

表 2-4 会计科目按提供指标详细程度分类示意表

<table>
<tr><th rowspan="2">总分类科目(一级科目)</th><th colspan="2">明细分类科目</th></tr>
<tr><th>二级科目(子目)</th><th>明细科目(细目)</th></tr>
<tr><td rowspan="7">原材料</td><td rowspan="3">原料及主要材料</td><td>槽钢</td></tr>
<tr><td>角钢</td></tr>
<tr><td>圆钢</td></tr>
<tr><td rowspan="2">辅助材料</td><td>油漆</td></tr>
<tr><td>润滑油</td></tr>
<tr><td rowspan="2">燃料</td><td>煤炭</td></tr>
<tr><td>柴油</td></tr>
</table>

第四节　账　户

一、账户与会计科目的关系

账户是根据会计科目开设，具有一定格式和结构，用来分门别类地记录经济业务的发生情况，分类反映会计要素增减变动情况及其结果的核算工具。

虽然会计科目已经对会计要素进行了进一步的分类，但会计科目只是分类的名称，会计科目不能反映经济业务的增减等变动情况。账户具有一定的格式，将记载于原始凭证上零散、杂乱的交易或事项通过账户进行分类、归集，反映会计要素的增减变动情况，使原始数据转换为初始会计信息。由于账户是以会计科目为依据的，因而某一账户的核算内容具有独立性和排他性，并在设置上要服从于会计报表对会计信息的要求。

(一)会计科目和会计账户的联系

账户是根据会计科目开设的，会计科目是账户的名称，会计科目规定的核算内容就是账户记录和反映的经济内容。没有会计科目，就无法设置账户；反之，没有账户，设置会计科目也就失去了意义。

(二)会计科目与会计账户的区别

会计科目只是对会计要素的分类项目，只是个名称，没有一定的结构，不能提供数据资料；而账户有一定的形式和结构，能够反映经济内容的增减变化及变化后的结果。

在实际工作中，会计科目与账户二者往往互相通用，不加区别。

二、账户的分类

由于账户是根据会计科目开设的，因此账户的分类也有两种。

(一)按照反映的经济内容不同分类

按照反映的经济内容不同，可以将账户分为资产类账户、负债类账户、所有者权益类账户、成本类账户和损益类账户五大类。

1. 资产类账户

资产类账户是反映和监督各种资产增减变动结果的账户，例如“库存现金”、“银行存款”、“应收账款”、“在途物资”、“原材料”、“应收票据”、“库存商品”、“在建工程”、

“预付账款”、“固定资产”、“无形资产”和“其他应收款”等账户。

2. 负债类账户

负债类账户是反映和监督各种负债增减变动结果的账户，例如“短期借款”、“应付职工薪酬”、“应付账款”、“应付票据”、“长期借款”、“应付债券”、“应付利息”、“长期应付款”等账户。

3. 所有者权益类账户

所有者权益类账户主要是反映和监督各种所有者权益、利润增减变动结果的账户，例如“实收资本”、“资本公积”、“盈余公积”、“本年利润”等账户。

4. 成本类账户

成本类账户是反映和监督企业生产过程中产品消耗费用的账户，例如“生产成本”、“制造费用”等账户。

5. 损益类账户

损益类账户又分为收入类账户和费用类账户。收入类账户是反映和监督企业生产经营过程中取得的各种营业收入的账户，例如“主营业务收入”、“其他业务收入”、“投资收益”、“营业外收入”。费用类账户是反映和监督企业生产经营过程中所发生的各种耗费的账户，例如“主营业务成本”、“其他业务成本”、“管理费用”、“销售费用”、“财务费用”、“资产减值损失”等账户。

(二)按照内容的详细程度不同分类

账户按其所提供会计信息的详细程度不同可分为总分类账户和明细分类账户两大类。

1. 总分类账户

根据总分类科目开设的账户称为总分类账户，又称为总账账户、一级账户，它能提供各种总括的核算。通过总分类账户对经济业务进行的核算称为总分类核算。总分类核算只能用货币度量指标。

2. 明细分类账户

根据明细分类科目开设的账户称为明细分类账户。该类账户提供各种详细的分类核算资料，通过明细分类账户对经济业务进行的核算称为明细分类核算。明细分类核算除了用货币度量外，有些账户还要用实物度量。

总分类账户对其所属明细分类账户起统驭作用；明细分类账户则是总分类账的从属账户，它对总分类账户起着进一步补充说明的作用。

三、账户的结构

账户是用来记录经济业务的，必须具有一定的格式和结构。经济业务所引起的各项会计要素的变动，从数量上看不外乎是增加和减少两种情况。因此，账户的结构也相应地分为两个方面：一方登记增加额，另一方登记减少额。至于哪一方登记增加，哪一方登记减少，由所采用的记账方法和所记录的经济内容决定。

当然，一个完整的账户除了反映增加数和减少数外，还包括其他相关的内容。完整的账户包括如下内容：

1. 账户的名称，用以记录会计科目；
2. 日期，即经济业务发生的时间；
3. 摘要，即经济业务内容；
4. 凭证编号，即账户的登记依据；
5. 金额，用以记录会计要素具体内容的增减变化及其结果。

实务中账户的基本格式如表 2-5 所示。

表 2-5 账户格式

账户名称：

年		凭证编号		摘要	增加 （减少）	减少 （增加）	余额
月	日	字	号				

为了便于教学，通常将账户的格式简化，只保留登记金额增加、减少和余额的部分，这种账户格式称为“T”形账户或丁字形账户。其格式如图 2-1 所示。

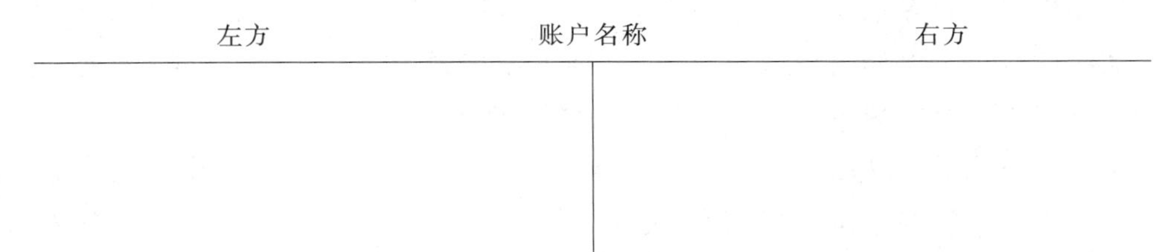

图 2-1 T 形账户格式

T 形账户主要登记本期增加额、减少额和余额。左右两边一方登记本期的增加额，另一方就登记本期的减少额，增减变动的结果为余额。余额按照形成的时间不同分为期初余额和期末余额。期初余额指上期结转到本期的余额；期末余额指由本期期初余额加上本期增加额减去本期减少额后的余额；本期的期末余额转入下期就是下期的期初余额。账户中金额要素的关系可用公式表示为：

期末余额＝期初余额＋本期增加发生额－本期减少发生额

账户哪方登记增加额、哪方登记减少额取决于采用的记账方法和记录的经济内容。采用增减记账法时，账户的左方称为“增方”，右方称为“减方”；采用收付记账法时，账户的左方称为“收方”，右方称为“付方”；采用借贷记账法时，账户的左方称为“借方”，右方称为“贷方”。

第五节　复式记账

一、记账方法

企业设置会计科目和账户只是将经济业务事项预先做出了具体的分类，提供核算和监督的载体。为了具体地把经济业务事项所引起的资金增减变动情况及其结果反映到账户之中，必须采用一定的记账方法。记账方法是指按照一定的规则，使用一定的符号，将经济业务事项的基本内容登记在账户中的方法。

二、记账方法的种类

记账方法分为单式记账法和复式记账法两种。

(一)单式记账法

单式记账法是指每笔经济业务的发生，一般只在一个会计账户中登记的方法。单式记账法通常只登记现金和银行存款的收付，以及应收款、应付款的结算业务，不登记实物的收付。例如，企业以银行存款购入原材料，在单式记账法下，该业务只在银行存款账户中登记减少的金额，不登记原材料的增加金额。

单式记账法是一种比较简单但不完整的记账方法。它的缺点主要是经济业务只在一个账户中进行登记，账户设置不完整，不能反映经济业务的来龙去脉，各账户之间没有严密的对应关系，账户记录不能相互平衡不便于检查账户记录的正确性。因此，单式记账法已不能适应社会经济发展的需要，逐渐被复式记账法所取代。

(二)复式记账法

复式记账法是指对每一笔经济业务事项，都必须以相等的金额同时在两个或两个以上相互联系的账户中进行登记的方法。例如，企业以库存现金购入原材料，一方面要减少库存现金账户的金额，另一方面要同时增加原材料账户的金额，并且减少和增加的金额相等。

复式记账法下每一笔经济业务事项都以相等的金额同时在相互联系的账户中进行登记，账户设置完整，能全面、系统地反映企业的经济业务。双重记录不仅可以反映经济业务的来龙去脉，还可以通过检查相关账户的金额进行试算平衡，检查记账的正确性。

复式记账法主要包括"增减记账法"、"收付记账法"和"借贷记账法"。增减记账法是以"增"、"减"为记账符号来反映交易或事项的一种复式记账方法。它是我国特有的一种记账方法，20 世纪 60 年代在我国商品流通企业全面推行。收付记账法是以"收"、"付"为记账符号来反映交易或事项的一种复式记账方法。它是在我国传统的单式收付记账法的基础上发展起来的。借贷记账法是以"借"、"贷"作为记账符号的一种复式记账方法。我国现行会计准则规定，企业、事业等单位一律采用借贷记账法进行记账。

第六节　借贷记账法

一、借贷记账法的产生和发展

借贷记账法是以"借"、"贷"作为记账符号的一种复式记账方法。借贷记账法大约产生于 13 世纪的意大利。起初，"借"、"贷"二字分别表示债权（应收款）和债务（应付款）。随着商品经济的发展，经济活动内容的日益复杂化，会计记录的经济业务也不再仅限于货币资金的借贷业务，而逐渐扩展到财产物资、经营损益和经营资本等的增减变化。这时，为了账簿登记的统一，对于非货币资金业务也采用"借"、"贷"二字来说明。这样，"借"、"贷"二字逐渐失去了原来的经济含义，演变为纯粹的记账符号，变成会计的专门术语，无任何实质的含义。

新中国成立以前，借贷记账法已传入我国，为一部分企业采用。新中国成立以后，我国在借贷记账法的基础上提出了新的记账方法并用于实践工作，但实际效果并不理想。1993 年我国实施基本会计准则，统一规定境内所有企业进行会计核算时必须统一采用借贷记账法。

二、记账符号

借贷记账法以"借"和"贷"作为记账符号，反映经济业务的增减变化情况。"借"和"贷"表示相反的含义，即如果"借"方登记增加，"贷"方就登记减少；反之，"借"方登记减少，"贷"方就登记增加。

三、账户结构

在借贷记账法下，每个账户的基本结构都分为借方和贷方，左方为借方，右方为贷方。借贷双方登记的内容相反，即如果借方登记增加额，则贷方就登记减少额；如果借方登记减少额，贷方就登记增加额。究竟哪一方登记增加额，哪一方登记减少额，要根据各个账户反映的经济内容决定。各类账户的结构如下：

(一)资产类账户的结构

资产类账户借方登记增加额，贷方登记减少额，余额在借方。借方登记的合计数为借方发生额，贷方登记的合计数为贷方发生额，期末余额的计算公式如下：

期初借方余额＋本期借方发生额－本期贷方发生额＝期末借方余额

资产类账户包括库存现金账户、银行存款账户、原材料账户、应收账款账户、预付账款账户、固定资产账户、无形资产账户等。资产类账户的结构如图 2-2 所示。

借方	资产类账户		贷方
期初余额：	×××		
本期增加发生额：	×××	本期减少发生额：	×××
	×××		×××
发生额合计：	×××	发生额合计：	×××
期末余额：	×××		

图 2-2　资产类账户结构

注意：资产类备抵账户正好相反。

(二)负债类账户的结构

负债类账户的结构与资产类相反，借方登记减少额，贷方登记增加额，余额在贷方。期末余额的计算公式如下：

期初贷方余额＋本期贷方发生额－本期借方发生额＝期末贷方余额

负债类账户包括短期借款账户、应付账款账户、应付票据账户、预收账款账户、应付职工薪酬账户、应交税费账户、应付利息账户等。负债类账户的结构如图 2-3 所示。

借方	负债类账户		贷方
		期初余额：	×××
本期减少发生额：	×××	本期增加发生额：	×××
	×××		×××
发生额合计：	×××	发生额合计：	×××
		期末余额：	×××

图 2-3　负债类账户结构

(三)所有者权益类账户的结构

所有者权益类账户的结构与负债类账户的结构相同,借方登记减少额,贷方登记增加额,余额在贷方。期末余额的计算公式如下:

期初贷方余额＋本期贷方发生额－本期借方发生额＝期末贷方余额

所有者权益类账户包括实收资本账户、资本公积账户、盈余公积账户、利润分配账户、其他综合收益账户等。所有者权益类账户的结构如图 2-4 所示。

借方	所有者权益类账户		贷方
		期初余额:	×××
本期减少发生额:	×××	本期增加发生额:	×××
	×××		×××
发生额合计:	×××	发生额合计:	×××
		期末余额:	×××

图 2-4　所有者权益类账户结构

(四)成本类账户的结构

成本类账户借方登记增加额,贷方登记减少额,余额在借方。期末余额的计算公式如下:

期初借方余额＋本期借方发生额－本期贷方发生额＝期末借方余额

成本类账户包括生产成本账户、制造费用账户等。成本类账户的结构如图 2-5 所示。

借方	成本类账户		贷方
期初余额:	×××		
本期增加发生额:	×××	本期减少发生额:	×××
	×××		×××
发生额合计:	×××	发生额合计:	×××
期末余额:	×××		

图 2-5　成本类账户结构

(五)收入类账户的结构

由于收入的增加表现为资产的增加或负债的减少或二者兼而有之,并最终会导致所有者权益增加,因此,收入类账户的结构与所有者权益类的账户结构相近,而与资产类账户的结构相反。具体来说,收入类账户的结构为:贷方登记收入增加额,借方登记收入的减少额和转销额,由于期末应将收入类账户贷方与借方的差额(即贷差)从借方全部转出,故一般无期末余额。

收入类账户包括主营业务收入账户、其他业务收入账户、投资收益账户、营业外收入账户、公允价值变动损益账户等。收入类账户的结构如图 2-6 所示。

借方	收入类账户		贷方
本期减少发生额：	×××	本期增加发生额：	×××
	×××		×××
	×××		×××
发生额合计：	×××	发生额合计：	×××

图 2-6 收入类账户结构

(六)费用类账户的结构

由于费用的增加表现为资产的减少或者负债的增加或二者兼而有之，并最终会导致所有者权益的减少，因此，费用类账户的结构就与资产类的账户的结构相近，而与负债、所有者权益类的账户结构相反。具体来说，费用类账户结构为：借方登记费用的增加额，贷方登记费用的减少额和转销额，由于期末应将费用类账户借方与贷方的差额(即借差)从贷方全部转出，故一般无期末余额。

费用类账户包括主营业务成本账户、其他业务成本账户、税金及附加账户、营业外支出账户、管理费用账户、销售费用账户、财务费用账户、资产减值损失账户等。费用类账户的结构如图 2-7 所示。

借方	费用类账户		贷方
本期增加发生额：	×××	本期减少发生额：	×××
	×××		×××
	×××		×××
发生额合计：	×××	发生额合计：	×××

图 2-7 费用类账户结构

根据上述内容，将各类账户的结构归纳如下，见表 2-6。

表 2-6 借贷记账法下各类账户的结构

账户类别	借方	贷方	余额方向
资产类	增加	减少	借方
负债类	减少	增加	贷方
所有者权益类	减少	增加	贷方
成本类	增加	减少	借方
收入类	减少	增加	无余额
费用类	增加	减少	无余额

账户的期末余额一般在增加方,借贷记账法账户的结构只是一般规律,不是绝对的,在掌握一般规律的同时要注意其特殊性(特殊性账户比如坏账准备、固定资产减值准备等,虽然这些账户都是资产类,但它们的性质属于备抵科目,与资产类的一般规律的记账方向相反,即增加时计入贷方,减少时计入借方)。

四、记账规则

记账规则是指采用复式记账法记账时所应遵守的法则。借贷记账法的记账规则是“有借必有贷,借贷必相等”,即每一项经济业务发生后,记入某一账户借方的同时也必须记入另一个账户的贷方,且记入借方和贷方的金额总是相等的。

【例 2-3】假设东方公司 20××年 4 月 30 日部分有关资产、负债、所有者权益的余额情况如表 2-7 所示。

表 2-7　东方公司资产、负债、所有者权益余额表　　单位:元

资产	金额	负债及所有者权益	金额
银行存款	600 000	短期借款	700 000
原材料	800 000	应付账款	500 000
固定资产	1 500 000	实收资本	1 000 000

【例 2-4】东方公司收到投资者投入的资本 100 000 元存入银行。

该项业务使企业的资产(银行存款)增加 100 000 元,应记入“银行存款”账户的借方;同时使所有者权益(实收资本)增加 100 000 元,应记入“实收资本”账户的贷方,登记结果如下所示:

(1)银行存款

借	银行存款	贷
期初余额	600 000	
	100 000	

(2)实收资本

借	实收资本	贷
	期初余额	1 000 000
		100 000

【例 2-5】 东方公司外购材料一批，价值 200 000 元，款项暂欠。

该项业务使企业的资产（原材料）增加 200 000 元，应记入“原材料”账户的借方；同时使负债（应付账款）增加 200 000 元，应记入“应付账款”账户的贷方，登记结果如下所示：

（1）原材料

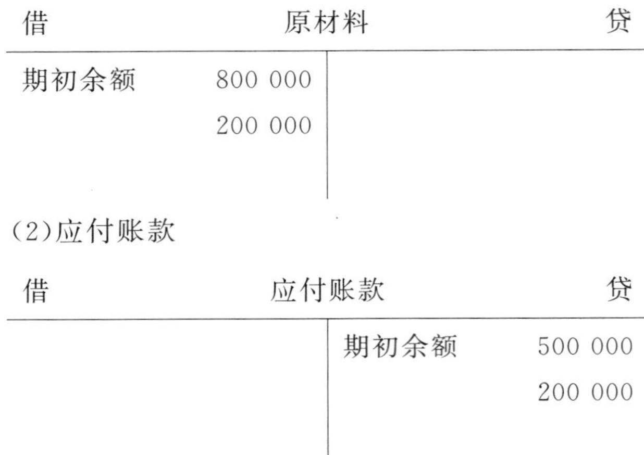

借	原材料		贷
期初余额	800 000		
	200 000		

（2）应付账款

借	应付账款		贷
		期初余额	500 000
			200 000

【例 2-6】 东方公司用银行存款购入机器一台，价值 400 000 元。

该项业务使企业的资产（银行存款）减少 400 000 元，应记入“银行存款”账户的贷方；同时使资产（固定资产）增加 400 000 元，应记入“固定资产”账户的借方，登记结果如下所示：

（1）银行存款

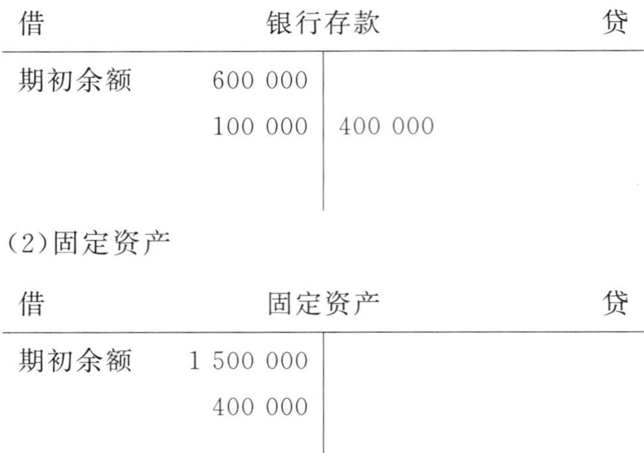

借	银行存款		贷
期初余额	600 000		
	100 000	400 000	

（2）固定资产

借	固定资产		贷
期初余额	1 500 000		
	400 000		

【例 2-7】 东方公司向银行借款 500 000 元偿还欠款。

该项业务使企业的负债（短期借款）增加 500 000 元，应记入“短期借款”账户的贷方；同时使负债（应付账款）减少 500 000 元，应记入“应付账款”账户的借方，登记结果如下所示：

（1）短期借款

借	短期借款	贷
	期初余额	700 000
		500 000

（2）应付账款

借	应付账款	贷
	期初余额	500 000
500 000		200 000

五、账户对应关系

经济业务发生以后，采用复式记账法对其所引起的资金增减变动，在两个或两个以上相关联的账户中进行登记，这就使得相关的账户之间形成对应关系。所以，账户对应关系是指采用复式记账法对每笔经济业务事项进行记录时，相关账户之间形成的应借、应贷的相互对应关系。存在对应关系的账户称为对应账户。

采用借贷复试记账法登记某项经济业务时，应先编制会计分录来确定其涉及的对应账户，保证账户记录的正确性。

六、会计分录

（一）会计分录的格式和编制步骤

1. 会计分录的格式

会计分录，简称分录，是指对每一项经济业务，按照复式记账的要求，列示出账户名称、记账方向和金额的记录，它是会计语言的表达方式。

会计分录应具备三个要素：一是记账符号，表明记账方向，即应该计入借方还是贷方；二是会计科目，即经济业务涉及的科目名称；三是金额。

会计分录是会计特有的记录语言，实务中需要将其填写在具有一定格式的记账凭证中。在教学过程中，为了便于理解，形成了一些基本规范和编制方法，包括基本格式和编制步骤。

（1）会计分录的格式示范如下：

借：会计科目　　　　　　　　金额

　贷：会计科目　　　　　　　　金额

(2)基本格式要求：

①上“借”、下“贷”，借、贷错开两格；

②会计科目的名称应该完整；

③金额后没有货币单位名称。

2. 会计分录的编制步骤

(1)分析经济业务涉及的会计要素。

(2)确定需要登记的具体账户。

(3)分析账户金额的增减变化。

(4)根据账户结构确定记账方向。

(5)确定各账户登记的金额。

(6)按照会计分录格式编制分录。

会计分录按照每笔经济业务涉及的账户数量分为简单会计分录和复合会计分录。

(二)简单会计分录

简单会计分录是指由两个账户(一个借方账户与一个贷方账户)所组成的会计分录，即一借一贷的会计分录。

【例 2-8】 东方公司用银行存款 100 000 元支付所欠的货款。编制会计分录如下：

借：应付账款　　　　　　　　100 000

　贷：银行存款　　　　　　　　100 000

东方公司用银行存款 200 000 元购买机器一台。编制会计分录如下：

借：固定资产　　　　　　　　200 000

　贷：银行存款　　　　　　　　200 000

东方公司收到投资人投入的资本 800 000 元存入银行。编制会计分录如下：

借：银行存款　　　　　　　　800 000

　贷：实收资本　　　　　　　　800 000

(三)复合会计分录

复合会计分录是指由两个以上账户所组成的会计分录，包括一借多贷、多借一贷、多借多贷。在编制复合分录时，相同记账符号只需写一个即可。

1. 一借多贷会计分录

一借多贷会计分录是指由一个借方科目，两个或两个以上的贷方科目组成的会计分录。

【例 2-9】 东方公司购进原材料 100 000 元，其中 60 000 元已用银行存款付讫，40 000 元尚未支付。编制会计分录如下：

借：原材料　　100 000
　贷：银行存款　　60 000
　　应付账款　　40 000

2. 一贷多借会计分录

一贷多借会计分录是指由一个贷方科目，两个或两个以上的借方科目组成的会计分录。

【例 2-10】 东方公司以银行存款 60 000 元偿还银行短期借款 40 000 元和之前的欠款 20 000 元。编制会计分录如下：

借：短期借款　　40 000
　应付账款　　20 000
　贷：银行存款　　60 000

3. 多借多贷会计分录

多借多贷会计分录是指由两个或两个以上借方科目与两个或两个以上贷方科目组成的会计分录。

【例 2-11】 东方公司购入一台机器设备价值 100 000 元，一项专利技术 300 000 元，已用银行存款支付机器设备款 50 000 元，其余款项未付。

借：固定资产　　100 000
　无形资产　　300 000
　贷：银行存款　　50 000
　　应付账款　　350 000

复合会计分录实际上可以分解为简单会计分录。例 2-11 的复合会计分录可以分解为以下两个简单会计分录：

①借：短期借款　　40 000
　贷：银行存款　　40 000
②借：应付账款　　20 000
　贷：银行存款　　20 000

例 2-12 的复合会计分录可以分解为以下三个简单会计分录：

①借：固定资产　　50 000
　贷：银行存款　　50 000
②借：固定资产　　50 000
　贷：应付账款　　50 000
③借：无形资产　　300 000
　贷：应付账款　　300 000

七、试算平衡

试算平衡是指利用会计等式的平衡原理，通过汇总计算和比较，检查账户记录的正确性和完整性。

(一)试算平衡的种类

试算平衡包括发生额平衡和余额平衡。

1. 发生额平衡

按照“有借必有贷、借贷必相等”的记账规则，每笔经济业务既有借方金额也有贷方金额，且借贷双方的金额必然相等。一定会计期间内，所有账户的借方发生额合计必然等于所有账户的贷方发生额合计。发生额试算平衡公式如下：

全部账户本期借方发生额合计＝全部账户本期贷方发生额合计

2. 余额平衡

根据会计恒等式，在一定会计期间的任何时点上，所有账户借方余额合计数必等于所有账户贷方余额合计数。余额包括期初余额和期末余额，其试算平衡公式如下：

全部账户期末借方余额合计＝全部账户期末贷方余额合计

全部账户期初借方余额合计＝全部账户期初贷方余额合计

试算平衡通常是在期末结出各个账户本期发生额和期末余额后，通过编制试算平衡表进行发生额和余额的试算平衡。试算平衡表的格式如表 2-8 所示。

表 2-8　发生额及余额试算平衡表　　单位：元

会计科目	期初余额		本期发生额		期末余额	
	借方	贷方	借方	贷方	借方	贷方
合　计						

需要指出的是，如果借贷双方发生额或余额不平衡，说明账户记录或计算一定有错误；如果结果平衡，不代表账户记录一定正确。账户记录错误但依然试算平衡的情况包括：错用会计科目；一笔业务重记或漏记；借贷方向相反；金额错记，且错记的金额相等。这些错误需要采用其他会计检查方法进行检查。

(二)试算平衡的编制

试算平衡工作，一般在月末结出各个账户的发生额和余额后通过编制试算平衡表进行。

【例 2-12】 假设东方公司 20××年 6 月 30 日的账户余额如表 2-9 所示。

表 2-9　东方公司 20××年 6 月 30 日有关总账账户期末余额　　单位：元

资产类账户	期末余额	负债及所有者权益类账户	期末余额
库存现金	150 000	短期借款	120 000
银行存款	400 000	应付账款	100 000
原材料	260 000	应付票据	40 000
固定资产	1 400 000	实收资本	1 950 000
资产合计	2 210 000	负债及所有者权益合计	2 210 000

该公司 20××年 7 月发生下列经济业务：

(1)取得短期借款 200 000 元，存入银行。

(2)用银行存款 60 000 元归还应付账款。

(3)将现金 140 000 元存入银行。

(4)将不能按时付款的应付票据转为应付账款，票面价值 40 000 元。

(5)收到投资者投入的设备一台，价值 480 000 元；货币资金 360 000 元，存入银行。

(6)购入原材料价值 50 000 元，以银行存款支付 40 000 元，余款暂欠。

现根据东方公司上述经济业务，编制 20××年 7 月的试算平衡表。

1. 将各个账户的期初余额和本期发生额计入账户，并结出期末余额如下所示。

(1)库存现金

借　　库存现金　　贷

借方		贷方	
期初余额	150 000		
		(3)	140 000
发生额	—	发生额	140 000
期末余额	10 000		

(2)银行存款

借　　银行存款　　贷

借方		贷方	
期初余额	400 000		
(1)	200 000	(2)	60 000
(3)	140 000	(6)	40 000
(5)	360 000		

发生额	700 000	发生额	100 000
期末余额	1 000 000		

(3)短期借款

借	短期借款		贷
		期初余额	120 000
		(1)	200 000
发生额	—	发生额	200 000
		期末余额	320 000

(4)原材料

借	原材料		贷
期初余额	260 000		
(6)	50 000		
发生额	50 000	发生额	—
期末余额	310 000		

(5)固定资产

借	固定资产		贷
期初余额	1 400 000		
(5)	480 000		
发生额	480 000	发生额	—
期末余额	1 880 000		

(6)应付票据

借	应付票据		贷
		期初余额	40 000
(4)	40 000		
发生额	40 000	发生额	—
		期末余额	0

(7)应付账款

借	应付账款		贷
		期初余额	100 000
(2)	60 000	(4)	40 000
		(6)	10 000
发生额	60 000	发生额	50 000
		期末余额	90 000

(8)实收资本

借	实收资本		贷
		期初余额	1 950 000
		(5)	840 000
发生额	—	发生额	840 000
		期末余额	2 790 000

2. 将各个账户的余额和发生额填入试算平衡表，如表 2-10 所示。

表 2-10　总分类账户发生额及余额试算平衡表

20××年 7 月 31 日　　　　单位：元

会计科目	期初余额		本期发生额		期末余额	
	借方	贷方	借方	贷方	借方	贷方
库存现金	150 000		0	140 000	10 000	
银行存款	400 000		700 000	100 000	1 000 000	
原材料	260 000		50 000	0	310 000	
固定资产	1 400 000		480 000	0	1 880 000	
短期借款		120 000	0	200 000		320 000
应付账款		100 000	60 000	50 000		90 000
应付票据		40 000	40 000	0		0
实收资本		1 950 000	0	840 000		2 790 000
合　计	2 210 000	2 210 000	1 330 000	1 330 000	3 200 000	3 200 000

课后练习

一、单选题

1. 企业期末所有者权益总额等于（　　）。

A. 期末资产－期末负债　　B. 本期收入－本期费用

C. 期末资产－本期费用　　D. 期末负债＋本期费用

2. 投资者为开展经营活动而投入的本钱称为（　　）。

A. 实收资本　　B. 资本公积　　C. 盈余公积　　D. 未分配利润

3. 会计等式是指（　　）之间在总额上必然相等的关系。

A. 会计科目　　B. 会计要素　　C. 会计账户　　D. 会计主体

4. 最基本的会计等式是（　　）。

A. 收入－费用＝利润　　B. 收入－成本＝利润

C. 资产＝负债＋所有者权益　　D. 资产＋负债＝所有者权益

5. 经济业务发生后，引起资产有关项目和权益方有关项目同时减少变化的类型是（　　）。

A. 同类同减　　B. 同类有增有减

C. 两类同增　　D. 两类同减

6. 以下经济业务，会引起资产和负债同时减少的业务有（　　）。

A. 利润分配给投资者　　B. 用银行存款偿还购料款

C. 购进材料货款尚未支付　　D. 向银行借款存入银行

7. 企业接受投资者以固定资产投资，表现为（　　）。

A. 一项资产增加，另一项资产减少　　B. 一项资产增加，一项所有者权益增加

C. 一项资产减少，一项负债减少　　D. 一项负债增加，另一项负债增加

8. 以下经济业务中，属于权益一增一减的是（　　）。

A. 用现金支付股利　　B. 用银行存款偿还购料款

C. 将债务转为企业的投资　　D. 将现金存入银行

9. 一项资产增加，不可能引起（　　）。

A. 另一项资产的减少　　B. 一项负债的增加

C. 一项所有者权益的增加　　D. 一项负债的减少

10. 以下经济业务导致资产总额增加的是（　　）。

A. 用商业汇票偿还欠款　　B. 采购原材料，货款暂欠

C. 将资本公积转增资本　　D. 收回赊销的货款存入银行

11. 下列经济业务中发生不会使会计等式两边总额发生变化的有（　　）。

A. 收到投资者以固定资产进行的投资　　B. 从银行取得借款存入银行

C. 以银行存款偿还应付账款　　　　D. 收到应收账款存入银行

12. 企业月初资产总额 300 万，本月发生下列经济业务：(1)赊购材料 10 万；(2)用银行存款偿还短期借款 20 万；(3)收到购货单位偿还欠款 15 万存入银行。则月末资产总额为(　　)。

A. 310 万　　B. 290 万　　C. 295 万　　D. 305 万

13. 会计科目是对(　　)的具体内容进行分类核算的项目。

A. 会计对象　　B. 会计要素　　C. 资金运动　　D. 会计账户

14. 会计科目按其所反映的会计对象具体内容可分为(　　)。

A. 资产、负债、所有者权益、收入、费用等五类

B. 资产、负债、所有者权益、成本、利润等五类

C. 资产、负债、所有者权益、利润、损益等五类

D. 资产、负债、所有者权益、成本、损益等五类

15. “生产成本”科目属于(　　)科目。

A. 资产类　　B. 负债类　　C. 成本类　　D. 损益类

16. 账户是根据(　　)设置的，具有一定的格式和结构，用于分类反映会计要素增减变动情况及其结果的载体。

A. 会计对象　　B. 会计要素　　C. 会计科目　　D. 会计账簿

17 . 账户分为左方、右方两个方向，当某一账户左方登记增加时，则该账户的右方(　　)。

A. 登记增加数　　　　B. 登记减少数

C. 登记增加数或减少数　　　　D. 登记余额数

18. 会计账户四个金额要素是(　　)。

A. 期末余额、本期发生额、期初余额、本期余额

B. 期初余额、本期增加发生额、本期减少发生额、期末余额

C. 期初余额、期末余额、本期借方增加额、本期借方减少额

D. 期初余额、本期增加发生额、本期减少发生额、本期发生额

19. 账户的“期末余额”一般在(　　)。

A. 账户的左方　　　　B. 账户的右方

C. 增加方　　　　D. 减少方

20. 下列对会计账户的四个金额要素之间基本关系表述正确的是(　　)。

A. 期末余额＝期末余额＋本期增加发生额—本期减少发生额

B. 期末余额＝期初余额＋本期增加发生额—本期减少发生额

C. 期初余额＝本期增加发生额—本期减少发生额—期末余额

D. 期末余额＝本期增加额—本期减少发生额—期初余额

21.“应付账款”属于(　　)。

A. 收入类账户　　B. 明细分类账户　　C. 总分类账户　　D. 资产类账户

22. 存在对应关系的账户,称为(　　)。

A. 关联账户　　B. 恒等账户　　C. 对应账户　　D. 连接账户

23. 借贷记账法下,账户的贷方反映的是(　　)。

A. 费用的增加　　B. 所有者权益的减少

C. 收入的增加　　D. 负债的减少

24. 损益费用类账户的结构与资产类账户的结构(　　)。

A. 完全一致　　B. 相反　　C. 基本相同　　D. 无关

25. 损益收入类账户期末结账后,应是(　　)。

A. 贷方余额　　B. 借方余额

C. 没有余额　　D. 借方或贷方余额

26.“应收账款”账户初期余额为 5 000 元,本期借方发生额为 6 000 元,贷方发生额为 4 000 元,则期末余额为(　　)。

A. 借方 5 000　　B. 贷方 3 000　　C. 借方 7 000　　D. 贷方 2 000

27.“预收账款”账户初期余额为 5 000 元,本期借方发生额为 6 000 元,贷方发生额为 4 000 元,则期末余额为(　　)。

A. 借方 5 000　　B. 贷方 3 000　　C. 借方 7 000　　D. 贷方 2 000

28. 单式记账法的特点是(　　)。

A. 了解经济业务的来龙去脉　　B. 能检查记账正确性

C. 登账工作简单　　D. 了解账户间的对应关系

29. 简单会计分录是指(　　)。

A. 一借一贷的会计分录　　B. 一借多贷的会计分录

C. 一贷多借的会计分录取　　D. 多借多贷会计分录

30. 下列错误中能够通过试算平衡查找的有(　　)。

A. 重记经济业务　　B. 漏记经济业务

C. 借贷方向相反　　D. 借贷金额不等

31. 发生额平衡法的平衡原理是(　　)。

A. 资产＝负债＋所有者权益　　B. 收入－费用＝利润

C. 借贷记账规则　　D. 资产＝权益

32. 在借贷记账法下,余额试算平衡法的平衡公式是(　　)。

A. 全部总分类账户的借方发生额合计＝全部总分类账户的贷方发生额合计

B. 全部总分类账户借方期初余额合计＝全部总分类账户借方期末余额合计

C. 全部总分类账户贷方期初余额合计＝全部总分类账户贷方期末余额合计

D. 全部总分类账户借方期末余额合计＝全部总分账户贷方期末余额合计

二、多选题

1. 下列选项中属于资产类科目的有(　　)。

A. 应收账款　　B. 银行存款　　C. 短期借款　　D. 实收资本

2. 下列项目中属于负债类科目的是(　　)。

A. 应收款项　　B. 应付款项　　C. 预收账款　　D. 预付款项

3. 利润是企业一定期间的经营成果,其构成包括(　　)。

A. 净利润　　B. 利润总额　　C. 所得税　　D. 营业利润

4. 下列各项中,属于损益类科目的有(　　)。

A. 主营业务成本　　B. 资产减值损失

C. 管理费用　　D. 制造费用

5. 以下会计等式成立的是(　　)。

A. 资产＝权益＋利润

B. 资产＝负债＋权益

C. 资产＝负债＋所有者权益

D. 资产＝负债＋所有者权益＋(收入－费用)

6. 收入的取得会引起(　　)。

A. 负债的减少　　B. 资产的增加

C. 利润的增加　　D. 所有者权益的增加

7. 企业发生费用可表现为(　　)。

A. 资产与负债都减少　　B. 负债的增加

C. 收入的减少　　D. 资产的减少

8. 下列经济业务中,属于资产项目之间此增彼减的是(　　)。

A. 以银行存款支付购买资产款　　B. 以库存现金支付应付工资

C. 以银行存款偿还前欠购料款　　D. 生产产品领用材料

9. 下列各项属于静态会计要素的是(　　)。

A. 资产　　B. 收入　　C. 费用　　D. 负债

10. 下列属于资产类的有(　　)。

A. 应付账款　　B. 库存现金　　C. 预付账款　　D. 长期股权投资

11. 账户的基本结构应包括(　　)要素。

A. 金额　　B. 摘要　　C. 账户名称　　D. 日期和凭证编号

12. 下列项目属于流动负债的是(　　)。

A. 短期借款　　B. 预收账款　　C. 长期借款　　D. 应付职工薪酬

13. 下列属于总分类账户的是(　　)。

A. 原材料　　B. 应收账款　　C. 甲产品　　D. 应交税费

14. 会计分录要素包括(　　)。

A. 记账符号　　B. 会计科目　　C. 金额　　D. 单位

15. 以下属于借贷记账法下复合分录的是(　　)。

A. 一借一贷　　B. 一贷多借　　C. 一借多贷　　D. 多借多贷

16. 复式记账法能(　　)。

A. 简化账簿登记工作　　B. 了解经济业务的来龙去脉

C. 检查记账的正确性　　D. 进行试算平衡

17. 借贷记账法下的试算平衡有(　　)。

A. 余额平衡　　B. 总额平衡　　C. 发生额平衡　　D. 借贷平衡

18. 总分类账和明细账的关系是(　　)。

A. 总分类账提供总括资料,明细账提供详细资料

B. 总分类账统驭控制所属明细账

C. 所有总分类账必须附设明细分类账

D. 明细分类账补充说明与其相关的总分类账

19. 按记账符号不同复式记账方法分为(　　)。

A. 收付记账法　　B. 增减记账法　　C. 借贷记账法　　D. 加减记账法

三、判断题

1. 资产必须能以货币计量,并且在未来能给企业带来经济效益。(　　)

2. 日常性是收入和费用的一个特点。(　　)

3. 负债是债权人对企业全部资产的求偿权。(　　)

4. 企业最初的资产来源提供者不外乎投资者和债权人两类。(　　)

5. “资产=权益”这一会计等式在任何时点上都是平衡的。(　　)

6. 应收账款、预收账款、其他应收款均为资产。(　　)

7. 所有经济业务的发生都会引起会计等式的两边发生数量的变化。(　　)

8. 所有者权益是企业投资人对企业净资产的所有权,其大小由资产与负债两要素的大小共同决定。(　　)

9. 账户的借方反映资产和负债及所有者权益的增加,贷方反映资产和负债及所有者权益的减少。(　　)

10. 在所有的账户中,左边均登记增加额,右方均登记减少额。(　　)

11. 凡是余额在借方的都是资产类账户。(　　)

12. 一般说来,各类账户的期末余额与记录增加额的一方属同一方向。(　　)

13. 复式记账法专指借贷记账法。(　　)

14. 发生额和余额试算平衡法的依据是借贷记账法的记账规则。 (　　)

15. 经过试算平衡测试后的账户记录可以认为绝对正确。 (　　)

四、计算应用题

(一)东方公司 2017 年 12 月 31 日的资产、负债、所有者权益的状况如下表。

项目		资产	权益	
			负债	所有者权益
1. 库存现金	600 元			
2. 存放在银行的货币资金	95 000 元			
3. 运输车辆	250 000 元			
4. 库存产品	75 000 元			
5. 车间正中在加工的产品	86 500 元			
6. 投资人投入的资本	800 000 元			
7. 应付的购料款	142 000 元			
8. 尚未支付的职工工资	26 570 元			
9. 向银行借入的短期借款	72 000 元			
10. 应收产品的销货款	115 000 元			
11. 采购员出差预借差旅费	2 000 元			
12. 商标权	250 000 元			
13. 盈余公积结余	68 530 元			
14. 未分配利润	132 000 元			

要求:根据上述资料确定资产、负债及所有者权益项目。

(二)东方公司 2017 年 6 月 30 日的资产总额为 956 000 元

该公司 2017 年 7 月份发生的经济业务如下:

(1)从银行提取现金 2 000 元,作为备用金。

(2)收到投资者投入资本 210 000 元,存入银行。

(3)以银行存款 32 500 元,支付前欠大众工厂的购料款。

(4)从银行取得借款 23 000 元,归还前欠东方工厂的购料款

(5)以银行存款上缴所欠税金 8 500 元。

(6)向 MN 公司购买材料 14000 元,货款尚未支付。

(7)向银行借入资金 150 000 元,存入银行。

(8)收回 A 企业前欠的销货款 35 000 元,存入银行。

要求:

(1)分析每笔经济业务属于何种类型。

(2)分析经济业务对资产总额变动的影响。

（三）熟悉各类账户的结构

资料：东方公司有下列资料：

账户名称	期初余额	本期借方发生额	本期贷方发生额	期末余额
库存现金	4 000	2 000		4 750
预收账款	75 000	50 000	91 000	
应收账款		52 300	43 000	17 000
短期借款	50 000		25 000	45 000
实收资本	150 000		0	150 000
固定资产	67 000	5 400		56 500
原材料		6 450	8 670	7 410
应付账款	2 000		100	2100
生产成本	15 000	40 000		32 000
盈余公积	30 000	20 000	28 0000	

要求：根据各类账户的结构关系，计算并填写上列表格的空格。

（四）假设东方公司 2017 年 3 月 31 日账户余额如下：

账户名称	银行存款	原材料	应付账款	固定资产	实收资本	短期借款
金额	56 000	20 000	30 000	85 000	121 000	10 000

该公司 4 月份发生下列经济业务：

1. 以银行存款 6 000 元偿还银行短期借款。
2. 投资者追加投资 30 000 元，存入银行。
3. 用银行存款偿还应付账款 23 000 元。
4. 购买原材料 1 200 元，用存款支付。
5. 购买设备 50 000 元，用存款支付 30 000 元，余款尚欠。
6. 收到投资者投入机器一台 56 000 元，原材料一批 25 000 元。
7. 购进原材料 5 000 元，款未付

要求：

（1）根据期初余额开设 T 形账户。

（2）根据 4 月份发生的经济业务编制会计分录并登记 T 形账户。

（3）结出 T 形账户的发生额和余额。

（4）根据以上账户的余额和发生额编制试算平衡表。

第三章　借贷记账法在经济业务核算中的运用

在激烈的市场竞争环境中，企业为了求生存与发展，必须以较少的消耗，取得更大的效益。而为了降低企业的消耗，必须对企业的供、产、销过程进行正确的核算。为了正确计算出企业的经营所得，必须全面了解企业生产经营循环的各个过程，掌握企业筹集资金业务的核算；掌握供应过程以及材料采购成本计算；掌握生产过程的费用归集和成本计算；掌握销售过程的收入确认、成本费用结转；掌握利润的计算和分配等主要经济业务的核算。本章是全书的重点和难点。

第一节　企业生产经营的主要经济业务

一、生产制造企业的主要经济业务

制造企业为了进行生产经营，必须拥有一定数量的资金或资本，就需要进行筹资，有了资金才能开展生产经营。制造企业生产经营过程是以生产为中心的供应、生产、销售环节的统一体，经营的目的是获得利润。利润是指企业在生产经营过程中形成的财务成果，如果企业有利润就应当向国家缴纳所得税，并对税后利润即净利润进行分配。因此制造企业主要经营过程核算的内容包括：筹资业务、资金运用与资金耗费、利润形成与分配业务。

(一)资金筹集业务的账务处理

在竞争的社会环境中，企业要生存，必须要发展；要发展，就必须生产产品，满足社会的需要。而要进行生产经营，必须要有各项资产，而运用于各项资产上的资金，都是通过一定的渠道筹措来的。企业筹集资金的渠道分为两大类：一是国家、企业等投资者的投入；二是银行等债权人提供的。

(二)资金运用与资金耗费的账务处理

企业通过设立时投资者投资和债权人提供的货币资金,购买材料、无形资产、固定资产等,同时,要运用取得的资金来支付人员工资、办公费、培训费、差旅费、印刷费、注册登记费以及借款费用等,这些费用都是企业资金的运用。

产品制造企业将材料投入生产到产品完工,将完工产品销售的过程,称为生产经营过程。在这个过程中既有劳动资料的耗费,又有劳动对象的耗费;既有物化劳动的耗费,又有活劳动的耗费。生产经营的过程实际上就是劳动耗费的过程。这些经济业务主要经过以下几个方面:

1. 材料采购和发出业务的账务处理

材料采购和发出是制造企业供应过程的主要经济业务。为了保证生产任务的正常进行,企业需要购进生产产品所需的各种原材料,以备生产和管理领用。

2. 固定资产业务的账务处理

为了保证生产活动的正常进行,企业必须建造厂房、仓库,购置机器设备等固定资产。固定资产是企业重要的劳动资料,会随着生产过程的进行将其本身价值逐渐转移至新的产品或服务中去,并在销售收入中得到补偿。

3. 产品生产业务的账务处理

生产业务是制造企业经营的核心,在这一过程中,通过各种生产要素的归集,制造出各种产品。产品生产过程就是生产费用的消耗过程,因此,生产过程核算的主要内容就是生产费用。

4. 销售业务的账务处理

销售业务是企业生产经营活动的最后一个环节,是从产成品验收入库起到销售给购货方为止的过程。在这一过程中,企业一方面将生产出来的产品销售给购货单位;另一方面按照销售价从购货单位取得货币资金,以保证再生产的资金需要。

5. 期间费用的账务处理

期间费用是指企业日常活动中不能直接归属于某个特定成本核算对象,在发生时应直接计入当期损益的各种费用。

(三)利润形成与分配业务的账务处理

利润是指企业在一定会计期间内取得的经营成果,包括收入减去费用后的净额、直接计入当期损益的利得和损失等。企业取得利润,必须按国家税法的规定,依法缴纳所得税。企业缴纳所得税后的净利润,按照国家有关制度的规定,可以按照一定的比例提取盈余公积金。盈余公积金,是指公司盈余中提取的公积金。盈余公积金又可分为法定盈余公积金和任意盈余公积金两种。《公司法》规定,法定盈余公积金按公司税后利润(减弥补亏损)的10%提取,当盈余公积金累计已达注册资本的50%以上时可不再提取;任意盈余公积金依照公司章程的规定或股东会的决议提取和使用。

盈余公积金主要用来弥补企业以前年度亏损和转增资本。企业的净利润在提取了盈余公积金后如果还有盈余，可按一定的方法向投资者分配利润。企业利润的分配，主要在年终进行。

二、商品流通企业的主要经济业务

商品流通企业的主要经营过程包括购进商品、储存商品，并将商品销售出去的过程。这个过程的主要特点是：(1)必须实现商品实物的转移；(2)必须进行货币的收付活动；(3)必须以商品销售为目的；(4)必须计算并缴纳税金。在这个流转经营过程中通常要经过批发和零售环节：批发企业向生产企业购进商品转售给零售企业，零售企业将购进的商品销售给居民或单位集体消费，最终结束整个商品流通过程。

1. 商品购进过程的主要经济业务

商品购进过程的主要经济业务是购入商品。在购入商品的过程中，企业要与供货单位办理商品货款和采购费用结算。购进商品采购成本为购进商品时的进货原价，购进商品过程中所发生的进货费用称为经营费用，直接作为期间费用，计入当期损益。上述商品购进过程，是企业的货币资产或形成的债务转化为库存商品资产与经营费用的结算过程，也是资产、负债、费用的确认过程。

2. 商品储存过程的主要经济业务

商品储存是商品离开生产领域尚未进入消费领域形成的企业库存，是商品购进和商品销售的中间环节。保持合理的商品库存，是保证商品销售的基础。商品储存过程的主要经济业务是正确核算库存商品、库存商品盘点和商品溢余、库存商品调价和削价等，合理组织商品流转，减少商品损失，节约费用支出，从而提高企业经济效益。

3. 商品销售过程的主要经济业务

商品销售是指企业通过货币结算出售商品的交易行为。它的成立必须同时满足三个基本条件：(1)出售的必须是本企业所经营的商品；(2)通过货币结算取得货款或取得索取货款的权利；(3)已丧失商品所有权。商品销售过程的主要经济业务是销售库存商品，收取货款和支付销售过程发生的运输、包装等经营费用。在销售过程中确认收入必须符合收入的确认条件。批发商品销售是与购货单位签订购货合同，将所经营的商品通过货币结算批量销售给其他批发企业、零售企业和生产企业。零售企业商品销售，一般由营业柜组或门市部组织，除少量售给企事业单位外，绝大多数售给个人消费者。总之，商品销售过程是商品从流通领域进入消费领域的过程，是商品价值的实现过程，是商品流通过程的终点。

第二节　企业筹集资金业务核算

一、所有者权益筹资业务的核算

投入资本是企业实际收到投资者投入企业生产经营活动的资金。它包括投资者原始投资及以后的追加投资。投资者可以用货币资金投资，也可以用材料物资、固定资产、专利权等形式的投资。不论以何种投资形式，须经工商管理部门注册登记，经过法定程序，明确是属于谁的出资，因此它又称法定注册资本金。投入资本按投入主体分为国家投资、法人投资、个人投资和外商投资等。国家投资是指有权代表国家投资的政府部门或者机构以国有资产投入企业形成的；法人投资是指其他法人单位以其依法可以支配的资产投入企业形成的；个人投资是指社会个人或者企业内部职工以个人合法财产投入企业形成的；外商投资是指外国投资者以及我国香港、澳门和台湾地区投资者投入企业形成的。

投入资本有时还会形成资本公积。资本公积是指投资者投入资本时引起的各种增值，如股票溢价、超额投入资本等，它不是企业生产经营利润的积累。资本公积虽是在投资者出资过程中形成的，但这部分出资并不经过法定的注册，不明确归属于谁的出资，也不作为利润分配的依据，只有在经过法定程序转增资本后才有注册资本的性质，因此属于准资本或资本储备。

（一）账户设置

1.“实收资本”（股本）账户

“实收资本”账户（股份有限公司设置“股本”），用来核算和监督投资者投入资本增加、减少及结存的情况，它是所有者权益类账户。该账户贷方登记投资人投入企业符合注册资本的出资额，以及按规定用资本公积金、盈余公积金转增资本的数额；借方除按规定减资或弥补亏损进行登记外，一般没有数额；期末余额在贷方，表示企业实有的资本数额。其结构如图 3-1 所示。

借方　　　　实收资本（股本）　　　　贷方

借方	贷方
实收资本的减少数（批准核销的股票面值）	期初余额 实收资本的增加数（已发行的股票面值）
	期末余额：期末实收资本的实有数（发行在外的股票面值）

图 3-1　“实收资本（股本）”账户结构

“实收资本”账户应按照投资者设置明细分类账户，进行明细分类核算。“股本”账户应按照股票的类别设置明细分类账户。

2.“资本公积”账户

“资本公积”账户用于核算企业在筹集资本金活动中，投资者实际缴付的出资额超出其在注册资本(或股本)中所占份额的部分，以及其他资本公积等。它是所有者权益类账户，其贷方核算当公司溢价发行股票时的溢价部分、外币资本折算差额等增加数；借方核算按规定转增资本，以及被投资单位外币折算引起权益的减少等数额；期末余额在贷方，反映公司实有的资本公积。该账户按其构成内容设置“资本(或股本)溢价”、“其他资本公积”等明细账户，进行明细分类核算。其结构如图 3-2 所示。

借方　　　　　　资本公积	贷方
资本公积的减少数	期初余额 资本公积的增加数
	期末余额:期末资本公积的结存数

图 3-2　“资本公积”账户的结构

3.“库存现金”账户

“库存现金”账户用以核算企业的库存现金增加、减少及库存情况，它是资产类账户。该账户借方登记企业收到的现金数额；贷方登记支出现金数额；期末余额在借方，表示企业实际持有的库存现金。该账户应设置“现金日记账”，有外币现金的企业，应分别按人民币和各种外币设置“现金日记账”进行明细核算。其结构如图 3-3 所示。

借方　　　　　　库存现金	贷方
期初余额 库存现金的增加数	库存现金的减少数
期末余额:期末库存现金的实有数	

图 3-3　“库存现金”账户结构

4.“银行存款”账户

“银行存款”账户是用来核算企业资金存入银行的各种增加、减少及结存的情况，它是资产类账户。该账户借方登记企业将款项存入银行或其他金融机构的数额；贷方登记提取和支出存款的数额；期末余额在借方，表示企业实际存在银行或其他金融机构款项的结存数额。“银行存款”账户应按开户银行和其他金融机构，分别按人民币和各种外币设“银行存款日记账”进行明细核算。其结构如图 3-4 所示。

借方	银行存款 贷方
期初余额 银行存款的增加数	银行存款的减少数
期末余额：期末银行存款的实有数	

图 3-4 “银行存款”账户结构

5.“无形资产”账户

“无形资产”账户属于资产类账户，用来核算企业为生产商品、提供劳务、出租给他人或为管理目的而持有的，没有实物形态的非货币性长期资产，包括专利权、非专利技术、商标权、著作权、土地使用权等。本账户借方登记企业因购入或投资者投入等导致的各种无形资产的增加；贷方登记企业因出售或对外投资等导致各种无形资产的减少；期末余额在借方，反映企业期末无形资产的账面余额。本账户应按无形资产类别分设明细账户，进行明细核算。其结构如图 3-5 表示。

借方	无形资产 贷方
期初余额 无形资产的增加数	无形资产的减少数
期末余额：无形资产的账面余额	

图 3-5 “无形资产”账户结构

(二)账务处理

【例 3-1】东方有限责任公司收到红星公司现金资产投资 100 000 元，款项已存入银行。

这项经济业务的发生，一方面使企业的银行存款增加 100 000 元，另一方面使企业接受的投资增加 100 000 元。因此，这项经济业务涉及“银行存款”和“实收资本”两个账户。银行存款是资产类账户，增加应记入“银行存款”账户的借方；红星公司对企业投资的增加是企业所有者权益的增加，应记入“实收资本”账户的贷方。编制会计分录如下：

借：银行存款　　100 000

　贷：实收资本——红星公司　　100 000

【例 3-2】东方股份有限公司发行普通股 20 000 股，每股面值 1 元，发行价每股 10 元，假定股票发行成功，股款 200 000 元全部收到，不考虑发行过程中的税费等因素。

这项经济业务的发生，一方面企业的银行存款增加 200 000 元，应计入“银行存款”账户的借方；另一方面代表投资者在企业的权益大小的资本增加 20 000 元，应贷记“股本”账户；另外，发行价大于面值形成股本溢价 180 000 元应贷记“资本公积——

股本溢价”账户。应编制会计分录如下：

借：银行存款　　200 000
　贷：股本　　20 000
　　资本公积——股本溢价　　180 000

【例 3-3】东方公司收到某公司投入一台全新设备，该设备原始价值为 20 000 元。设备不需要安装。（不考虑相关税费）

该项经济业务的发生，一方面使企业的固定资产原始价值增加 20 000 元，另一方面使企业接受的投资增加 20 000 元。因此，这项经济业务涉及“固定资产”、“实收资本”两个账户，固定资产是资产类账户，增加应记入“固定资产”账户的借方；东方公司对企业投资的增加是企业所有者权益的增加，应记入“实收资本”账户的贷方。编制会计分录如下：

借：固定资产　　20 000
　贷：实收资本　　20 000

【例 3-4】东方公司经董事会批准，将资本公积金中按规定可以用来转增资本的 60 000 元，按照法定程序转增资本。

这项经济业务的发生，一方面使公司的资本公积金减少 60 000 元，另一方面使公司的实收资本增加 60 000 元。这项经济业务引起企业所有者权益一个项目减少、一个项目增加，涉及“资本公积”和“实收资本”两个账户。资本公积金的减少是公司所有者权益的减少，应记入“资本公积”账户的借方；实收资本的增加是公司所有者权益的增加，应记入“实收资本”账户的贷方。编制会计分录如下：

借：资本公积　　60 000
　贷：实收资本　　60 000

二、负债筹资业务的核算

企业为了生产经营等方面的需要，经常要向银行等金融机构借入款项。借款按归还期限长短不同可以分为短期借款和长期借款。长、短期借款的划分以一年为界，归还期在一年以上的借款为长期借款，归还期在一年以内（含）的借款为短期借款。

银行借款业务核算应设置“短期借款”、“长期借款”账户，并涉及“银行存款”账户。

（一）账户设置

1.“短期借款”账户

“短期借款”账户是用来核算企业归还期在一年以内的借款的增加和归还情况，它属于负债类账户。该账户贷方登记企业借入短期借款本金的金额；借方登记归还短期借款本金的金额;期末余额在贷方,表示期末尚未偿还的短期借款金额。该账户应按债权人设置明细分类账,并按借款种类进行明细核算。其结构如图 3-6 所示。

借方	短期借款 贷方
已偿还的借款本金	期初余额 取得短期借款本金
	期末余额:期末尚未偿还的本金

图 3-6 "短期借款"账户结构

2."长期借款"账户

"长期借款"账户是用来核算和监督企业长期借款的取得、偿还及结存情况,它属于负债类账户。该账户贷方登记企业取得的各种长期借款及应付而未付的利息;借方登记到期偿还的各种长期借款的本金和利息;期末余额在贷方,表示尚未偿还的长期借款的本金和利息。该账户按借款单位设置明细账,并按借款种类进行明细核算。其结构如图 3-7 所示。

借方	长期借款 贷方
偿还长期借款的本金和利息	期初余额 (1)取得长期借款 (2)应付未付的借款利息
	期末余额:尚未偿还的长期借款的本金和利息

图 3-7 "长期借款"账户结构

3."财务费用"账户

"财务费用"账户用来核算企业为筹集生产经营所需资金而发生的费用,如利息支出、金融机构手续费等。该账户为损益类账户,借方登记企业发生的各项财务费用的增加;贷方登记期末转入"本年利润"账户的数额;期末结转后本账户无余额。"财务费用"应按费用种类设置明细账,进行明细分类核算。其结构如图 3-8 所示。

借方	财务费用 贷方
本期发生的利息支出、借款手续费用、汇兑损失等金额	(1)利息收入、汇兑收益等费用 (2)期末转入"本年利润"账户的财务费用

图 3-8 "财务费用"账户结构

4."应付利息"账户

"应付利息"账户属于负债类账户,用以核算企业按照合同约定应支付的利息,包括预提短期借款利息、分期付息到期还本的长期借款、企业债券等应支付的利息,该账户一般按债权人设置明细分类账进行明细核算。其结构如图 3-9 所示。

借方	应付利息 贷方
本期实际支付的利息	期初余额 本期应支付的利息
	期末余额：企业按合同约定应支付但尚未支付的利息

图 3-9 “应付利息”账户结构

(二)账务处理

【例 3-5】 1 月 16 日，东方公司向银行借款 100 000 元，期限为 3 个月，利率 6%，款项已存入银行。

这项经济业务的发生，一方面使企业的银行存款增加 100 000 元，另一方面使企业的短期借款增加 100 000 元。因此，该项经济业务涉及“银行存款”和“短期借款”两个账户。银行存款的增加，记入“银行存款”的借方；短期借款的增加，应记入“短期借款”账户的贷方。编制会计分录如下：

借：银行存款　　100 000

　贷：短期借款　　100 000

【例 3-6】 接例 3-5，计提每月应付的利息 500 元。

这项经济业务的发生，一方面使企业的借款利息费用每月增加 500 元（100000×6%/12＝500），另一方面使企业的负债增加 500 元。因此，该项经济业务涉及“财务费用”和“应付利息”两个账户。财务费用的增加，记入“财务费用”的借方；应付利息的增加，应记入“应付利息”账户的贷方。编制会计分录如下：

借：财务费用　　500

　贷：应付利息　　500

【例 3-7】 上述短期借款 3 个月后到期，企业以银行存款 101 500 元，偿还银行短期借款的本息。

这项经济业务的发生，一方面使银行存款减少 101 500 元，另一方面使短期借款减少 100 000 元，本月财务费用增加 500 元，前两个月计提的应付利息减少 1 000 元，涉及“银行存款”、“应付利息”、“财务费用”和“短期借款”四个账户。短期借款和应付利息是负债类科目，它们的减少，应记入“短期借款”、“应付利息”账户的借方；财务费用是损益类科目，它的增加记入“财务费用”的借方；银行存款的减少使企业的资产减少，应记入“银行存款”账户的贷方。编制会计分录如下：

借：短期借款　　100 000

　　财务费用　　500

　　应付利息　　1 000

贷：银行存款　　101 500

【例 3-8】东方公司为购买一项设备，从银行取得一项长期借款 200 000 元存入银行，期限 2 年，年利率 6%（到期一次还本付息）。

公司取得固定资产专项借款，一方面使企业增加银行存款 200 000 元，应借记“银行存款”；另一方面增加企业的长期负债 200 000 元，应贷记“长期借款”。编制会计分录如下：

借：银行存款　　200 000

　贷：长期借款——本金　　200 000

【例 3-9】计提每月应付的长期借款利息 1 000 元。

每月计提的长期借款利息＝200 000×6%÷12＝1 000（元）

这项经济业务的发生，一方面使公司的利息费用增加 1 000 元，应记入“财务费用”的借方，另一方面使公司增加一项利息债务，因为借款属于到期一次还本付息，应记入“长期借款——应计利息”的贷方。编制会计分录如下：

借：财务费用　　1 000

　贷：长期借款——应计利息　　1 000

【例 3-10】以银行存款偿还上述到期的长期借款本金和利息。

这项经济业务的发生，一方面使公司的银行存款减少，应记入“银行存款”的贷方；另一方面使公司负债中的长期借款本金和利息减少，利息共计 24 000（2 年×12 个月×1 000 元＝24 000 元），应记入“长期借款”账户借方。编制会计分录如下：

借：长期借款——本金　　200 000

　　　　　——应计利息　　24 000

　贷：银行存款　　224 000

第三节　企业生产准备业务的核算

一、供应过程

为了进行产品生产，企业必须具备各种劳动资料和劳动对象，如购买各种原材料、辅助材料；购建厂房、机器设备等。这些都是企业进行生产经营活动必须具备的物质基础。因此，本节主要介绍材料采购业务的核算和固定资产购建业务（本书只讲固定资产外购取得业务）的核算。

二、材料采购业务的核算

(一)材料的采购成本

材料的采购成本是指材料采购过程中,企业需要向供应单位支付材料买价和发生的各项采购费用,包括购买价款、相关税费、运输费、装卸费、保险费、包装费、运输途中的合理损耗和入库前的挑选整理费用。

在实务中,企业也可以将发生的运输费、装卸费、保险费以及其他可归属于采购成本的费用等先进行归集,期末按照所购材料的存销情况进行分摊。

(二)账户设置

为了加强对企业材料采购的管理,反映库存材料增减变动及结存情况,监督材料的保管和使用,在材料采购过程的核算中应设置"原材料"、"在途物资"、"材料采购"、"材料成本差异"、"应付账款"、"应付票据"、"预付账款"、"应交税费"等账户。

1."材料采购"账户

"材料采购"账户属于资产类账户,用以核算企业采用计划成本进行材料日常核算而购入材料的采购成本。该账户的借方登记企业采用计划成本进行核算时,采购材料的实际成本以及材料入库时结转的节约差异;贷方登记入库材料的计划成本以及材料入库时结转的超支差异;期末余额在借方,反映在途材料的采购成本。该账户可按材料品种进行明细核算。其结构如图 3-10 所示。

借方　　　　材料采购	贷方
期初余额 采购实际成本以材料入库结转的节约差异	入库材料计划成本及入库时结转的超支差异
在途材料的采购成本	

图 3-10　"材料采购"账户结构

2."原材料"账户

"原材料"账户属于资产类账户,用以核算和监督材料收入、发出和库存情况的账户。该账户的借方登记已验收入库材料的成本;贷方登记发出材料的成本;期末余额在借方,反映库存材料的计划成本或实际成本。该账户可按材料的保管地点(仓库)、材料的类别、品种和规格等进行明细核算。其结构如图 3-11 所示。

借方　　　　原材料	贷方
期初余额 收入材料的实际成本	发出材料的实际成本
期末余额:期末结存材料的实际成本	

图 3-11　"原材料"账户结构

3.“在途物资”账户

“在途物资”账户属于资产类账户，用来核算采用实际成本法购入材料或商品的采购成本。本账户借方登记购入材料的买价和采购费用；贷方登记已办理完验收入库手续，按实际采购成本转入“原材料”账户借方的数额；期末余额在借方，反映尚未到达或未验收入库的在途物资。本账户应按物资品种分设明细账户，进行明细核算。其结构如图 3-12 所示。

借方　　　　在途物资	贷方
期初余额 购入的在途物资的实际成本	验收入库的在途物资的实际成本
期末余额：尚未到达或未验收入库的在途物资的实际成本	

图 3-12　“在途物资”账户结构

4.“应付账款”账户

“应付账款”账户属于负债类账户，用来核算和监督企业因购买材料、商品和接受劳务供应等而应付给供应单位的款项。该账户的贷方登记企业购入材料、商品等验收入库以及接受劳务等货款尚未支付的数额；借方登记偿付的应付账款；期末余额在贷方，表示企业尚未支付的应付账款。“应付账款”账户应按债权人设置明细账，进行明细分类核算。其结构如图 3-13 所示。

借方　　　　应付账款	贷方
偿还应付供应单位款项	期初余额 应付未付款项的增加
	期末余额：尚未支付的货款

图 3-13　“应付账款”账户结构

5.“应付票据”账户

“应付票据”账户属于负债类账户，是在商业汇票结算方式下设置的，用来核算企业因购买材料、商品和接受劳务供应等而开出、承兑的商业汇票，包括商业承兑汇票和银行承兑汇票的开出、偿付等情况。该账户的贷方登记企业开出、承兑商业汇票的面值；借方登记实际支付的票据款；期末余额在贷方，表示尚未到期的商业汇票票面金额。“应付票据”可按债权人进行明细核算。其结构如图 3-14 所示。

借方	应付票据　　　　　　贷方
已偿还汇票款	期初余额 开出、承兑汇票的面值
	期末余额：尚未到期的商业汇票的票面金额

图 3-14　“应付票据”账户结构

6.“预付账款”账户

“预付账款”账户属于资产类账户，用来核算企业按照购货合同规定预付给供应单位的款项增减变动及其结存情况。该账户的借方登记因购货而预付及补付给供应单位的款项；贷方登记收到所购货物时根据有关发票账单记入“原材料”等科目的金额及收回多付款项的金额；期末如有余额，通常在借方，表示已预付而尚未结算的预付款；如果期末余额在贷方，则反映企业应付或应补付的款项。预付账款账户应按供应单位设置明细账，进行明细分类核算。预付款项情况不多的企业，可以不设置“预付账款”账户，而将预付的款项通过“应付账款”账户核算。其结构如图 3-15 所示。

借方	预付账款　　　　　　贷方
向供货单位预付的货款和补付的款项	收到供货单位提供的材料及有关发票账单而冲销的预付款；收回多付款项的金额
期末余额：已付款而尚未结算的预付款	期末余额：企业应付或应补付的款项

图 3-15　“预付账款”账户结构

7.“应交税费”账户

“应交税费”账户属于负债类账户，用来核算企业应缴纳的各种税金的增减变动情况，如增值税、消费税、城市维护建设税、资源税、企业所得税、土地增值税、房产税、车船税、土地使用税、教育费附加、矿产资源补偿费、企业代扣代交的个人所得税等。该账户的贷方登记各种应交未交税费的增加额；借方登记实际缴纳的各种税费；期末贷方余额，反映企业尚未缴纳的税费，如为借方余额，反映企业多交或尚未抵扣的税费。该账户总括反映各种税费的缴纳情况，并按应交的税费项目进行明细核算。其结构如图 3-16 所示。

借方	应交税费　　　　　　贷方
实际缴纳的税费	应交未交税费
期末余额：多交或尚未抵扣的税费	期末余额：应交而尚未缴纳的税费

图 3-16　“应交税费——应交增值税”账户结构

提示:企业缴纳的印花税、耕地占用税、契税、车辆购置税,在发生时直接支付,贷记"银行存款"等账户,不通过"应交税费"账户。

需要指出的是一般纳税人应在"应交增值税"明细账内,设置"进项税额"、"销项税额"、"已交税金"、"转出未交增值税"、"转出多交增值税"、"进项税额转出"等专栏,并按规定进行核算。小规模纳税人只需设置"应交增值税"明细科目,不需要在"应交增值税"明细科目中设置上述专栏。

(1)"进项税额"专栏,记录一般纳税人购进货物、加工修理修配劳务、服务、无形资产或不动产而支付或负担的,准予从当期销项税额中抵扣的增值税额。

(2)"销项税额"专栏,记录一般纳税人销售货物、加工修理修配劳务、服务、无形资产或不动产应收取的增值税。

(3)"已交税金"专栏,记录一般纳税人当月已缴纳的应交增值税额。

(4)"转出未交增值税"和"转出多交增值税"专栏,分别记录一般纳税人月度终了转出当月应交未交或多交的增值税额。

(5)"进项税额转出"专栏,记录一般纳税人购进货物、加工修理修配劳务、服务、无形资产或不动产等发生的非正常损失以及其他原因而不应从销项税额中抵扣,按规定转出的进项税额。

关于税率调整的文件《财政部 税务总局 海关总署关于深化增值率改革有关政策的公告》(财政部税务总局 海关总署公告〔2019〕39 号)已正式下发,自 2019 年 4 月 1 日起执行。纳税人发生增值税应税销售行为或者进口货物,原适用 16%和 10%税率的,税率分别调整为 13%、9%;纳税人购进农产品,原适用 10%扣除率的,扣除率调整为 9%;原适用 16%税率且出口退税率为 16%的出口货物,出口退税率调整至 13%;原适用 10%税率且出口退税率为 10%的出口货物、跨境应税行为,出口退税率调整至 9%。

(三)账务处理

原材料的日常收发及结存,可以采用计划成本法核算,也可以采用实际成本法核算,本教材主要介绍实际成本法的核算。

1. 购买原材料的账务处理

材料按实际成本法核算时,材料的收发结存,无论是总分类核算还是明细分类核算,均按照实际成本计价。使用的会计账户有"原材料"和"在途物资"等,"原材料"账户的借方、贷方及余额均以实际成本计价,不存在成本差异的计算与结转问题。

【例 3-11】 东方公司购入甲材料 10 000 元,增值税额为 1 300 元(10 000×13%)。材料尚未验收入库,货款等尚未支付(增值税率 13%)。

这项经济业务的发生,一方面使材料采购成本增加 10 000 元,可抵扣的增值税额增加 1 300 元,另一方面使企业的应付账款增加 11 300 元。因此,这项经济业务涉及"在途物资”、“应交税费”和“应付账款”三个账户。材料成本的增加，由于尚未入库，应记入“在途物资”账户的借方；可抵扣增值税额的增加，应计入“应交税费”账户的借方；应付账款的增加是企业负债的增加，应记入“应付账款”账户的贷方。编制会计分录如下：

借：在途物资——甲材料　　10 000
　应交税费——应交增值税（进项税额）　　1 300
　贷：应付账款　　11 300

【例 3-12】东方公司与运输公司结清运输费用，增值税专用发票上注明的运输费用为 1 000 元，增值税税额为 90 元，已用转账支票付讫。（运输费税率：9%）

这项经济业务的发生，一方面使材料运杂费用增加 1 000 元，可抵扣的增值税额增加 90 元，另一方面使企业的银行存款减少 1 090 元。因此，这项经济业务涉及“在途物资”、“应交税费”和“银行存款”三个账户。材料的运杂费用是材料采购成本的组成部分，材料运杂费的增加就是材料采购成本的增加，应记入“在途物资”账户的借方；可抵扣增值税额的增加，应计入“应交税费”账户的借方；银行存款的减少，记入“银行存款”账户的贷方。编制会计分录如下：

借：在途物资——甲材料　　1 000
　应交税费——应交增值税（进项税额）　　90
　贷：银行存款　　1 090

【例 3-13】上述采购的甲材料已验收合格入库。

这项经济业务的发生，一方面使入库材料的成本增加 11 000 元（10 000＋1 000），另一方面使企业的在途物资减少 11 000 元。因此，这项经济业务涉及“原材料”和“在途物资”两个账户。原材料是资产类账户，它的成本增加，应记入“原材料”账户的借方；由于原材料已验收入库，应结转材料的实际成本，记入“在途物资”账户的贷方。编制会计分录如下：

借：原材料——甲材料　　11 000
　贷：在途物资——甲材料　　11 000

【例 3-14】东方公司购入乙材料 300 吨，每吨 100 元；购入丙材料 350 吨，每吨 200 元，增值税额共 13 000 元（300×100×13%＋350×200×13%），货款等已由银行存款支付，两种材料尚未验收入库。

这项经济业务的发生，一方面使材料采购成本增加 100 000 元，可抵扣的增值税额增加 13 000 元，另一方面使企业的银行存款减少 113 000 元。因此，这项经济业务涉及“在途物资”、“应交税费”和“银行存款”三个账户。物资采购成本的增加，应记入“在途物资”账户的借方；可抵扣增值税额的增加，应计入“应交税费”账户的借方；银行存款的减少，应记入“银行存款”账户的贷方。编制会计分录如下：

借：在途物资——乙材料　　30 000
　　　　　　——丙材料　　70 000
　应交税费——应交增值税(进项税额)　　13 000
　贷：银行存款　　113 000

【例 3-15】 东方公司以银行存款 1 300 元支付乙材料、丙材料的运费，增值税专用发票上注明的增值税税额为 117 元(1 300×9%)，按采购材料的重量分配，材料尚未到达。

这项业务的发生，一方面使乙、丙材料运杂费用增加 1 300 元，可抵扣的增值税额增加 117 元，另一方面使企业的银行存款减少 1 417 元。因此这项经济业务涉及"在途物资"、"应交税费"和"银行存款"三个账户。企业所支付的 1 300 元运杂费涉及乙、丙两种材料，因此这项运杂费应当由乙材料和丙材料共同负担。对于这种应由两种或两种以上材料负担的费用，应采用一定的分配方法，将其分摊到各种材料的采购成本中。(运输费属于交通运输业，税率 9%，即 1 300×9%＝117 的进项税额可抵扣。)

具体做法是：首先根据材料采购业务的不同特点，选择一个合适的分配标准，如材料的重量、体积、件数和价值等，然后将待分配费用总额除以分配标准总量，求出费用分配率，最后以费用分配率分别乘以各个分配对象(各种材料)的分配标准，即可求出各个分配对象应分摊的费用金额。以公式列示：

$$费用分配率=\frac{待分配费用总额}{分配标准总量}$$

则：

某一分配对象应负担的费用＝费用分配率×该分配对象的分配标准

根据题目的要求，材料运杂费按乙、丙材料的重量分配，其计算结果如下：

$$费用分配率=\frac{1\ 300}{300+350}=2(元/吨)$$

乙材料应负担的运杂费＝300×2＝600(元)

丙材料应负担的运杂费＝350×2＝700(元)

根据上述分配结果，这 1 300 元的运杂费中有 600 元应计入乙材料的采购成本中，700 元应计入丙材料的采购成本中。编制会计分录如下：

借：在途物资——乙材料　　600
　　　　　　——丙材料　　700
　应交税费——应交增值税(进项税额)　　117
　贷：银行存款　　1 417

【例 3-16】 上述采购的乙、丙材料验收合格入库。

这项经济业务的发生，一方面使入库材料的成本增加 101 300 元(100 000＋1 300)，其中乙材料 30 600 元、丙材料 70 700 元；另一方面使企业的在途物资减少

101 300 元。因此,这项经济业务涉及“原材料”和“在途物资”两个账户。原材料是资产类账户,它的成本的增加,应记入“原材料”账户的借方;物资采购成本的减少,记入“在途物资”账户的贷方。编制会计分录如下:

借:原材料——乙材料　　30 600
　　　　　——丙材料　　70 700
　贷:在途物资——乙材料　　30 600
　　　　　　——丙材料　　70 700

【例 3-17】东方公司以银行存款 11 300 元偿还以前欠的甲材料购货款。

这项经济业务的发生,一方面使企业的银行存款减少 11 300 元,另一方面使企业的应付账款减少 11 300 元。因此,该项经济业务涉及“应付账款”和“银行存款”两个账户。应付账款的减少是企业负债的减少,应记入“应付账款”账户的借方;银行存款的减少,应记入“银行存款”账户的贷方。编制会计分录如下:

借:应付账款　　11 300
　贷:银行存款　　11 300

【例 3-18】根据合同,东方公司以银行存款 50 000 元预付新星公司材料购货款。

这项经济业务的发生,一方面使企业的银行存款减少 50 000 元,另一方面使企业的预付账款增加 50 000 元。因此,该项经济业务涉及“银行存款”和“预付账款”两个账户。预付账款是资产类账户,它的增加应记入“预付账款”账户的借方;银行存款的减少,应记入“银行存款”账户的贷方。编制会计分录如下:

借:预付账款　　50 000
　贷:银行存款　　50 000

【例 3-19】东方公司向新星公司采购材料货款 40 000 元,增值税额为 5 200 元,材料验收入库,预付的余款通过银行转账退回。

这项经济业务的发生,一方面使企业的物资采购材料成本增加 40 000 元,可抵扣的增值税额增加 5 200 元,银行存款增加 4 800 元;另一方面使企业的预付账款减少 50 000 元。因此,该项经济业务涉及“原材料”、“应交税费”、“银行存款”和“预付账款”四个账户。“原材料”、“银行存款”是资产类的账户,它的增加在借方;可抵扣的增值税额增加 5 200 元列入“应交税费”的借方;预付账款是资产类账户,它的减少应记入“预付账款”账户的贷方。编制会计分录如下:

借:原材料　　40 000
　　应交税费——应交增值税(进项税额)　　5 200
　　银行存款　　4 800
　贷:预付账款　　50 000

2. 发出原材料的账务处理

实务中，企业发出的存货可以按实际成本核算，也可以按计划成本核算。如采用计划成本核算，会计期末应调整为实际成本。

在实际成本法核算下，企业可以采用的发出存货成本的计价方法包括个别计价法、先进先出法、月末一次加权平均法和移动加权平均法等。计价方法一经确定，不得随意变更。

(1)个别计价法

采用这一方法是假设存货具体项目的实物流转与成本流转相一致，把每一种存货的实际成本作为计算发出存货成本和期末存货成本的基础。

优点：成本计算准确，符合实际情况。

缺点：在存货收发频繁情况下，其发出成本分辨的工作量较大。

适用范围：一般不能替代使用的存货、为特定项目专门购入或制造的存货以及提供的劳务，如珠宝、名画等贵重物品。

【例 3-20】 东方公司 2018 年 5 月 D 商品的收入、发出及购进单位成本如表 3-1 所示。

表 3-1　D 商品购销明细账　　单位：元

日期		摘要	收入			发出			结存		
月	日		数量	单价	金额	数量	单价	金额	数量	单价	金额
5	1	期初余额							150	10	1 500
	5	购入	100	12	1 200				250		
	11	销售				200			50		
	16	购入	200	14	2 800				250		
	20	销售				100			150		
	23	购入	100	15	1 500				250		
	27	销售				100			150		
	31	本期合计	400	—	5 500	400	—		150		

假设经过具体辨认，本期发出存货的单位成本如下：5 月 11 日发出的 200 件存货中，100 件系期初结存存货，单位成本为 10 元，另外 100 件为 5 月 5 日购入存货，单位成本为 12 元；5 月 20 发出的 100 件存货系 5 月 16 日购入，单位成为 14 元；5 月 27 日发出的 100 件存货中，50 件为期初结存，单位成本为 10 元，50 件为 5 月 23 日购入，单位成本为 15 元。则按照个别认定法，甲公司 5 月份 D 商品收入、发出与结存情况如表 3-2 所示。

表 3-2　D 商品购销明细账(个别认定法)　单位:元

日期		摘要	收入			发出			结存		
月	日		数量	单价	金额	数量	单价	金额	数量	单价	金额
5	1	期初余额							150	10	1 500
	5	购入	100	12	1 200				150 100	10 12	1 500 1 200
	11	销售				100 100	10 12	1 000 1 200	50	10	500
	16	购入	200	14	2 800				50 200	10 14	500 2 800
	20	销售				100	14	1 400	50 100	10 14	500 1 400
	23	购入	100	15	1 500				50 100 100	10 14 15	500 1 400 1 500
	27	销售				50 50	10 15	500 750	100 50	14 15	1 400 750
	31	本期合计	400	—	5 500	400	—	4 850	100 50	14 15	1 400 750

从表 3-2 可知,甲公司本期发出存货成本及期末结存存货成本如下:

本期发出存货成本=100×10+100×12+100×14+50×10+50×15=4 850(元)

期末结存存货成本=期初结存存货成本+本期购入存货成本-本期发出存货成本

=150×10+100×12+200×14+100×15-4 850=2150(元)

(2)先进先出法

先进先出法是指以先购入的存货应先发出(销售或耗用)这样一种存货实物流动假设为前提,对发出存货进行计价的一种方法。

采用这种方法,先购入的存货成本在后购入存货成本之前转出,据此确定发出存货和期末存货的成本。

优点:可以随时结转发出存货成本。

缺点:存货业务较多且单价不稳定时,工作量较大,较烦琐。

提示:采用这种方法,在物价持续上升时,期末存货成本接近于市价,而发出存货成本偏低,会高估企业当期利润和库存存货价值;反之,会低估企业库存存货价值和当期利润。

【例 3-21】 承例 3-20,假设东方公司 D 商品本期收入、发出和结存情况如表 3-3 所示。从该表可以看出存货成本的计价顺序,如 5 月 11 日发出的 200 件存货,按先进先出法的流转顺序,应先发出期初库存存货 1 500(150×10)元,然后再发出 5 月 5 日购入的 50 件,即 600(50×12)元,其他依次类推。从表 3-3 中可看出,使用先进先出法得出的发出存货成本和期末存货成本分别为 4 800 元和 2 200 元。

表 3-3 D 商品购销明细账(先进先出法) 单位:元

日期		摘要	收入			发出			结存		
月	日		数量	单价	金额	数量	单价	金额	数量	单价	金额
5	1	期初余额							150	10	1 500
	5	购入	100	12	1 200				150 100	10 12	00 1 200
	11	销售				150 50	10 12	1 500 600	50	12	600
	16	购入	200	14	2 800				50 200	12 14	600 2 800
	20	销售				50 50	12 14	600 700	150	14	2100
	23	购入	100	15	1 500				150 100	14 15	2100 1 500
	27	销售				100	14	1 400	50 100	14 15	700 1 500
	31	本期合计	400	—	5 500	400	—	4 800	50 100	14 15	700 1 500

东方公司日常账面记录显示,D 商品期初结存存货为 1 500(150×10)元,本期购入存货三批,按先后顺序分别为:100×12、200×14、100×15。假设经过盘点,发现期末库存 150 件,则本期发出存货为 400 件,发出存货成本=150×10+50×12+50×12+50×14+100×14=4 800(元),期末存货成本=50×14+100×15=2 200(元)。

③月末一次加权平均法

月末一次加权平均法是指以本月全部进货数量加上月初存货数量作为权数,去除以本月全部进货成本加上月初存货成本,计算出存货的加权平均单位成本,以此为基础计算本月发出存货的成本和期末存货的成本的一种方法。

计算公式:

$$\text{存货加权平均单位成本}=\frac{\text{月初库存存货成本}+\text{本月购入存货成本}}{\text{月初库存存货数量}+\text{本月购入存货数量}}$$

本月发出存货的成本=本月发出存货的数量×存货加权平均单位成本

本月月末库存存货成本=月末库存存货的数量×存货加权平均单位成本

或:

$$\text{本月月末库存存货成本}=\begin{matrix}\text{月初库存存货}\\\text{的实际成本}\end{matrix}+\begin{matrix}\text{本月购入存货}\\\text{的实际成本}\end{matrix}-\begin{matrix}\text{本月发出存货}\\\text{的实际成本}\end{matrix}$$

优点:只在月末一次计算加权平均单价,比较简单,有利于简化成本计算工作。

缺点:平时无法从账上提供发出和结存存货的单价及金额,不利于存货成本的日常管理与控制。

【例 3-22】 东方公司 2018 年 5 月 D 商品的收入、发出及购进单位成本如表 3-4 所示。

表 3-4　D 商品购销明细账　　单位：元

日期		摘要	收入			发出			结存		
月	日		数量	单价	金额	数量	单价	金额	数量	单价	金额
5	1	期初余额							150	10	1 500
	5	购入	100	12	1 200				250		
	11	销售				200			50		
	16	购入	200	14	2 800				250		
	20	销售				100			150		
	23	购入	100	15	1 500				250		
	27	销售				100			150		
	31	本期合计	400	—	5 500	400	—		150		

假设东方公司采用加权平均法，则 5 月份 D 商品的平均单位成本为：

$$5\text{月份D商品平均单位成本}=\frac{\text{期初结存存货金额}+\text{本期购入存货金额}}{\text{期初存货结存数量}+\text{本期购入存货数量}}$$

$$=\frac{150\times10+100\times12+200\times14+100\times15}{150+100+200+100}$$

$$\approx12.727(\text{元})$$

5 月份 D 商品的发出存货成本＝400×12.727＝5 090.8(元)

5 月份 D 商品的期末结存成本＝7 000－5 090.8＝1 909.2(元)

④移动加权平均法

移动加权平均法是指以每次进货的成本加上原有库存存货的成本的合计额，除以每次进货数量加上原有库存存货的数量的合计数，据以计算加权平均单位成本，作为在下次进货前计算各次发出存货成本依据的一种方法。

计算公式：

$$\text{存货单位成本}=\frac{\text{原有库存存货实际成本}+\text{本次进货实际成本}}{\text{原有库存存货数量}+\text{本次进货数量}}$$

本次发出存货成本＝本次发出存货数量×本次发货前存货单位成本

本月月末库存存货成本＝月末库存存货的数量×本月月末存货单位成本

优点：能够使企业管理层及时了解存货的结存情况，计算的平均单位成本以及发出和结存的存货成本比较客观。

缺点：由于每次收货都要计算一次平均单位成本，计算工作量较大，对收发货较频繁的企业不适用。

【例 3-23】 承例 3-20,采用移动加权平均法得出的本期发出存货成本和期末结存存货成本分别为 4 897.6 和 2102.4 元,如表 3-5 所示。

表 3-5 D 商品购销明细账 单位:元

日期		摘要	收入			发出			结存		
月	日		数量	单价	金额	数量	单价	金额	数量	单价	金额
5	1	期初余额							150	10	1 500
	5	购入	100	12	1 200				250	10.8	2 700
	11	销售				200		2160	50	10.8	540
	16	购入	200	14	2 800				250	13.36	3 340
	20	销售				100		1 336	150	13.36	2 004
	23	购入	100	15	1 500				250	14.016	3 504
	27	销售				100		1401.6	150	14.016	2 102.4
	31	本期合计	400	—	5 500	400	—	4897.6	150	14.016	2 102.4

注:每购入一次货物就需重新计算一次成本。

三、固定资产购置业务的核算

企业在生产过程中,需要借助一定数量的劳动资料,才能进行生产。这些劳动资料主要是固定资产。固定资产若需要安装,通过“在建工程”科目进行核算,不需要安装的,直接通过“固定资产”账户处理。

(一)固定资产概述

1. 固定资产的概念和特征

固定资产是指为生产商品、提供劳务、出租或经营管理而持有,使用寿命超过一个会计年度的有形资产。

2. 固定资产的分类

为了便于掌握和分析固定资产的增加、减少、维修、保管和使用等情况,必须对固定资产进行科学分类。根据不同的管理需要和核算要求,可以对固定资产进行不同的分类,主要有以下几种分类方法:

(1)按经济用途分类

按固定资产的经济用途分类,可分为生产经营用固定资产和非生产经营用固定资产。

①生产经营用的固定资产,是指直接参加或直接服务于企业生产、经营过程的各种固定资产,如厂房、运输设备、管理用具等。

②非生产经营用的固定资产，是指不直接服务于生产、经营过程的各种固定资产，例如企业食堂、浴室、职工宿舍等后勤部门使用的房屋、设备和其他固定资产。

(2)综合分类

按固定资产的经济用途和使用情况等综合分类，可把固定资产划分为七大类：

①生产经营用固定资产。

②非生产经营用固定资产。

③租出固定资产，是指在经营租赁方式下出租给外单位使用的固定资产。这类固定资产是将使用权暂时让渡给承租单位，所有权仍归本企业，由企业收取租金，仍应由本企业计提折旧。

④不需用固定资产。

⑤未使用固定资产。

⑥租入固定资产，是指企业除短期租赁和低价值资产租赁外租入的固定资产，该资产在租赁期内，应作为使用权资产进行核算与管理。

⑦土地，是指过去已经单独估计入账的土地。因征用土地而支付的补偿费用应计入与土地有关的房屋、建筑物的价值，不单独作为土地价格入账。

(二)账户设置

企业通常设置以下账户对固定资产业务进行会计核算：

1."在建工程"账户

"在建工程"账户属于资产类账户，是用来核算企业尚未安装的设备或尚未完工工程的增加、减少及结存情况。借方反映安装工程成本的增加；贷方反映已完工工程的结转成本；若有余额在借方，反映尚未安装完工的工程成本。"在建工程"应按"建筑工程"、"安装工程"、"在安装设备"、"待摊费用"以及单项工程等进行明细核算。其结构如图 3-17 所示。

借方　　在建工程	贷方
期初余额 建造和安装过程中发生的实际支出	结转完工工程的实际成本
期末余额：尚未完工的基建、安装等工程发生的各项实际支出	

图 3-17　"在建工程"账户结构

2."工程物资"账户

"工程物资"账户属于资产类账户，用以核算企业为在建工程准备的各种物资的成本，包括工程用材料、尚未安装的设备及为生产准备的工器具等。该账户借方登记企业购入工程物资的成本；贷方登记领用工程物资的成本；期末余额在借方，反映企业期末为在建工程准备的各种物资的成本。该账户可按“专用材料”、“专用设备”、“工器具”等明细核算。其结构如图 3-18 所示。

借方 工程物资	贷方
期初余额 购入工程物资成本	领用工程物资成本
期末余额:为在建工程准备的各种物资的成本	

图 3-18 “工程物资”账户结构

3.“固定资产”账户

“固定资产”账户属于资产类账户,用来核算企业固定资产的增加、减少及结存变动情况的账户。该账户借方登记企业增加的固定资产原价;贷方登记固定资产减少原价数额;期末余额在借方,表示企业固定资产的原价。“固定资产”账户按固定资产类别和项目进行明细核算。其结构如图 3-19 所示。

借方 固定资产	贷方
期初余额 固定资产的增加数	固定资产的减少数
期末余额:期末固定资产的实有数	

图 3-19 “固定资产”账户结构

4.“累计折旧”账户

“累计折旧”账户属于资产类备抵账户,用以核算固定资产因磨损和技术落后等原因而减少的价值。固定资产在较长时间内使用并且保持其原有的实物形态不变,其价值因磨损和技术落后等原因而逐渐发生转移,这就是折旧。本账户贷方登记按月提取的折旧额,即累计折旧的增加;借方登记因减少固定资产而减少的累计折旧;期末余额在贷方,反映期末固定资产的累计折旧额。该账户可按固定资产的类别或项目进行明细核算。其结构如图 3-20 所示。

借方 累计折旧	贷方
固定资产折旧的减少额	按照规定提取的固定资产折旧额
	期末余额:现有固定资产的累计折旧额

图 3-20 “累计折旧”账户结构

(三)账务处理

1. 固定资产初始计量

固定资产的初始计量是指确定固定资产的取得成本。固定资产应当按照成本进行初始计量。

固定资产的成本包括企业为购建某项固定资产达到预定可使用状态前所发生的一切合理的、必要的支出。

实务中，企业可以通过外购、自行建造、投资者投入、非货币性资产交换、债务重组、企业合并和融资租赁等方式取得固定资产。

外购固定资产的成本，包括购买价款、相关税费、使固定资产达到预定可使用状态前所发生的可归属于该项资产的运输费、装卸费、安装费和专业人员服务费等。

企业以一笔款项购入多项没有单独标价的固定资产，应将各项资产单独确认为固定资产，并按各项固定资产公允价值的比例对总成本进行分配，分别确定各项固定资产的成本。

外购固定资产是否达到预定可使用状态，需根据具体情况进行分析判断。如果购入不需要安装的固定资产，购入后即可达到预定可使用状态；如果购入需安装的固定资产，需经过安装调试，达到设计要求或合同规定标准后，该固定资产才能发挥作用，才意味着达到预定可使用状态。

不动产是指土地和土地上的定着物，包括各种建筑物，如房屋、桥梁、电视塔，地下排水设施等等；生长在土地上的各类植物，如树木、农作物、花草等。需要说明的是，植物的果实尚未采摘、收割之前，树木尚未砍伐之前，都是地上的定着物，属于不动产，一旦采摘、收割、砍伐下来，脱离了土地，则属于动产。

动产是指不动产以外的财产。如机器设备、车辆、动物、各种生活日用品等等。

企业作为小规模纳税人，购入固定资产所发生的增值税进项税额计入固定资产成本，不通过“应交税费——应交增值税(进项税额)”反映。

【例 3-24】 东方公司购入设备一台，价款 30 万元，增值税税额为 3.9 万元，款项已用存款支付，不需要安装。

这项经济业务的发生，一方面使企业的固定资产成本增加 300 000 元，可抵扣的增值税额增加 39 000 元；另一方面使企业的银行存款减少 339 000 元。因此，该项经济业务涉及“固定资产”、“应交税费”和“银行存款”三个账户。“固定资产”、“银行存款”都是资产类的账户，固定资产的增加记在借方；银行存款的减少应记入“银行存款”账户的贷方；可抵扣的增值税计入“应交税费”的借方。编制会计分录如下：

借：固定资产	300 000	
应交税费——应交增值税(进项税额)	39 000	
贷：银行存款		339 000

【例 3-25】 东方公司购入需要安装的 B 设备一台，增值税专用发票注明价款 40 万元，增值税税额 5.2 万元；发生运费，增值税专用发票注明运费 2 万元，增值税税额 0.18 万元；发生安装费 5 万元。

这项经济业务的发生，一方面使企业的在建工程成本增加 47 万元(40＋2＋5)，因根据会计制度规定，在建工程成本包括购入设备的买价，发生的运杂费和安装费；另一方面使企业的银行存款减少了47万元。因此，该项经济业务涉及“在建工程”、“银行存款”和“应交税费”三个账户。在建工程的增加应借记“在建工程”账户；银行存款的减少应贷记“银行存款”账户；取得的增值税专用发票上注明的增值税进项税额，应借记“应交税费——应交增值税(进项税额)”账户。编制会计分录如下：

借：在建工程 470 000

　应交税费——应交增值税(进项税额) 53 800

　贷：银行存款 523 800

【例3-26】B设备安装完毕并交付使用。

这项经济业务的发生，一方面使企业的固定资产增加47万元；另一方面使企业的在建工程成本减少47万元。因此，该项经济业务涉及“固定资产”和“在建工程”两个账户。“在建工程”、“固定资产”都是资产类的账户，固定资产的增加记在借方；在建工程的减少应记入“在建工程”账户的贷方。编制会计分录如下：

借：固定资产 470 000

　贷：在建工程 470 000

2. 固定资产的后续计量

固定资产的后续计量主要包括固定资产折旧的计提、减值损失的确定，以及后续支出的计量。本书重点介绍固定资产折旧的处理。

(1)固定资产折旧概述

企业应当在固定资产的使用寿命内，按照确定的方法对应计折旧额进行系统分摊。应计折旧额是指应当计提折旧的固定资产的原价扣除其预计净残值后的金额。已计提减值准备的固定资产，还应当扣除已计提的固定资产减值准备累计金额。

应计折旧额＝原价－预计净残值－固定资产减值准备

(2)影响固定资产折旧的因素

影响因素	含　　义
固定资产原价	固定资产的成本 计提折旧，应以月初应计折旧的固定资产账面原值为依据。
预计净残值	假定固定资产预计使用寿命已满并处于寿命终了时的预期状态，企业目前从该项资产处置中获得的扣除预计处置费用后的金额
固定资产减值准备	已计提的固定资产减值准备累计金额
固定资产的使用寿命	使用固定资产的预计期间，或者该固定资产所能生产产品或提供劳务的数量

(3)固定资产折旧的账务处理

固定资产应当按月计提折旧,计提的折旧应当记入"累计折旧"科目,并根据固定资产的用途计入相关资产的成本或者当期损益。

企业自行建造固定资产过程中使用的固定资产,其计提的折旧应计入"在建工程";基本生产车间所使用的固定资产,其计提的折旧应计入"制造费用";管理部门所使用的固定资产,其计提的折旧应计入"管理费用";销售部门所使用的固定资产,其计提的折旧应计入"销售费用";经营租出的固定资产,其应提的折旧额应计入"其他业务成本"。

【例 3-27】 东方公司为增值税一般纳税人,本月管理部门、销售部门应分配的固定资产折旧额为:管理部门计提折旧 2 500 元;销售部门计提折旧 1 200 元。

这项经济业务的发生,一方面使企业的折旧增加 3 700;另一方面使企业的管理费用和销售费用增加 3 700 元。因此,该项经济业务涉及"累计折旧"、"管理费用"、"销售费用"三个账户。"累计折旧"是资产类备抵账户,贷方登记累计折旧的增加;"管理费用"、"销售费用"是损益类账户,借方登记其增加。编制会计分录如下:

借:管理费用	2 500	
销售费用	1 200	
贷:累计折旧		3 700

第四节　企业产品生产业务的核算

企业产品的生产过程同时也是生产资料的耗费过程。企业在生产过程中发生的各种生产费用,是企业为获得收入而预先垫支并需要得到补偿的资金耗费。这些费用最终都要归集、分配给特定的产品,形成产品的成本。

产品成本的核算是指把一定时期内企业生产过程中所发生的费用,按其性质和发生地点,分类归集、汇总、核算,计算出该时期内生产费用发生总额,并按适当方法分别计算出各种产品的实际成本和单位成本等。

一、生产费用的构成

生产费用是指与企业日常生产经营活动有关的费用,按其经济用途可分为直接材料、直接人工和制造费用。

(一)直接材料

直接材料是指构成产品实体的原材料以及有助于产品形成的主要材料和辅助材

料。包括原材料、辅助材料、备品配件、外购半成品、包装物、低值易耗品等费用。

(二)直接人工

直接人工是指直接从事产品生产的工人的职工薪酬。

(三)制造费用

制造费用指企业为生产产品和提供劳务而发生的各项间接费用,如企业生产部门(如生产车间)发生的水电费、固定资产折旧、无形资产摊销、管理人员的职工薪酬、劳动保护费等。国家规定的有关环保费用、季节性和修理期间的停工损失等不能根据原始凭证或原始凭证汇总表直接计入成本的费用,需要按一定标准分配计入成本核算对象。

二、账户设置

根据生产业务的内容,企业通常设置以下账户对生产费用业务进行会计核算。

(一)"生产成本"账户

"生产成本"账户属于成本类账户,用来归集核算产品生产过程中所发生的各项费用,计算确定产品实际生产成本的账户。本账户的借方登记可以直接计入产品生产成本的各项直接费用(直接材料与直接工资),以及应分配计入产品生产成本的制造费用;贷方登记完工产品的生产成本(制造成本);期末借方余额表示期末未完工产品(在产品)的成本。本账户应按产品的品种设置明细账,并按规定的成本项目设置专栏进行明细核算。其结构如图 3-21 所示。

借方　　　　　　　　生产成本	贷方
期初余额 (1)本期发生的直接费用 (2)"制造费用"账户分配转入的间接费用	本期完工产品的生产成本
期末余额:期末未完工产品成本	

图 3-21 "生产成本"账户结构

(二)"制造费用"账户

"制造费用"账户属于成本类账户,用来核算企业各生产单位(如生产车间)为组织和管理生产而发生的各项间接费用,包括车间管理人员的工资和福利费、生产设备的折旧费和修理费、生产单位的办公费、机物料消耗、劳动保护费以及其他不能直接计入产品生产成本的各项间接费用等。本账户的借方登记企业各生产单位发生的各项间接费用;贷方登记月末分配转入各产品成本的制造费用;该账户月末一般没有余额。该账户按不同的生产车间、部门或费用项目设置明细账户,进行明细核算。其结构如图 3-22 所示。

借方	制造费用　　　　　　贷方
本期的各种制造费用	分配计入产品成本、转入“生产成本”账户的制造费用

图 3-22　“制造费用”账户结构

(三)“库存商品”账户

“库存商品”账户属于资产类账户,用于核算企业库存的各种外购商品和自制产品的增减变动及结存情况。库存商品是指企业已经完成全部生产过程并验收入库的产品。本账户的借方登记生产完工并验收入库的产成品的实际成本;贷方登记发出产成品的实际成本;期末余额在借方,表示库存商品实际成本。本账户应按产品的品种规格或类别设置明细账户,进行明细核算。其结构如图 3-23 所示。

借方	库存商品　　　　　　贷方
期初余额 完工入库的产成品实际成本	发出产成品实际成本
期末余额:库存产品实际成本	

图 3-23　“库存商品”账户结构

(四)“应付职工薪酬”账户

“应付职工薪酬”账户属于负债类账户,用来核算企业根据有关规定应付给职工的各项薪酬,包括工资、福利费、社会保险、公积金等。本账户的贷方登记企业实际发生的应付给职工的各项薪酬;借方登记企业实际支付的职工薪酬;期末余额一般在贷方,表示企业应付而未付的职工薪酬。本账户可按“工资”、“职工福利费”、“社会保险费”、“住房公积金”、“工会经费”、“职工教育经费”、“非货币性福利”、“辞退福利”、“带薪缺勤”、“利润分享计划”等内容设置明细账户,进行明细核算。其结构如图 3-24 所示。

借方	应付职工薪酬　　　　　　贷方
实际发放的薪酬数额	期初余额 应分配的薪酬数额
期末余额:多支付的工资	期末余额:尚未支付的应付工资

图 3-24　“应付职工薪酬”账户结构

三、账务处理

(一)材料费用的归集与分配

在确定材料费用时,应根据领料凭证区分车间、部门和不同用途后,按照确定的结果将发出材料的成本借记“生产成本”、“制造费用”、“管理费用”等科目,贷记“原材料”科目。

对于直接用于某种产品生产的材料费用,应直接计入该产品生产成本明细账中的直接材料费用项目;对于由多种产品共同耗用、应由这些产品共同负担的材料费用,应选择适当的标准在这些产品之间进行分配,按分担的金额计入相应的成本计算对象(生产产品的品种、类别等);对于为提供生产条件等间接消耗的各种材料费用,应先通过“制造费用”科目进行归集,期末再同其他间接费用一起按照一定的标准分配计入有关产品成本;对于行政管理部门领用的材料费用,应计入“管理费用”科目。

【例 3-28】东方公司本月领用材料情况如下,生产 A 产品领用 1 000 公斤,生产 B 产品领用 500 公斤,车间领用 100 公斤,行政部门领用 20 公斤,材料单价 20 元。

这项经济业务的发生,一方面使生产经营过程中消耗的材料费用增加 32 400 元[(1 000+500+100+20)×20],另一方面使库存材料减少 32 400 元。因此,这项经济业务涉及“生产成本”、“制造费用”、“管理费用”和“原材料”四个账户。生产 A 产品和 B 产品所消耗的材料属直接费用,其增加额应记入“生产成本”账户的借方;车间一般耗用的材料属间接费用,其增加额应记入“制造费用”账户的借方;行政部门耗用的材料属期间费用,其增加额应记入“管理费用”账户的借方;库存材料的减少是资产的减少,应记入“原材料”账户的贷方。编制会计分录如下:

借:生产成本——A 产品	20 000	
——B 产品	10 000	
制造费用	2 000	
管理费用	400	
贷:原材料		32 400

(二)职工薪酬的归集与分配

1. 应由生产产品、提供劳务负担的短期职工薪酬,计入产品成本或劳务成本。其中,生产工人的短期职工薪酬应借记“生产成本”科目,贷记“应付职工薪酬”科目;生产车间管理人员的短期职工薪酬属于间接费用,应借记“制造费用”科目,贷记“应付职工薪酬”科目。

当企业采用计件工资制时,生产工人的短期职工薪酬属于直接费用,应直接计入有关产品的成本。当企业采用计时工资制时,对于只生产一种产品的生产工人的短期职工薪酬也属于直接费用，应直接计入产品成本；对于同时生产多种产品的生产工人的短期职工薪酬，则需采用一定的分配标准（实际生产工时或定额生产工时等）分配计入产品成本。

2. 应由在建工程、无形资产负担的短期职工薪酬，计入建造固定资产或无形资产成本。

3. 除上述两种情况之外的其他短期职工薪酬应计入当期损益。如企业行政管理部门人员和专设销售机构销售人员的短期职工薪酬均属于期间费用，应分别借记“管理费用”、“销售费用”等科目，贷记“应付职工薪酬”科目。

【例 3-29】 东方公司分配本月职工工资如下：生产 A 产品工人工资 2 万元，生产 B 产品工人工资 1 万元，车间管理人员工资 0.6 万元，行政管理人员工资 0.4 万元，工资尚未发放。

这项经济业务的发生，一方面表示企业本月份发生应付给车间的工人和管理人员的工资 40 000 元，另一方面表示企业的生产经营管理费用增加 40 000 元。因此，这项经济业务涉及“生产成本”、“制造费用”、“管理费用”和“应付职工薪酬”四个账户。生产 A、B 产品的生产工人工资是可以直接计入产品成本的直接费用，其工资费用的增加额应记入“生产成本”账户的借方；车间管理人员工资是为组织和管理生产所发生的间接费用，其工资费用增加额应记入“制造费用”账户的借方；行政管理人员工资是企业经营管理中所发生的期间费用，其工资费用增加额应记入“管理费用”账户的借方；应付工资的增加是负债的增加，应记入“应付职工薪酬”账户的贷方。编制会计分录如下：

借：生产成本——A 产品　　20 000

　　　　　　——B 产品　　10 000

　　制造费用　　6 000

　　管理费用　　4 000

　贷：应付职工薪酬——工资　　40 000

【例 3-30】 东方公司下设一所职工食堂，每月根据在岗职工数量及岗位分布情况、相关历史数据等计算需要补贴食堂的金额，从而确定其因补贴职工食堂需要承担的福利费金额。企业在岗职工共计 40 人，其中行政管理部门 4 人，生产 A 产品人员 12 人，生产 B 产品人员 18 人，车间管理人员 6 人，企业的历史经验数据表明，每个职工每月食堂补贴为 150 元。

这项经济业务的发生，一方面使企业本月提取的职工福利费增加 6 000 元（40×150），另一方面使企业管理费用、生产成本、制造费用也相应增加 6 000 元。该项经济业务涉及“生产成本”、“制造费用”、“管理费用”和“应付职工薪酬”四个账户。生产产品的生产工人的福利费是可以计入产品成本的直接费用，其福利费的增加是生产费用的增加，应记入“生产成本”账户的借方；车间管理人员的福利费作为间接费用，其费用增加额记入“制造费用”账户的借方；行政管理人员的福利费作为期间费用，其费用增加额记入“管理费用”账户的借方；对于提取的职工福利费，在未使用之前，属于企业的负债，因而应付福利费的增加是负债的增加，应记入“应付职工薪酬”账户的贷方。编制会计分录如下：

借：管理费用　　600
　生产成本——A产品　　1 800
　　　　——B产品　　2 700
　制造费用　　900
　贷：应付职工薪酬——工资　　6 000

【例 3-31】东方公司以银行存款发放职工工资 4 万元。

这项经济业务的发生，一方面使企业的应付工资减少 40 000 元，另一方面使企业的银行存款减了 40 000 元。因此，这项业务涉及“应付职工薪酬”和“银行存款”两个账户。应付工资的减少是负债的减少，应记入“应付职工薪酬”账户的借方。银行存款的减少是资产的减少，应记入“银行存款”账户的贷方。编制会计分录如下：

借：应付职工薪酬——工资　　40 000
　贷：银行存款　　40 000

【例 3-32】东方公司以现金支付职工生活困难补助 1000 元。

这项经济业务的发生，一方面使企业已提取的职工福利费减少 1 000 元，另一方面使企业的现金减少 1 000 元。因此，这项业务涉及“应付职工薪酬”和“库存现金”两个账户。这是一项使企业的资产和负债同时减少的业务。使用并支付福利费是企业负债的减少，应记入“应付职工薪酬”账户的借方；现金的减少应记入“库存现金”账户的贷方。编制会计分录如下：

借：应付职工薪酬——职工福利费　　1 000
　贷：库存现金　　1 000

(三)制造费用的归集和分配

企业发生的制造费用，应当按照合理的分配标准按月分配计入各成本核算对象的生产成本。企业可以采取的分配标准包括机器工时、人工工时、计划分配率等。

$$分配率=\frac{待分配的制造费用}{各种产品的生产工时(或工资、产量)之和}$$

某种产品应分配的制造费用＝该种产品的工时(或工资、产量)×分配率

企业发生制造费用时，借记“制造费用”科目，贷记“累计折旧”、“银行存款”、“应付职工薪酬”等科目；结转或分摊时，借记“生产成本”等科目，贷记“制造费用”科目。

【例 3-33】东方公司计提本月固定资产折旧如下，车间设备折旧 8 000 元，厂部设备折旧 2 000 元。

企业计提车间固定资产折旧这项经济业务，一方面使折旧费用增加了10 000元(8 000+2 000)，另一方面使固定资产价值减少10 000元。因此，这项业务涉及"制造费用"、"管理费用"和"累计折旧"三个账户。车间固定资产折旧费应计入产品成本，但它属于间接费用，不能直接记入"生产成本"账户，应归集到"制造费用"中，制造费用的增加是费用的增加，应记入"制造费用"账户的借方；厂部设备折旧费作为期间费用，其费用增加额记入"管理费用"账户的借方；累计折旧的增加，应记入"累计折旧"账户的贷方。编制会计分录如下：

借：制造费用　　8 000

　　管理费用　　2 000

　贷：累计折旧　　10 000

【例3-34】 东方公司本期发生的制造费用共计20 140元，按照生产A、B产品工人的工资分摊(其中A产品工人工资20 000元，B产品工人工资10 000元。则A产品应负担13 427元，B产品负担6 713元)。

分权位计算过程：

$$分配率=\frac{20\ 140}{20\ 000+10\ 000}\approx 0.67$$

A产品分担的制造费用=20 000×0.67≈134 27(元)

B产品分担的制造费用=10 000×0.67≈6 713元

或=20 140−13 427=6 713(元)

这项经济业务的发生，一方面使产品的生产成本增加20 140元，另一方面使制造费用减少20 140元。因此，这项业务涉及"生产成本"和"制造费用"两个账户。生产成本的增加应记入"生产成本"账户的借方；分配转出制造费用使制造费用减少，应记入"制造费用"账户的贷方。编制会计分录如下：

借：生产成本——A产品　　13 427

　　　　　　——B产品　　6 713

　贷：制造费用　　20 140

(四)完工产品生产成本的计算与结转

产品生产成本计算是指将企业生产过程中为制造产品所发生的各种费用按照成本计算对象进行归集和分配，以便计算各种产品的总成本和单位成本。有关产品成本信息是进行库存商品计价和确定销售成本的依据，产品生产成本计算是会计核算的一项重要内容。

企业应设置产品生产成本明细账，用来归集应计入各种产品的生产费用。通过对材料费用、职工薪酬和制造费用的归集和分配，企业各月生产产品所发生的生产费用已记入"生产成本"科目中。

如果月末某种产品全部完工，该种产品生产成本明细账所归集的费用总额，就是该种完工产品的总成本，用完工产品总成本除以该种产品的完工总产量即可计算出该种产品的单位成本。如果月末某种产品全部未完工，该种产品生产成本明细账所归集的费用总额就是该种产品在产品的总成本。

如果月末某种产品一部分完工，一部分未完工，这时归集在产品成本明细账中的费用总额还要采取适当的分配方法在完工产品和在产品之间进行分配，然后才能计算出完工产品的总成本和单位成本。完工产品成本的基本计算公式为：

完工产品生产成本＝期初在产品成本＋本期发生的生产费用－期末在产品成本

当产品生产完成并验收入库时，借记“库存商品”科目，贷记“生产成本”科目。

【例 3-35】东方公司期末结转完工产品成本，其中 A 产品成本 50 000 元，B 产品成本 25 000 元。

这项经济业务的发生，一方面使库存产成品增加 75 000 元(50 000＋25 000)，另一方面使生产成本减少 75 000 元。因此，这项业务涉及“库存商品”和“生产成本”两个账户。产品完工并验收入库，使库存产成品的增加，应记入“库存商品”账户的借方；转出完工产品成本，使生产过程中生产成本的减少，应记入“生产成本”账户的贷方。编制会计分录如下：

借：库存商品——A 产品	50 000	
——B 产品	25 000	
贷：生产成本——A 产品		50 000
——B 产品		25 000

第五节　企业销售业务的核算

销售过程是企业生产经营活动的最后一个环节。在销售过程中，企业将生产的产品销售给购买方，并按产品的销售价格向购买方办理货款结算，收回销售款。由于在销售过程中企业必须付出相应数量的产品，因而企业在确认和计量销售收入时，还应当结转已销售产品的成本。此外，企业在取得销售收入时，还应按国家税法规定计算并缴纳相关税费。销售业务的账务处理涉及商品销售、其他销售等业务收入、成本、费用和相关税费的确认与计量等。

一、商品销售收入的确认与计量

销售商品收入的会计处理主要涉及一般销售商品业务、已经发出商品但不符合收入确认条件的销售业务、销售折让、销售退回、采用预收款方式销售商品、采用支付手续费方式委托代销商品等情况。

企业与客户之间的合同同时满足下列条件的，企业应当在客户取得相关商品控制权时确认收入：

(1)合同各方已批准该合同并承诺将履行各自义务；

(2)该合同明确了合同各方与所转让商品(或提供劳务)相关的权利和义务；

(3)该合同有明确的与所转让商品相关的支付条款；

(4)该合同具有商业实质，即履行合同将改变企业未来现金流量的风险、时间分布或金额；

(5)企业因向客户转让商品而有权取得的对价很可能收回。

二、账户设置

为了反映企业的产品销售业务，企业应设置“主营业务收入”、“主营业务成本”、“税金及附加”、“销售费用”、“应收账款”、“预收账款”、“应收票据”等账户。

(一)“主营业务收入”账户

“主营业务收入”账户属于损益类账户，用来核算企业销售商品、提供劳务等主营业务所确认的收入。该账户的贷方登记企业本期实现的主营业务收入；借方登记因发生销售退回或销售折让而减少的销售收入以及期末转入“本年利润”账户的数额；结转后本账户期末无余额。本账户可按主营业务的种类设置明细账户，进行明细核算。其结构如图 3-25 所示。

借方　　　　主营业务收入	贷方
(1)因发生销售退回或销售折让而减少的销售收入 (2)期末结转“本年利润”账户的产品销售收入	本期销售产品、提供劳务取得的收入

图 3-25　“主营业务收入”账户结构

(二)“主营业务成本”账户

“主营业务成本”账户属于损益类账户，用来核算企业销售产品的生产(制造)成本的账户。本账户的借方登记本期已售产品、已提供劳务的成本；贷方登记发生销售退货时实际退回产品的成本以及期末转入“本年利润”账户的数额；结转后本账户期末无余额。本账户可按主营业务的种类设置明细账户，进行明细核算。其结构如图 3-26 所示。

借方	主营业务成本　　　　　　　　贷方
本期已售产品、已提供劳务的成本	(1)销售退货时实际退回产品的成本 (2)期末转入“本年利润”账户的数额

图 3-26　“主营业务成本”账户结构

(三)“税金及附加”账户

“税金及附加”账户属于损益类账户,用来核算企业在销售环节缴纳的除增值税外的各种税金及附加。本账户的借方登记本期销售产品应交的销售税金及附加;贷方登记期末结转“本年利润”账户的产品销售税金及附加;结转后本账户期末无余额。其结构如图 3-27 所示。

借方	税金及附加　　　　　　　　贷方
本期销售产品的销售税金及附加	期末结转“本年利润”账户的产品销售税金及附加

图 3-27　“税金及附加”账户结构

(四)“销售费用”账户

“销售费用”账户属于损益类账户,用来核算企业在销售产品过程中发生的各种经营费用,如运输费、保险费、包装费、广告费、专设销售机构经费等。本账户的借方登记发生的各种销售费用;贷方登记结转“本年利润”账户的销售费用,结转后本账户期末无余额。本账户应按费用项目设置明细账户,进行明细核算。其结构如图 3-28 所示。

借方	销售费用　　　　　　　　贷方
发生的各种销售费用	期末结转“本年利润”账户的销售费用

图 3-28　“销售费用”账户结构

(五)“应收账款”账户

“应收账款”账户属于资产类账户,用来核算企业因销售产品、提供劳务等应向购货单位收取的款项。本账户借方登记企业本期因销货、提供劳务而发生的应收款项;贷方登记本期已收回的应收款项;余额一般在借方,表示尚未收回的应收款项。本账户应按购货单位设置明细账户,进行明细核算。其结构如图 3-29 所示。

借方	应收账款　　　　　　　　贷方
期初余额 本期销货、提供劳务而发生的应收款项	本期已收回的应收款
期末余额:尚未收回的应收款项	

图 3-29　“应收账款”账户结构

(六)"应收票据"账户

"应收票据"账户属于资产类账户,是指企业因销售商品、提供劳务等而收到的商业汇票,包括商业承兑汇票和银行承兑汇票。根据《票据法》的规定,商业汇票的付款期限最长不得超过6个月,因而我国的商业汇票是一种流动资产。本账户借方登记取得的应收票据的面值;贷方登记到期收回票款或到期前向银行贴现的应收票据或背书转让的应收票据;期末余额在借方,反映企业持有的商业汇票的票面金额。"应收票据"可按债务人设置明细账户,还应设置"应收票据备查簿",逐笔登记每一应收票据的种类、号码和出票日期、票面金额、票面利率、交易合同号和付款人、承兑人、背书人的姓名或单位名称、到期日、背书转让日、贴现日期、贴现率和贴现净额、未计提利息,以及收款日期和收回金额、退票情况等资料,应收票据到期结清票款或退票后,应当在备查簿内逐笔注销。其结构如图3-30所示。

借方　　　　应收票据	贷方
期初余额 实收收到的商业汇票	已经到到期收回的货款或提前贴现的商业汇票
期末余额:尚未收回的商业汇票	

图3-30　"应收账款"账户结构

(七)"预收账款"账户

"预收账款"账户属于负债类账户,用来核算企业按照合同规定向购货单位预收的货款。本账户的贷方登记按合同规定预收的货款;借方登记用商品或劳务抵偿与购货单位结算的货款;余额一般在贷方,表示已预收但尚未发货的款项。预收账款不多的企业,也可以将预收的款项直接记入"应收账款"账户的贷方,不设本账户。本账户可按照购货单位设置明细账户,进行明细核算。其结构如图3-31所示。

借方　　　　预收账款	贷方
用商品或劳务抵偿与购货单位结算的货款	按合同规定预收的货款
	期末余额:已预收但尚未发货的款项

图3-31　"预收账款"账户结构

(八)"其他业务收入"账户

"其他业务收入"账户属于损益类账户,用以核算企业除主营业务以外的其他经营活动实现的收入,如出租固定资产、出租无形资产、出租包装物和商品、销售材料等。该账户贷方反映企业实现的其他业务收入;借方反映应转入“本年利润”账户贷方的其他业务收入;期末结转后,该账户无余额。为了具体反映各类其他业务收入取得情况,应按其他业务的种类,如“材料销售”、“包装物出租收入”等设置明细账,进行明细分类核算。其结构如图 3-32 所示。

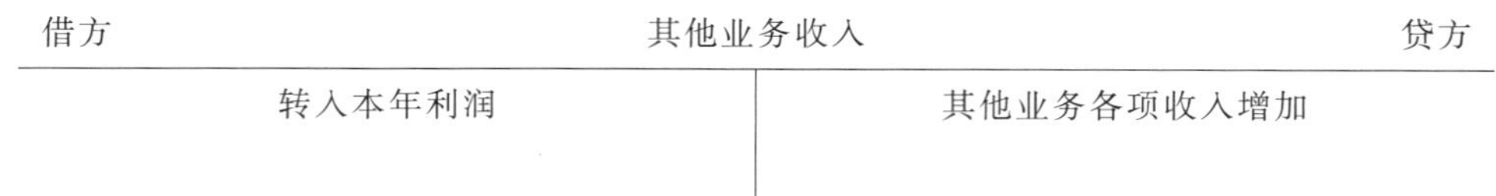

图 3-32 “其他业务收入”账户结构

(九)“其他业务成本”账户

“其他业务成本”账户是用来核算除主营业务成本以外的其他销售成本或获取其他业务收入而发生的相关成本、费用等。它属于费用类账户,其借方反映企业发生的其他业务的各项支出;贷方反映转入“本年利润”账户借方的其他业务成本;期末结转后,该账户无余额。为了具体反映企业其他业务成本的情况,应按其他业务销售的种类,如“材料销售”等设置明细账,进行明细分类核算。其结构如图 3-33 所示。

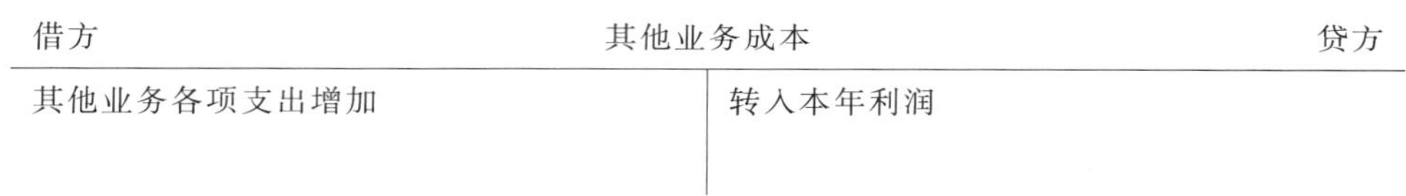

图 3-33 “其他业务收入”账户结构

三、账务处理

【例 3-36】东方公司对外销售产品一批,售价 10 万元,销项税额 1.3 万,款项均已收妥入账。(增值税税率 13%)

这项经济业务的发生,一方面使企业的银行存款增加 113 000 元;另一方面使企业的营业收入增加 100 000 元,应代交的税金增加 13 000 元。因此,该项业务涉及“银行存款”、“主营业务收入”和“应交税费”三个账户。银行存款的增加,应记入“银行存款”账户的借方;营业收入的增加,应记入“主营业务收入”账户的贷方;应代交的税金增加,记入“应交税费”科目的贷方。编制会计分录如下:

借:银行存款　　113 000

　贷:主营业务收入　　100 000

　　应交税费——应交增值税(销项税额)　　13 000

【例 3-37】 东方公司销售产品收入 1 万元，增值税率 13%，货款尚未收到。

这项经济业务的发生，一方面使企业的应收账款增加 11 300 元；另一方面使企业的营业收入增加 10 000 元，应代交的税金增加 1 300 元。因此，该项业务涉及"应收账款"、"主营业务收入"和"应交税费"三个账户。应收账款是企业的债权，它的增加是资产的增加，应记入"应收账款"账户的借方；营业收入的增加，应记入"主营业务收入"账户的贷方；应代交的税金增加，记入"应交税费"科目的贷方。编制会计分录如下：

借：应收账款	11 300	
贷：主营业务收入		10 000
应交税费——应交增值税（销项税额）		1 300

【例 3-38】 上述货款收到存入银行。

这项经济业务的发生，一方面使企业的银行存款增加 11 300 元，另一方面使企业的应收账款减少 11 300 元。因此，这项业务涉及"银行存款"和"应收账款"两个账户。银行存款的增加，应记入"银行存款"账户的借方；应收账款的减少是资产的减少，应记入"应收账款"账户的贷方。编制会计分录如下：

借：银行存款	11 300	
贷：应收账款		11 300

【例 3-39】 若上述货款收到一张银行承兑汇票。

这项经济业务的发生，一方面使企业的应收票据增加 11 300 元，另一方面使企业的应收账款减少 11 300 元。因此，这项业务涉及"应收票据"和"应收账款"两个账户。应收票据的增加，应记入"应收票据"账户的借方；应收账款的减少是资产的减少，应记入"应收账款"账户的贷方。编制会计分录如下：

借：应收票据	11 300	
贷：应收账款		11 300

【例 3-40】 东方公司以存款支付广告费 2 000 元，支付销售机构其他费用 2 000 元，销售产品的运杂费 1 000 元。

这项经济业务的发生，一方面使企业的销售费用增加 5 000 元，另一方面使企业的银行存款减少 5 000 元。因此，这项业务涉及"银行存款"和"销售费用"两个账户。销售费用的增加，应记入"销售费用"账户的借方；银行存款的减少，应记入"银行存款"账户的贷方。编制会计分录如下：

借：销售费用	5 000	
贷：银行存款		5 000

【例 3-41】 计算本月销售产品应缴纳城建税等 3 000 元。

这项经济业务的发生，一方面使本月的费用增加 3 000 元，另一方面使企业计算出但尚未缴纳的应交税费增加 3 000 元。因此，这项业务涉及“税金及附加”和“应交税费”两个账户。城建税的增加是费用的增加，应记入“税金及附加”账户的借方；应交税费的增加是负债的增加，应记入“应交税费”账户的贷方。编制会计分录如下：

借：税金及附加　　3 000
　贷：应交税费——应交城建税　　3 000

【例 3-42】 预收红星公司货款 5 650 元存银行。

这项经济业务的发生，一方面使企业的银行存款增加 5 650 元，另一方面使企业的预收账款增加 5 650 元。因此，这项业务涉及“银行存款”和“预收账款”两个账户。银行存款的增加，应记入“银行存款”账户的借方；预收账款是负债类，它的增加应记入“预收账款”账户的贷方。编制会计分录如下：

借：银行存款　　5 650
　贷：预收账款　　5 650

【例 3-43】 东方公司向红星公司销售产量收入 5 000 元，款项已预收，增值税率 13%。

这项经济业务的发生，一方面使企业的预收账款减少 5 650 元(5 000＋5 000×13%)；另一方面使企业的营业收入增加 5 000 元，应代交的税金增加 650 元。因此，该项业务涉及“预收账款”、“主营业务收入”和“应交税费”三个账户。预收账款是企业的债务，它的减少应记入“预收账款”账户的借方；营业收入的增加，应记入“主营业务收入”账户的贷方；应代交的税金增加，记入“应交税费”科目的贷方。编制会计分录如下：

借：预收账款　　5 650
　贷：主营业务收入　　5 000
　　应交税费——应交增值税(销项税额)　　650

【例 3-44】 结转上述例 3-36、例 3-37、例 3-43 中销售产品的成本 65 000 元。

这项经济业务的发生，一方面使营业成本增加了 65 000 元，另一方面使库存产品成本减少 65 000 元。营业成本的增加，应记入“主营业务成本”账户的借方；产品的销售使库存产品成本的减少，产成品减少是资产的减少，应记入“库存商品”账户的贷方。编制会计分录如下：

借：主营业务成本　　65 000
　贷：库存商品　　65 000

【例 3-45】 东方公司销售不需用的原材料一批，售价 8 000 元，销项税额 1 040 元，款项均已收到存入银行。

这项经济业务的发生，一方面使企业的银行存款增加 9 040 元；另一方面使企业的其他业务收入增加 8 000 元，应代交的税金增加 1 040 元。因此，该项业务涉及“银行存款”、“其他业务收入”和“应交税费”三个账户。银行存款的增加，应记入“银行存款”账户的借方；出售原材料是营业收入的增加，应记入“其他业务收入”账户的贷方；应代交的税金增加，记入“应交税费”科目的贷方。编制会计分录如下：

借：银行存款　　9 040
　贷：其他业务收入　　8 000
　　应交税费——应交增值税（销项税额）　　1 040

【例 3-46】 结转上述例 3-45，已售材料成本 7 000 元。

这项经济业务的发生，一方面使企业的其他业务成本增加 7 000 元，另一方面使库存材料的成本减少 7 000 元。其他业务成本的增加，应记入“其他业务成本”账户的借方；材料的销售使库存材料成本的减少，应记入“原材料”账户的贷方。编制会计分录如下：

借：其他业务成本　　7 000
　贷：原材料　　7 000

第六节　期间费用业务的核算

一、期间费用的构成

期间费用是指企业日常活动中不能直接归属于某个特定成本核算对象的，在发生时应直接计入当期损益的各种费用。期间费用包括管理费用、销售费用和财务费用。

管理费用是指企业为组织和管理企业生产经营活动所发生的各种费用。

销售费用是指企业销售商品和材料、提供劳务的过程中发生的各种费用。

财务费用是指企业为筹集生产经营所需资金等而发生的筹资费用。包括：利息支出（减利息收入）、汇兑损益以及相关的手续费；企业发生的现金折扣或收到的现金折扣等。为购建或生产满足资本化条件的资产发生的应予资本化的借款费用，通过“在建工程”、“制造费用”等账户核算。

二、账户设置

企业通常设置以下账户对期间费用业务进行会计核算：

(一)“管理费用”账户

“管理费用”账户属于损益类账户，用于核算企业行政管理部门为组织和管理生产经营活动而发生的管理费用，包括工资和福利费、折旧费、工会经费、业务招待费、技术转让费、无形资产摊销、职工教育经费、劳动保险费、行业保险费、研究开发费等。本账户的借方登记企业发生的各项管理费用；贷方登记期末结转入“本年利润”的管理费用；期末没有余额。本账户可按费用项目设置明细账户，进行明细核算。其结构如图 3-34 所示。

借方　　　　　　　　管理费用	贷方
本期的各种管理费用	期末转入“本年利润”账户的管理费用

图 3-34　“管理费用”账户结构

(二)“销售费用”账户

“销售费用”账户属于损益类账户，用来核算企业在销售产品过程中发生的各种经营费用，如运输费、保险费、包装费、广告费、专设销售机构经费等。本账户的借方登记发生的各种销售费用；贷方登记结转“本年利润”账户的销售费用；结转后本账户期末无余额。本账户应按费用项目设置明细账户，进行明细核算。其结构如图 3-35 所示。

借方　　　　　　　　销售费用	贷方
发生的各种销售费用	期末结转“本年利润”账户的销售费用

图 3-35　“销售费用”账户结构

(三)“财务费用”账户

“财务费用”账户属于损益类账户，用来核算企业为筹集生产经营所需资金而发生的筹资费用，包括利息支出(减利息收入)、汇兑差额以及相关的手续费等。本账户借方登记企业发生的各种财务费用；贷方登记企业发生的应冲减财务费用的利息收入以及转入“本年利润”账户的金额等；月末，本账户的余额应全部转入“本年利润”账户，结转后期末无余额。其结构如图 3-36 所示。

借方　　　　　　　　财务费用	贷方
本期发生的利息支出、借款手续费用、汇兑损失等金额	(1)利息收入、汇兑收益等费用 (2)期末转入“本年利润”账户的财务费用

图 3-36　“财务费用”账户结构

三、账务处理

【例 3-47】 东方公司用库存现金支付业务招待费 600 元。

这项经济业务发生，一方面使得企业管理费用增加 600 元；另一方面使得企业库存现金减少 600 元。管理费用增加是费用的增加，计入“管理费用”账户的借方；库存现金减少是资产的减少，计入“库存现金”账户的贷方。编制的会计分录如下：

借：管理费用　　600

　贷：库存现金　　600

【例 3-48】 东方公司员工李某出差回来报销差旅费 2 500 元(原借款 3 000 元)，交回现金 500 元。

这项经济业务发生，一方面使得企业管理费用增加 2 500 元，库存现金增加 500 元；另一方面使得企业其他应收款减少 3 000 元。编制的会计分录如下：

借：管理费用　　2 500

　　库存现金　　500

　贷：其他应收款——李某　　3 000

【例 3-49】 东方公司为宣传新产品发生广告费 1 000 元，均用银行存款支付。

这项经济业务发生，一方面使得企业销售费用增加 1 000 元；另一方面使得公司银行存款减少 1 000 元。销售费用增加是费用的增加，计入“销售费用”账户的借方；银行存款减少是资产的减少，计入“银行存款”账户的贷方。编制的会计分录如下：

借：销售费用　　1 000

　贷：银行存款　　1 000

【例 3-50】 东方公司转账支付金融机构手续费 500 元。

这项经济业务发生，一方面使得企业财务费用增加 500 元；另一方面使得公司银行存款减少 500 元。财务费用增加是费用的增加，计入“财务费用”账户的借方；银行存款减少是资产的减少，计入“银行存款”账户的贷方。编制的会计分录如下：

借：财务费用　　500

　贷：银行存款　　500

第七节　利润形成与分配业务的核算

一、利润形成的核算

(一)利润的形成

利润是指企业在一定会计期间的经营成果。利润包括收入减去费用后的净额、直接计入当期利润的利得和损失等。未计入当期利润的利得和损失扣除所得税影响后的净额计入其他综合收益项目。净利润与其他综合收益的合计金额为综合收益总额。利得是指由企业非日常活动所形成的、会导致所有者权益增加的、与所有者投入资本无关的经济利益的流入。损失是指由企业非日常活动所发生的、会导致所有者权益减少的、与向所有者分配利润无关的经济利益的流出。

与利润相关的计算公式主要如下：

1. 营业利润

营业利润＝营业收入－营业成本－税金及附加－销售费用－管理费用－研发费用－财务费用＋其他收益＋投资收益(－投资损失)＋净敞口套期收益(－净敞口套期损失)＋公允价值变动收益(－公允价值变动损失)－信用减值损失－资产减值损失＋资产处置收益(－资产处置损失)

其中：

营业收入是指企业经营业务所确认的收入总额，包括主营业务收入和其他业务收入。

营业成本是指企业经营业务所发生的实际成本总额，包括主营业务成本和其他业务成本。

资产减值损失是指企业计提除应收款项外的各项资产减值准备所形成的损失。

信用减值损失是指企业计提应收款项减值准备所形成的损失。

资产处置收益(－损失)反映企业出售划分为持有待售的流动资产(金融工具、长期股权投资和投资性房地产外)或处置组(子公司和业务除外)时确认的处置得或损失，以及处置未划分为持有待售的固定资产、在建工程、生产性生物资产及无形资产而产生的处置利得或损失。

公允价值变动收益(－损失)是指企业交易性金融资产等公允价值变动形成的应计入当期损益的利得(－损失)。

投资收益(－损失)是指企业以各种方式对外投资所取得的收益(－发生的损失)。

其他收益主要是指与企业日常活动相关，除冲减相关成本费用以外的政府补助。

2. 利润总额

利润总额＝营业利润＋营业外收入－营业外支出

其中：

营业外收入是指企业发生的与其日常活动无直接关系的各项利得。

营业外支出是指企业发生的与其日常活动无直接关系的各项损失。

3. 净利润

净利润＝利润总额－所得税费用

其中，所得税费用是指企业确认的应从当期利润总额中扣除的所得税费用。

(二)账户设置

企业通常设置以下账户对利润形成业务进行会计核算：

1.“本年利润”账户

“本年利润”账户属于所有者权益类账户，是用来核算企业实现的净利润(或发生的净亏损)。本账户贷方登记期末从“主营业务收入”、“其他业务收入”、“营业外收入”以及“投资收益”(投资净收益)等账户的转入数；借方登记期末从“主营业务成本”、“税金及附加”、“其他业务成本”、“销售费用”，“管理费用”、“财务费用”、“营业外支出”、“所得税费用”以及“投资收益”(投资净损失)等账户的转入数。结转以后，“本年利润”科目余额如在贷方，则反映企业当期累计实现的净利润；余额如在借方，则表示企业当期累计发生的净亏损。年度终了，应将本年累计实现的净利润转入“利润分配”账户的贷方，或将本年累计发生的净亏损转入“本年利润”账户的借方，结转后该账户应无余额。其结构如图 3-37 所示。

借方　　　　本年利润	贷方
期末各损益支出类账户转入数额 包括以下账户余额： 主营业务成本 税金及附加 销售费用 管理费用 财务费用 营业外支出 所得税费用	期末各损益收入类账户转入数额 包括以下账户余额： 主营业务收入 其他业务收入 投资收益 营业外收入
期末余额：本期发生的亏损数	期末余额：本期实现的净利润

图 3-37　“本年利润”账户结构

2."投资收益"账户

"投资收益"账户属于损益类账户,用来核算企业对外投资取得的收益或发生的损失。本账户的贷方登记取得的投资收益或期末投资净损失的转出数;借方登记投资损失和期末投资净收益的转出数;期末结转后的本账户应无余额。本账户应按投资项目设置明细账户,进行明细分类核算。其结构如图 3-38 所示。

借方 投资收益	贷方
(1)投资损失 (2)期末投资净收益的转出数	(1)投资收益 (2)期末投资净损失的转出数

图 3-38 "投资收益"账户结构

3."营业外收入"账户

"营业外收入"账户属于损益类账户,是指企业发生的与日常活动没有直接关系的各项利得,包括处置非流动资产利得、罚没利得、盘盈利得等。本账户的贷方登记企业发生的各项营业外收入;借方登记期末转入"本年利润"账户的营业外收入数;期末结转后应无余额。本账户可按营业外收入的项目设置明细账户,进行明细核算。其结构如图 3-39 所示。

借方 营业外收入	贷方
期末转入"本年利润"账户的营业外收入数	本期发生的各项营业外收入

图 3-39 "营业外收入"账户结构

4."营业外支出"账户

"营业外支出"账户属于损益类账户,是指企业发生的与日常活动没有直接关系的各项损失,包括处置非流动资产损失、罚没损失、盘亏损失、公益性捐赠支出等。本账户借方登记企业发生的各项营业外支出;贷方登记期末转入"本年利润"账户的营业外支出数;期末结转后该账户应无余额。本账户可按营业外支出的项目设置明细账户,进行明细核算。其结构如图 3-40 所示。

借方 营业外支出	贷方
本期发生的各项营业外支出	期末转入"本年利润"账户的营业外支出数

图 3-40 "营业外支出"账户结构

5."所得税费用"账户

"所得税费用"账户属于损益类账户,用来核算企业确认的应从当期利润总额中扣除的所得税费用。本账户的借方登记企业按税法规定的应纳税所得额计算的应纳所得税额;贷方登记企业会计期末转入“本年利润”账户的所得税额;结转后该账户应无余额。本账户无须进行明细核算。其结构如图 3-41 所示。

借方	所得税费用　　　　　　贷方
计提本期应纳所得税额	月末转入“本年利润”账户的所得税额

图 3-41　“所得税费用”账户结构

(三)账务处理

【例 3-51】 因外单位违约,被东方公司罚款 1 960 元,款未收。

这项经济业务的发生,一方面使企业的其他应收款项增加 1 960 元,另一方面使企业的罚款收入增加 1 960 元,罚款收入按制度规定列入营业外收入。因此,这项业务涉及“其他应收款”和“营业外收入”两个账户。其他应收款项的增加,应记入“其他应收款”账户的借方;营业外收入的增加,应记入“营业外收入”账户的贷方。编制会计分录如下:

借:其他应收款　　　　1 960

　贷:营业外收入　　　　1 960

【例 3-52】 上述的罚款收入 1 960 元,已收到并存入银行。

这项经济业务的发生,一方面使企业的银行存款增加 1 960 元,另一方面使企业的其他应收款减少 1 960 元。因此,这项业务涉及“银行存款”和“其他应收款”两个账户。银行存款的增加,应记入“银行存款”账户的借方;其他应收款项的减少,应记入“其他应收款”账户的贷方。编制会计分录如下:

借:银行存款　　　　1 960

　贷:其他应收款　　　　1 960

【例 3-53】 东方公司通过公益性机构向灾区捐款 1 000 元,以存款支付。

这项经济业务的发生,一方面使企业的对外捐赠增加 1 000 元,另一方面使银行存款减少 1 000 元。因此,这项业务涉及“营业外支出”和“银行存款”两个账户。对外捐赠的增加使营业外支出增加,应记入“营业外支出”账户的借方;银行存款的减少,应记入“银行存款”账户的贷方。编制会计分录如下:

借:营业外支出　　　　1 000

　贷:银行存款　　　　1 000

【例 3-54】 东方公司结转本期发生的主营业务收入 115 000 元,其他业务收入 8 000 元,营业外收入 1 960 元。

这项经济业务的发生,一方面使所有者权益增加,另一方面使收入减少。因此,这项业务涉及“本年利润”、“主营业务收入”、“其他业务收入”和“营业外收入”四个账户。收入转入“本年利润”账户,是企业所有者权益的增加,应记入“本年利润”账户的贷方；收入从损益类账户转出，使收入减少，应记入“主营业务收入”、“其他业务收入”和“营业外收入”账户的借方。编制会计分录如下：

借：主营业务收入　　115 000
　其他业务收入　　8 000
　营业外收入　　1 960
　贷：本年利润　　124 960

【例 3-55】东方公司结转本期发生的主营业务成本 65 000 元，税金及附加 3 000 元，其他业务成本 7 000 元，销售费用 7 200 元，管理费用 12 600 元，财务费用 1 500 元，营业外支出 1 000 元。

这项经济业务的发生，一方面使所有者权益减少，另一方面使成本、费用、税金、支出减少。因此，这项业务涉及“本年利润”、“主营业务成本”、“税金及附加”、“其他业务成本”、“销售费用”、“管理费用”、“财务费用”、“营业外支出”共计八个账户。成本、费用、税金、支出转入“本年利润”账户，是企业所有者权益的减少，应记入“本年利润”账户的借方；成本等开支从损益类账户转出，是成本等项目的减少，应记入“主营业务成本”、“税金及附加”、“销售费用”、“管理费用”、“财务费用”和“营业外支出”账户的贷方。编制会计分录如下：

借：本年利润　　97 300
　贷：主营业务成本　　65 000
　　税金及附加　　3 000
　　其他业务成本　　7 000
　　销售费用　　7 200
　　管理费用　　12 600
　　财务费用　　1 500
　　营业外支出　　1 000

通过结转，将本期发生的全部收入与全部费用都汇集于“本年利润”账户，可计算确定本期实现的税前利润为 27 660 元(124 960－97 300)。然后可据此计算所得税。

【例 3-56】东方公司本期的税前利润总额为 27 660 元，按 25%计征所得税(假设不考虑纳税调整)。

这项经济业务的发生，一方面使所得税费用增加了 6 915 元(27 660×25%)，另一方面使企业的应交税费增加了 6 915 元。因此，这项业务涉及“所得税费用”和“应交税费”两个账户。所得税的增加是费用的增加，应记入“所得税费用”账户的借方；应交税费的增加是负债的增加，应记入“应交税费”账户的贷方。编制会计分录如下：

借：所得税费用　　6 915
　贷：应交税费—应交所得税　　6 915

【例 3-57】 结转本期所得税费用 6 915 元。

这项经济业务的发生，一方面使所有者权益减少，另一方面使费用减少。因此，这项业务涉及"本年利润"和"所得税费用"两个账户。所得税转入"本年利润"账户，是所有者权益的减少，应记入"本年利润"账户的借方；所得税从损益类账户转出，是费用的减少，应记入"所得税费用"账户的贷方。编制会计分录如下：

借：本年利润　　6 915

　贷：所得税费用　　6 915

通过计算并结转所得税费用后，企业的净利润（税后利润）为 20 745 元。即税前利润为 27 660 元减去所得税费用 6 915 元。

二、利润分配的核算

利润分配是指企业根据国家有关规定和企业章程、投资者的决议等，对企业当年可供分配的利润指定其特定用途和分配给投资者的行为。利润分配的过程和结果不仅关系到每个股东的合法权益是否得到保障，而且还关系到企业的未来发展。

（一）利润分配的顺序

企业向投资者分配利润，应按一定的顺序进行。按照《中华人民共和国公司法》的有关规定，利润分配应按下列顺序进行。

1. 计算可供分配的利润

企业在利润分配之前，应根据本年净利润（或亏损）、年初未分配利润（或亏损）、其他转入的金额（如盈余公积弥补的亏损）等项目，计算可供分配的利润，即：

可供分配利润＝净利润（或亏损）＋年初未分配利润（－弥补以前年度的亏损）＋其他转入的金额

如果可供分配的利润为负数（即累计亏损），则不能进行后续分配；如果可供分配的利润为正数（即累计盈利），则可进行后续的分配。

2. 提取法定盈余公积

按照《中华人民共和国公司法》的有关规定，公司应当按照当年净利润（抵减年初累计亏损后）的 10％提取法定盈余公积，提取的法定盈余公积累计额超过注册资本 50％以上的，可以不再提取。

3. 提取任意盈余公积

公司提取任法定盈余公积后，经股东会或股东大会决议，还可以从净利润中提取任意盈余公积。

4. 向投资者分配利润（或股利）

企业可供分配的利润扣除提取的盈余公积后，形成可供投资者分配的利润，即：

可供投资者分配的利润＝可供分配的利润－提取的盈余公积

企业可采用现金股利、股票股利和财产股利等形式向投资者分配利润(或股利)。

(二)账户设置

企业通常设置以下账户对利润分配业务进行会计核算：

1.“利润分配”账户

“利润分配”账户属于所有者权益类账户，是用来核算企业利润的分配(或亏损的弥补)和历年分配(或弥补)后的积存余额。该账户的借方登记按规定实际分配的利润数，或年终时从“本年利润”账户的贷方转来的当年亏损总额；贷方登记年终时从“本年利润”账户借方转来的当年实现的净利润总额；年终贷方余额表示历年积存的未分配利润，如为借方余额，则表示历年积存的未弥补亏损。本账户应当分别按“提取法定盈余公积”、“提取任意盈余公积”、“应付现金股利或利润”和“未分配利润”等进行明细核算。其结构如图 3-42 所示。

借方　　　　　　　　利润分配	贷方
(1)按规定实际分配的利润数 (2)年终时从“本年利润”账户的贷方转来的当年亏损总额	期初余额 年终时从“本年利润”账户借方转来的当年实现的净利润总额
期末余额：未弥补亏损	期末余额：未分配利润

图 3-42　“利润分配”账户的结构

2.“盈余公积”账户

“盈余公积”账户属于所有者权益类账户，用于核算企业从净利润中提取的盈余公积。本账户的贷方登记提取的盈余公积数；借方登记盈余公积的使用数，包括弥补亏损、转增资本、分配股利等；期末贷方余额，反映企业已经提取尚未使用的盈余公积。本账户应分别设置“法定盈余公积”、“任意盈余公积”明细账户，进行明细核算。其结构如图 3-43 所示。

借方　　　　　　　　盈余公积	贷方
使用盈余公积	期初余额 提取盈余公积
	期末余额：尚未使用的盈余公积

图 3-43　“盈余公积”账户的结构

3.“应付股利”账户

“应付股利”账户属于负债类账户，用来核算应分配给投资者的现金股利或利润。本账户贷方登记企业决定应付给投资者的现金股利或利润；借方登记实际支付现金股利或的利润；期末贷方余额表示企业应付未付的利润。本账户应按照投资者名称设置明细账户，进行明细核算。其结构如图 3-44 所示。

借方	应付股利 贷方
实际支付的现金股利或利润	期初余额 计提应付给投资者的现金股利或利润
	期末余额：尚未支付的现金股利或利润

图 3-44 “应付股利”账户结构

(三)账务处理

【例 3-58】 结转本年净利润 20 745 元。

这项经济业务的发生，一方面使利润分配的数额增加 20 745 元，另一方面使企业的本年利润减少 20 745 元。因此，这项业务涉及“利润分配”和“本年利润”两个账户。本年利润的减少应记入“本年利润”账户的借方；利润分配的增加，应记入“利润分配—未分配利润”账户的贷方。编制会计分录如下：

借：本年利润　　20 745
　贷：利润分配——未分配利润　　20 745

【例 3-59】 东方公司本期净利润 20 745 元，按 10%和 5%分别提取法定盈余公积金和任意盈余公积金。

这项经济业务的发生，一方面使盈余公积金增加 3 111.75 元，另一方面使利润分配的数额增加了 3 111.75 元。因此，这项业务涉及“盈余公积”和“利润分配”两个账户。盈余公积金的增加，是企业所有者权益的增加，应记入“盈余公积”账户的贷方；利润分配的增加是实现利润的减少，是企业所有者权益的减少，应记入“利润分配”账户的借方。编制会计分录如下：

借：利润分配——提取法定盈余公积　　2 074.50
　　　　　——提取任意盈余公积　　1 037.25
　贷：盈余公积——法定盈余公积　　2 074.50
　　　　　　——任意盈余公积　　1 037.25

【例 3-60】 东方公司计算应分配投资者现金股利 10 000 元。

这项经济业务的发生，一方面使利润分配的数额减少 10 000 元，另一方面使企业的应付利润增加 10 000 元。因此，这项业务涉及“利润分配”和“应付股利”两个账户。利润分配的减少，应记入“利润分配”账户的借方；应付利润的增加是负债的增加，应记入“应付股利”账户的贷方。编制会计分录如下：

借：利润分配——应付现金股利　　10 000
　贷：应付股利　　10 000

【例 3-61】 东方公司以银行存款向投资者支付现金股利 10 000 元。

这项经济业务的发生，一方面使银行存款的数额减少 10 000 元，另一方面使企业的应付利润减少 10 000 元。因此，这项业务涉及"银行存款"和"应付股利"两个账户。应付利润的减少是负债的减少，应记入"应付股利"账户的借方；银行存款的减少，应记入"银行存款"账户的贷方。编制会计分录如下：

借：应付股利　　10 000

　贷：银行存款　　10 000

【例 3-62】 年终结转利润分配明细账户。（制度规定：除未分配利润外，各利润分配明细账户应无余额）

借：利润分配——未分配利润　　13 111.75

　贷：利润分配——提取法定盈余公积　　2 074.50

　　　　　　——提取任意盈余公积　　1 037.25

　　　　　　——应付现金股利　　10 000

一、单选题

1. 有限责任公司在增资扩股时，如有新投资者介入，新介入的投资者缴纳的出资额超过其在注册资本中所占份额部分，应记入(　　)科目核算。

A. 盈余公积　　B. 资本公积

C. 其他应付款　　D. 实收资本

2. 下列表述中正确的是(　　)。

A. 计提的短期借款利息通过"短期借款"核算，计提的长期借款利息通过"长期借款"核算

B. 计提的短期借款利息和长期借款利息均通过"应付利息"核算

C. 计提的短期借款利息通过"短期借款"核算，计提的长期借款利息通过"应付利息"核算

D. 计提的短期借款利息通过"应付利息"核算，计提的长期借款利息通过"应付利息"或"长期借款"核算

3. 增值税一般纳税人购进设备所支付的增值税款应记入(　　)。

A. 物资采购　　B. 固定资产　　C. 应交税费　　D. 在建工程

4. 在借贷记账法下，"应付账款"科目的增加额登记在(　　)。

A. 借方　　B. 贷方　　C. 借方和贷方　　D. 借方或贷方

5. 下列固定资产中，本月应计提的折旧(　　)。

A. 本月购进的新设备　　B. 本月报废的旧设置
C. 经营性租入的设置　　D. 已提足折旧的设备

6. 下列固定资产,应当计提折旧的有(　　)。

A. 闲置的固定资产　　B. 单独计价入账的土地
C. 经营租出固定资产　　D. 已提足折旧仍继续使用的固定资产

7. 关于"累计折旧"科目的表述中,不正确的是(　　)

A. 该科目用来反映固定资产损耗价值　　B. 计提折旧应计入该科目的借方
C. 该科目期末余额应为贷方余额　　D. 企业每月计提固定资产折旧

8. 企业预付给甲企业购货款 107 万元,应借记的科目是(　　)。

A. 库存现金　　B. 预付账款　　C. 银行存款　　D. 应收账款

9. 购入原材料 5 000 元,用银行存款 2 000 元支付部分货款,剩余款项暂欠。该项经济业务中与"原材料"科目存在对应关系的会计科目是(　　)。

A. 应付账款　　B. 其他应付款　　C. 预付账款　　D. 生产成本

10. 泰达公司为增值税一般纳税人,增值税率 13%,某日向甲公司购买 W 材料一批,增值税专用发票上注明:价款 100 000 元,增值税 13 000 元。甲公司代垫运杂费 2 500 元。材料已验收入库,上述款项尚未支付。则泰达公司应当编制的会计分录为(　　)。

A. 借:原材料——W 材料　　102 500
　　应交税费——应交增值税(进项税额)　　13 000
　贷:应付账款——甲公司　　115 500

B. 借:材料采购——W 材料　　102 500
　　应交税费——应交增值税(进项税额)　　13 000
　贷:应付票据——甲公司　　115 500

C. 借:原材料——W 材料　　115 500
　贷:应付账款——甲公司　　115 500

D. 借:原材料——W 材料　　100 000
　　应交税费——应交增值税(进项税额)　　13 000
　　采购费用　　2 500
　贷:应付账款——甲公司　　115 500

11. 企业采用先进先出法计算发出甲材料的成本,2018 年 2 月 1 日,结存甲材料 200 公斤,每公斤实际成本 100 元;2 月 10 日购入甲材料 300 公斤,每公斤实际成本 110 元;2 月 15 日发出甲材料 400 公斤。2 月末,发出甲材料的实际成本为(　　)元。

A. 10 000　　B. 10 500　　C. 42 000　　D. 11 000

12. 企业采用月末一次加权平均计算发出原材料的成本。2 月 1 日,甲材料结存 200 公斤,每公斤实际成本为 100 元;2 月 10 日购入甲材料 300 公斤,每公斤实际成本为 110 元;2 月 25 日发出甲材料 400 公斤。2 月末,甲材料库存金额为(　　)元。

A. 10 000　　B. 10 500　　C. 10 600　　D. 11 000

13. 下列选项中,不应计入材料采购成本的费用是(　　)。

A. 材料买价　　B. 运杂费

C. 运输中保险费　　D. 采购员差旅费

14.“应付职工薪酬”科目贷方登记的是(　　)。

A. 本月结转的代扣款项　　B. 本月应分配的工资总额

C. 本月实际支付的工资数　　D. 本月多支付的工资数

15. 下列科目中与“制造费用”科目不可能发生对应关系的是(　　)。

A. 生产成本　　B. 本年利润

C. 原材料　　D. 应付职工薪酬

16. 下列各项不应计入产品制造成本的是(　　)。

A. 进行产品生产时所发生的材料费

B. 进行产品生产时所发生的燃料和动力费

C. 生产车间发生的车间管理人员工资

D. 产品销售时发生的包装费

17.“预收账款”账户,(　　)。

A. 期末余额在贷方,反映企业已转销但尚未收取的款项

B. 期末余额在借方,反映企业预收的款项

C. 可按购货单位进行明细核算

D. 属于资产类账户,用以核算企业按照合同规定预收的款项

18. 销售费用不包括(　　)。

A. 汇兑损失

B. 包装费

C. 广告费

D. 专设的销售机构发生的职工薪酬、折旧费

19. 下列属于营业外支出账户核算内容的是(　　)。

A. 行政管理人员的工资　　B. 各种销售费用

C. 借款的利息　　D. 非常损失

20. 企业期末结转利润时,下列各项中,(　　)不应将其科目余额转入“本年利润”科目。

A. 财务费用　　B. 销售费用　　C. 管理费用　　D. 制造费用

21. 某企业盈余公积年初余额为 50 万元,本年利润总额为 600 万元,所得税费用为 150 万元,按当年净利润的 10%提取法定盈余公积,按当年净利润的 5%提取任意

盈余公积。该企业盈余公积年末余额为(　　)万元。

A. 50　　B. 67.5　　C. 117.5　　D. 140

22. 10月31日,某企业“本年利润”科目有贷方余额98 000元,表示(　　)。

A. 该企业1月1日至10月31日累计实现的净利润

B. 该企业10月份实现的净利润

C. 该企业1月1日至10月31日累计发生的净亏损

D. 该企业10月份发生的净亏损

23. 下列关于本年利润账户的表述中正确的是(　　)。

A. 借方登记转入的营业收入、营业外收入等金额

B. 贷方登记转入的营业成本、营业支出等金额

C. 年度终了结账后,该账户无余额

D. 全年的任何一个月末都不应有余额

24. 与计算营业利润无关的因素是(　　)。

A. 所得税费用　　B. 销售费用　　C. 管理费用　　D. 财务费用

25. 甲企业本期主营业务收入为500万元,主营业务成本为300万元,其他业务收入为200万元,其他业务成本为100万元,销售费用为15万元,资产减值损失为45万元,公允价值变动收益为60万元,投资收益为20万元,假定不考虑其他因素,该企业本期营业利润为(　　)万元。

A. 300　　B. 320　　C. 365　　D. 380

26. 某企业税前会计利润为2 000万元,其中营业外收入80,假设不存在纳税调整事项,所得税税率25%,则应交所得税为(　　)万元。

A. 500　　B. 520　　C. 480　　D. 510

27. 某企业年初未分配利润为100万元,本年净利润为1 000万元,按10%计提法定盈余公积,按5%计提任意盈余公积,宣告发放现金股利为80万元,该企业期末未分配利润为(　　)万元。

A. 855　　B. 867　　C. 870　　D. 874

二、多项选择题

1. 下列所有者权益类科目中,能够反映投资者投入资本的科目有(　　)。

A. 实收资本　　B. 股本　　C. 资本公积　　D. 盈余公积

2. 企业接受投资者投入的固定资产,考虑增值税,(没有资本溢价),则应借记的科目有(　　)。

A. 固定资产

B. 应交税费—应交增值税(进项税额)

C. 银行存款

D. 实收资本

3. 进行负债筹资通常设置的会计科目有(　　)。

A. 短期借款　　B. 长期借款　　C. 应付利息　　D. 财务费用

4. 企业从银行借入的期限为3个月的借款到期,偿还该借款利息时所编制会计分录可能涉及的账户有(　　)。

A. 应付利息　　B. 财务费用　　C. 短期借款　　D. 银行存款

5. 甲企业于2017年4月1日向银行借入60 000元,期限3个月,年利率6%,该借款的本金到期后一次归还,利息分月预提。下列编制的会计分录正确的有(　　)。

A. 4月1日借入短期借款时:

借:银行存款	60 000	
贷:短期借款		60 000

B. 4月末,计提4月份应计利息:

借:财务费用	300	
贷:应付利息		300

C. 6月末,支付该项借款利息:

借:财务费用	300	
应付利息	600	
贷:银行存款		900

D. 6月末偿还银行借款本金:

借:短期借款	60 000	
贷:银行存款		60 000

6. 影响固定资产折旧额的因素有(　　)。

A. 固定资产的使用寿命　　B. 固定资产的原值

C. 固定资产的预计净残值　　D. 固定资产的使用部门

7. 计提固定资产折旧时,可能涉及的会计科目有(　　)。

A. 制造费用　　B. 管理费用　　C. 固定资产　　D. 累计折旧

8. 企业购销活动中产生的债权,应在以下科目中核算(　　)。

A. 预收账款　　B. 预付账款　　C. 应付账款　　D. 应收账款

9. 下列项目中,应该通过“应付账款”科目核算的是(　　)。

A. 应付货物负担的进项税额　　B. 应付货物的采购价款

C. 应付销货企业代垫的运杂费　　D. 应付接受劳务款

10. 以下属于商业汇票的是(　　)。

A. 银行承兑汇票　　B. 商业承兑汇票

C. 银行汇票　　D. 银行本票

11. 计入产品成本的费用包括(　　)。

A. 财务费用　　B. 制造费用　　C. 管理费用　　D. 直接人工费用

计入产品成本的费用即生产成本费用:直接人工、直接材料、制造费用。

12. 下列各项中,属于企业应付职工薪酬的有(　　)。

A. 职工培训费　　B. 职工工资　　C. 职工福利　　D. 辞退福利

13. 下列经济业务中,应计入营业收入的有(　　)。

A. 原材料销售收入　　B. 产品销售收入

C. 非流动资产的处置利得　　D. 接受投资者投入的资本溢价

14. 下列各项中属于期间费用的有(　　)。

A. 财务费用　　B. 制造费用　　C. 管理费用　　D. 销售费用

15. 下列选项中,构成利润总额的有(　　)。

A. 收入减去费用后的净额　　B. 直接计入当期利润的利得和损失

C. 直接计入所有者权益的利得和损失　　D. 所得税费用

16. 下列各项中,企业应计入营业外支出的有(　　)。

A. 固定资产盘亏净损失　　B. 经营出租固定资产折旧费

C. 无形资产处置净损失　　D. 销售材料成本

17. 下列各项,影响企业利润总额的有(　　)。

A. 资产减值损失　　B. 公允价值变动损益

C. 所得税费用　　D. 营业外支出

18. 期末下列哪些科目的余额能转入“本年利润”科目(　　)。

A. 资产减值损失　　B. 财务费用

C. 制造费用　　D. 投资收益

19. 企业实现的净利润可进行下列分配(　　)。

A. 计算缴纳所得税　　B. 提取法定盈余公积

C. 提取任意盈余公积　　D. 向投资者分配股利

三、判断题

1. 反映企业资本的科目有“实收资本”、“资本公积”等。(　　)

2. 投资者一经投资,不得从企业撤出原有投资。(　　)

3. 短期借款是企业为了满足生产经营周期资金的不足等临时需要借入的。(　　)

4. 预付账款不多的企业,可以不设置“预付账款”科目,而直接通过“应收账款”科目核算。(　　)

5.“应付票据”账户,核算企业购买材料、商品和接受劳务等开出、承兑的商业汇票。(　　)

6. 生产用固定资产发生的折旧费,属于间接费用,应计入“制造费用”科目。 ( )

7. 主营业务和其他业务的划分并不是绝对的,一个企业的主营业务可能是另一个企业的其他业务。 ( )

8. 企业发生的捐赠利得计入营业外收入的借方。 ( )

9. 企业的盈余公积,可以用于弥补亏损,也可以用于转增资本,但不论用于弥补亏损还是用于转增资本,都不改变企业的所有者权益总额。 ( )

10. 营业利润减去管理费用、销售费用、财务费用和所得税费用后得到净利润。 ( )

11. 企业以前年度亏损未弥补完,则不能提取法定盈余公积和任意盈余公积。 ( )

12. 企业当期实现的净利润通过“本年利润”科目核算,当期发生的净亏损不通过“本年利润”科目核算。 ( )

13. 不管可供分配利润是正数还是负数,都要进行后续分配。 ( )

四、经济业务题

(一)练习资金筹集和资金退出的核算

1. 东方公司 2018 年 3 月发生下列经济业务:

(1)银行借入期限为 10 个月的短期借款 200 000 元,存入存款账户。

(2)根据协议,投资甲方以一套机器设备作为投入资本,双方协商确认价值为 600 000 元,已收到实物清单和单据。

(3)企业建造厂房,向银行借入为期两年的款项一笔 900 000 元,款项已划拨存入银行。

(4)收到银行收款通知为:乙投资者投入资本金 500 000 元。

(5)经批准,企业将已实现的部分资本公积 700 000 元转增资本。

(5)经批准,企业将部分一般盈余公积 250 000 元转增资本。

要求:根据以上经济业务编制会计分录。

2. 东方公司于 2018 年 1 月 1 日向银行借入一笔生产经营用短期借款,共计 600 000 元,期限为 9 个月,年利率为 5%。根据与银行签署的借款协议,该项借款的本金到期后一次归还;利息分月预提,按季支付。

要求:

(1)编制甲公司借入短期借款的会计分录;

(2)计算甲公司按月计提利息的金额;

(3)编制甲公司 1 月末计提利息的会计分录;

(4)编制甲公司 3 月末支付第一季度银行借款利息的会计分录;

(5)编制甲公司9月末偿还借款本金及第三季度银行借款利息的会计分录。

3. 2018年4月1日，A公司因急需流动资金，从银行取得6个月期限的借款200 000元，年利率为6%，利息按月计提，按季支付；到期偿还本金，假定不考虑其他因素。同时又从银行借入3年期借款800 000元。

要求：根据以上经济业务编制会计分录。

(二)固定资产业务的核算

无忧公司为增值税一般纳税人，增值税税率为13%，20×9年发生固定资产业务如下：

(1)1月20日，企业管理部门购入一台不需安装的A设备，取得的增值税专用发票上注明的设备价款为550万元，增值税为71.5万元，另发生运输费10万元，款项均以银行存款支付。

(2)A设备经过调试后，于1月22日投入使用，预计使用10年，净残值为20万元，采用年限平均法计提折旧。

(3)7月15日，企业生产车间购入一台需要安装的B设备，取得的增值税专用发票上注明的设备价款为600万元，增值税为78万元，款项均以银行存款支付。

(4)8月19日，将B设备投入安装，以银行存款支付安装费3万元，B设备于8月25日达到预定使用状态，并投入使用。

假设上述资料外，不考虑其他因素。要求：

(1)编制无忧公司20×9年1月20日购入A设备的会计分录；

(2)编制无忧公司20×9年2月计提A设备折旧额的会计分录；

(3)编制无忧公司20×9年7月15日购入B设备的会计分录；

(4)编制无忧公司20×9年8月安装B设备及其投入使用的会计分录。

答案中的金额单位用万元表示。

(三)材料业务核算、销售业务核算

1. 东方公司2018年9月发生下列经济业务：

(1)从佳能公司购入甲材料1 000千克，每千克买价20元，增值税2 600元，货款由银行存款支付，材料尚未运到。

(2)从华能公司购A材料2 000千克，每千克30元，增值税7 800元，运费2 000元，增值税180元，货款及运费均未支付，材料已到达并验收入库。

(3)向上华公司订购丙材料，通过银行转账预付货款10 000元。

(4)收到向上华公司订购的丙材料，增值税发票注明的材料价款为80 000元，增值税额为10 400元，余款以银行存款支付。

要求：根据以上经济业务编制会计分录。

2. 东方公司是一般纳税人,增值税税率13%,采用实际成本法核算材料,销售产品是主营业务。2018年8月1日,东方公司库存A材料实际成本为100 000元,8月份发生业务如下:

(1)8月3日,东方公司购入A材料一批,取得的增值税专用发票上记载的价款为400 000元,增值税税额为52 000元。材料已运到并验收入库,款项尚未支付。

(2)8月10日,东方公司以银行存款支付上述款项。

(3)根据东方公司"A材料发料凭证汇总表"的记录,8月份生产车间生产产品直接领用220 000元,车间一般耗用30 000元,企业行政管理部门领用20 000元。

(4)东方公司于8月25日对外销售A材料,开具的增值税专用发票上注明的售价为20 000元,增值税税额为2 600元,款项已由银行收讫。该批A材料的实际成本为17 000元。

要求:根据以上经济业务编制会计分录。

(四)成本核算、费用核算及利润核算

1. 某企业2018年9月发生如下经济业务:

(1)车间生产产品领用材料5 000元,车间一般耗用材料3 035元,企业管理部门耗用500元;

(2)将当月制造费用5 000元转入生产成本;

(3)完工产品50 000元验收入库;

(4)结转已销售产品成本10 000元;

(5)将上述涉及的损益类账户金额转至本年利润。

要求:根据上述资料,使用借贷记账法编制会计分录。

2. 2018年9月,东方公司某生产车间生产完工A产品200件和B产品300件,月末完工产品全部入库,有关生产资料如下:

(1)生产车间生产产品领用原材料6 000吨,其中A产品耗用4 000吨,B产品耗用2 000吨,车间一般耗用100吨,该原材料单价为每吨150元。

(2)根据工资费用分配汇总表,生产A产品发生的直接生产人员工时为5 000小时,B产品为3 000小时,每小时的标准工资为20元;车间管理人员工资4 000元。

(3)计提生产车间折旧费10 000元。

(4)车间本月仅生产了A和B两种产品,东方公司采用生产工人工时比例法对制造费用进行分配。

(5)本月产品全部完工,假定月初、月末均不存在任何在产品。

要求:根据以上经济业务编制会计分录。

3. 甲股份有限公司为制造企业,属于增值税一般纳税人,2018年发生下列交易与事项:

(1)筹建期间发生开办费 30 000 元,以银行存款支付;

(2)用银行存款支付当月利息费用 10 000 元;

(3)以现金支票购买办公用品 1 000 元,其中行政管理部门 800 元,车间管理部门 200 元;

(4)以转账支票支付车间固定资产修理费 1 500 元;

(5)采用电汇结算方式向中学捐款 40 000 元;

(6)计提本期城市维护建设税 2 100 元、教育费附加 900 元。

要求:根据上述资料,使用借贷记账法编制会计分录。

4. 东方公司 2018 年有关损益类账户的年末余额如下:

单位:万元

账户名称	结账前余额
主营业务收入	800
主营业务成本	350
税金及附加	13
销售费用	67
管理费用	40

其他业务资料如下:

(1)年末一次性结转损益类科目。

(2)适用的所得税税率为 25%,假定不存在纳税调整事项。

(3)按当年净利润的 10%提取法定盈余公积。

(4)宣告向投资者分配利润 40 万元。

(答案中分录以万元为单位)

要求:根据以上经济业务编制会计分录。

(五)综合业务题

某工业企业 2018 年 12 月初成立,当月发生如下经济业务:

(1)收到投资人投入的现金 6 000 元,银行存款 500 000 元,新设备 800 000 元。

(2)从银行借款 200 000 元,期限 3 年,已存入银行。

(3)购入材料一批,价值 50 000 元,税率 13%,材料已验收入库,货款以银行存款支付。

(4)5 日赊购材料一批,价值 20 000 元,税率 13%,材料验收入库。

(5)从银行提取现金 1 000 元备用

(6)经理王平出差,预借差旅费 5 000 元,以现金支付。

(7)本月材料仓库发出材料如下:生产甲产品领用材料 40 000 元,车间一般消耗领用材料 5 000 元,企业行政管理部门领用 2 000 元。

(8)以银行存款偿付5日赊购材料款。

(9)15日销售甲产品,销货款100 000元,税率13%,价税款均未收到。

(10)购入设备一台,价款35 000元,税款4 550元,运费500元,税款45元,均以银行存款支付。

(11)收到15日销售甲产品的货款,存入银行。

(12)计算分配本月职工工资:生产甲产品工人工资20 000元,车间管理人员工资3 000元,企业行政管理人员工资8 000元。

(13)计提本月固定资产折旧,其中:生产车间使用的固定资产折旧费3 000元,企业行政管理部门使用的固定资产折旧费4 200元。

(14)经理王平报销差旅费3 800元,余款1 200元退回现金。

(15)预提企业本月应负担的银行借款利息800元。

(16)月末,将本月制造费用11 420元计入所生产甲产品的生产成本。

(17)公司本月生产的甲产品全部完工,验收入库。结转已完工甲产品的全部生产成本74 220元。

(18)销售甲产品,售价150 000元,增值税税率13%,收回货款100 000元存入银行,余款尚未收到。

(19)用银行存款20 000元支付产品广告费。

(20)计算应缴纳的4 500元消费税税金。

(21)结转已销售甲产品的实际生产成本65 000元。

(22)以现金支付违约罚款500元。

(23)将企业本期实现的销售收入结转到"本年利润"账户。

(24)将"成本、费用、支出、税金及附加"等账户的发生额结转入"本年利润"账户。

(25)按规定税率25%计算应缴纳的企业所得税。

(26)将所得税结转入"本年利润"账户。

(27)按企业本期实现净利润的10%提取法定盈余公积金。

(28)企业将本期实现的净利润转入"利润分配——未分配利润"账户。

(29)将"利润分配"账户下"提取盈余公积"明细账户的余额,转入"利润分配——未分配利润"明细账户。

要求:根据以上经济业务编制会计分录。

第四章　会计凭证

第一节　会计凭证概述

一、会计凭证的概念

会计凭证是指记录经济业务发生或者完成情况，明确经济责任，按一定格式填制和审核，并据以登记会计账簿的书面证明。

例如：某日王先生去某百货公司购买一台冰箱，付款后收到一张发票，冰箱投入使用后发现存在质量问题，马上到百货公司客服处要求退货，客服王小姐说："按照规定我们公司需通过发票来帮您处理退货"。王先生这才了解发票的重要性，回家取来发票最后成功退货。在日常生活中，类似的情况也经常发生，比如买票、退票、报销等都需要初始发票的证明，因为上面记载了相关的经济业务内容、时间以及相关责任人签章等，由此可见发票是一种凭证。从财务角度看，发票也是会计人员拿到的最原始的会计凭证。

二、会计凭证的种类

按照会计凭证的填制程序和用途不同，一般将会计凭证分为两大类，即原始凭证和记账凭证。

1．原始凭证

原始凭证是指在经济业务发生或完成时取得或填制的，用以记录或证明经济业务的发生或完成情况的原始凭据。

2. 记账凭证

记账凭证是指会计人员根据审核无误的原始凭证，按照经济业务的内容加以归类，并据以确定会计分录后填制的会计凭证，作为登记账簿的直接依据。

三、会计凭证的作用

合法取得、正确填制和审核会计凭证是会计核算的一种基本方法，是会计核算工作的起点，也是对企业单位经济活动实施会计监督的重要环节。没有真凭实据就不能任意收付款项和动用财产物资，也不能进行账务处理，因此，会计凭证在会计核算中占有重要作用。

1. 记录经济业务，提供记账依据

通过填制和审核会计凭证，可以正确、及时地反映各项经济业务的发生或完成情况，保证会计核算资料真实可靠。在会计核算中，对每笔经济业务，都要取得和填制会计凭证，并经审核无误后再分门别类地登记到账簿中去。通过会计凭证的填制和汇总，可以简化和方便登记账簿工作，减少和避免记账当中的技术错误，保证账簿记录的正确性。

2. 明确经济责任，强化内部控制

任何一项经济业务，由经办人员填制，由有关责任人签字盖章，便于分清职责，增强责任感，促使有关责任人按照规章制度办理，明确各自经济责任。

3. 监督经济活动，控制经济运行

会计人员在合法取得和正确填制会计凭证后，还需要进一步审核会计凭证，检查经济业务的发生是否合法、合理，是否符合管理要求，是否讲求经济利益，以便于发现问题，有利于加强与改善经营管理，确保企业经济的有效运行。

第二节　原始凭证

一、原始凭证的概念

原始凭证，又称单据，是指在经济业务发生或完成时取得或填制的，用以记录或证明经济业务的发生或完成情况的书面证明，是会计核算的初始资料和主要依据。

原始凭证的作用主要是记载经济业务的发生过程和具体内容。原始凭证记载的信息是整个企业会计信息系统运行的起点，原始凭证的质量将影响会计信息的质量。

实务中常用的原始凭证有现金收据、货物发票、银行进账单、差旅报销单、产品入库单、领料单等。

二、原始凭证的分类

(一)按其来源不同分类

1. 外来原始凭证

外来原始凭证是指在经济业务发生或完成时,从其他单位或个人直接取得的原始凭证。如普通发票、增值税专用发票(见表 4-1)、现金缴款单(见表 4-2)、银行承兑汇票(见表 4-3)、支票(表 4-4)、银行进账单(见表 4-5)、车票、住宿发票等。

表 4-1　省增值税专用发票　　No00000000

发 票 联

校验码:　　　　开票日期:　　年　　月　　日

<table>
<tr><td rowspan="4">购货单位</td><td>名　称</td><td colspan="11"></td><td rowspan="4" colspan="2">密码区</td><td colspan="10"></td></tr>
<tr><td>纳税人识别号</td><td colspan="11"></td><td colspan="10"></td></tr>
<tr><td>地址、电话</td><td colspan="11"></td><td colspan="10"></td></tr>
<tr><td>开户行及账号</td><td colspan="11"></td><td colspan="10"></td></tr>
<tr><td colspan="2" rowspan="2">货物或应税劳务名称</td><td rowspan="2">单位</td><td rowspan="2">数量</td><td rowspan="2">单价</td><td colspan="10">金　额</td><td rowspan="2">税率</td><td colspan="9">金　额</td></tr>
<tr><td>千</td><td>百</td><td>十</td><td>万</td><td>千</td><td>百</td><td>十</td><td>元</td><td>角</td><td>分</td><td>百</td><td>十</td><td>万</td><td>千</td><td>百</td><td>十</td><td>元</td><td>角</td><td>分</td></tr>
<tr><td colspan="2"></td><td></td><td></td><td></td><td></td><td></td><td></td><td></td><td></td><td></td><td></td><td></td><td></td><td></td><td></td><td></td><td></td><td></td><td></td><td></td><td></td><td></td><td></td><td></td></tr>
<tr><td colspan="2"></td><td></td><td></td><td></td><td></td><td></td><td></td><td></td><td></td><td></td><td></td><td></td><td></td><td></td><td></td><td></td><td></td><td></td><td></td><td></td><td></td><td></td><td></td><td></td></tr>
<tr><td colspan="2"></td><td></td><td></td><td></td><td></td><td></td><td></td><td></td><td></td><td></td><td></td><td></td><td></td><td></td><td></td><td></td><td></td><td></td><td></td><td></td><td></td><td></td><td></td><td></td></tr>
<tr><td colspan="2">合　计</td><td></td><td></td><td></td><td></td><td></td><td></td><td></td><td></td><td></td><td></td><td></td><td></td><td></td><td></td><td></td><td></td><td></td><td></td><td></td><td></td><td></td><td></td><td></td></tr>
<tr><td colspan="2">价税合计(大写)</td><td colspan="23">仟　佰　拾　万　仟　佰　拾　元　角　分(小写)</td></tr>
<tr><td rowspan="4">销货单位</td><td>名　称</td><td colspan="11"></td><td rowspan="4" colspan="2">备注</td><td rowspan="4" colspan="10"></td></tr>
<tr><td>纳税人识别号</td><td colspan="11"></td></tr>
<tr><td>地址、电话</td><td colspan="11"></td></tr>
<tr><td>开户行及账号</td><td colspan="11"></td></tr>
</table>

第一联:发票联　购买方核算采购成本和增值税进项税额的记账凭证

收款人:　　复核:　　开票人:　　销货单位:

表 4-2　现金缴款单（回单）　　NO：

缴款日期：　　年　月　日　　编号：

<table>
<tr><td rowspan="2">收款单位</td><td>全　称</td><td colspan="12"></td></tr>
<tr><td>开户银行</td><td></td><td>账号</td><td colspan="10"></td></tr>
<tr><td>款项来源</td><td colspan="2"></td><td>交款单位</td><td colspan="10"></td></tr>
<tr><td colspan="4" rowspan="2">人民币
（大写）：</td><td>千</td><td>百</td><td>十</td><td>万</td><td>千</td><td>百</td><td>十</td><td>元</td><td>角</td><td>分</td></tr>
<tr><td></td><td></td><td></td><td></td><td></td><td></td><td></td><td></td><td></td><td></td></tr>
<tr><td colspan="4">备注：
交款单位签章</td><td colspan="10">收款：　复核：</td></tr>
</table>

表 4-3　银行承兑汇票（卡片）

出票日期（大写）：　　年　月　日　　汇票号码

<table>
<tr><td>出票人全称</td><td></td><td rowspan="3">收款人</td><td>全　称</td><td colspan="11"></td></tr>
<tr><td>出票人账号</td><td></td><td>账　号</td><td colspan="11"></td></tr>
<tr><td>付款行全称</td><td></td><td>开户银行</td><td colspan="6"></td><td colspan="2">行号</td><td colspan="3"></td></tr>
<tr><td rowspan="2">出票金额</td><td colspan="3" rowspan="2">人民币
（大写）</td><td>亿</td><td>千</td><td>百</td><td>十</td><td>万</td><td>千</td><td>百</td><td>十</td><td>元</td><td>角</td><td>元</td></tr>
<tr><td></td><td></td><td></td><td></td><td></td><td></td><td></td><td></td><td></td><td></td><td></td></tr>
<tr><td>汇票到期日
（大写）</td><td></td><td rowspan="2">付款行</td><td>行号</td><td colspan="11"></td></tr>
<tr><td>承兑协议编号</td><td></td><td>地址</td><td colspan="11"></td></tr>
<tr><td colspan="2">本汇票请你行承兑，此项汇票款我单位承兑协议于到期日前足额交存银行，到期请予以支付。
出票人签章</td><td colspan="2">备注：</td><td colspan="11">复核　　记账</td></tr>
</table>

此联承兑行留存备查，到期支付票款时作借方凭证附件

表 4-4　支票

中国工商银行 支票												BG 02
出票日期(大写)　年　月　日	付款行名称:											
收款人:	出票人帐号:											
人民币（大写）	亿	仟	百	十	万	千	百	十	元	角	分	
用途	科目(借)											
上列款项请从我帐户内支付	对方科目(贷)											
出票人签章	复核　记帐											

本支票付款期限十天

表 4-5　银行进账单(回单)

年　月　日

收款人	全　称		付款人	全　称	
收款人	账　号		付款人	账　号	
收款人	开户银行		付款人	开户银行	

金额	人民币（大写）	亿	千	百	十	万	千	百	十	元	角	分

票据种类		票据张数		开户银行盖章
票据张数				
复核　记账				

2. 自制原始凭证

自制原始凭证是由本单位经办业务的部门和人员，在执行或完成某项经济业务时填制的，仅供本单位内部使用的原始凭证。如工资表(见表 4-6)、收料单(见表 4-7)、领料单(见表 4-8)、入库单(见表 4-9)、出库单、借款单(见表 4-10)、固定资产折旧计算表等。

表 4-6　职工薪酬计算表

部门：　　　　　　　　　　　　　　年　　月　　日　　　　　　　　　　　　　　单位:元

人员类别	人数	应发工资						代扣款							实发工资
		基本工资	绩效工资	津贴	奖金	其他	小计	医疗保险金	养老保险金	失业保险金	住房公积金	个人所得税	其他	小计	

审核　　　　　　　　　　　　　　　　　　　　　　　　制单

表 4-7　收料单

供货单位：________________

发票号码：________________　　　　　　年　　月　　日收货仓库：________________

材料类别	名称及规格	计量单位	数量		实际成本		计划成本		差异
			应收	实收	单价	金额	单价	金额	

此联验收留存

验收：　　　　　　　　保管：　　　　　　　　记账：　　　　　　　　制单：

表 4-8　领料单(领料部门留存)

领料单位：　　　　　　　　　　　　　　　　　　　　　　凭证编号：

用途：　　　　　　　　　　　　年　　月　　日　　　　　　发料仓库：

材料编号	材料名称	规格	计量单位	数量		单位成本	金额	备注
				请领	实发			

发料人：　　　　　　　　领料单位负责人：　　　　　　　　领料人：

表 4-9　入库单

单位：　　　　　　　　　　　　年　　月　　日　　　　　　　　　　第　号

货号	品名	单位	数量	单价	金额	备注

负责人：　　　　　　　　　　　　　　　　　　　　经手人：

表 4-10　借款单

单位：　　　　　　　　　　　　年　　月　　日

借款人部门		借款人	
借款金额	大写：		小写：
借款用途			
备　　注			

领导审核：　　　　　　　　财务审核：　　　　　　　　部门负责人：

(二)按其填制手续和内容不同

1. 一次凭证

一次凭证是指一次填制完成、只记录一笔经济业务且仅一次有效的原始凭证。如领料单(见表 4-11)、发票(见表 4-12)、出库单(见表 4-13)、借款单、收据、车票等。

表 4-11　领料单(领料部门留存)

领料单位：　　　　　　　　　　　　　　　　　　　　凭证编号：

用途：　　　　　　　　　　　　年　　月　　日　　　发料仓库：

材料编号	材料名称	规格	计量单位	数量		单位成本	金额	备注
				请领	实发			

发料人：　　　　　　　　领料单位负责人：　　　　　　　　领料人：

表 4-12 省　　裁剪发票

存根联

客户：　　　　　　　　　　　　年　　月　　日　　　　　地址：

货号	品　名	规格	单位	数量	单价	金　额							注意事项
						万	千	百	十	元	角	分	1. 本发票为裁剪发票，发票联大写全额与裁剪线必须相等(拾元以下金额除外)，否则为无效发票。 2. 发票联发生误剪错误，应作废，并全套保存。
合计金额 (大写)　万　仟　佰　拾　元　角　分						￥：							

①销售方存根备查

开票人：　　　　　　　　　　　　　　　　收款单位章(未盖章无效)

玖万	捌万	柒万	陆万	伍万	肆万	叁万	贰万	壹万	万元

玖万	捌万	柒万	陆万	伍万	肆万	叁万	贰万	壹万	仟元

玖万	捌万	柒万	陆万	伍万	肆万	叁万	贰万	壹万	佰元

玖万	捌万	柒万	陆万	伍万	肆万	叁万	贰万	壹万	拾元

表 4-13 产品出库单

制表日期　　年　　月　　日

出厂编号			出库日期		产品编号	
产品名称				型号		
数量		数量		单价	出库金额	
提货单位				经办人		

主管　　　　　　　　　　记账　　　　　　　　　　保管员

2. 累计凭证

累计凭证是指在一定时期内多次记录发生的同类型经济业务且多次有效的原始凭证。例如限额领料单(见表 4-14)。使用累计凭证应随时登记发生的经济业务，结出累计数和结余数，并按照费用限额进行费用控制，期末按实际发生额记账。同时，还能减少凭证数量，简化凭证填制手续。

表 4-14　限额领料单　　(领料部门)

领料部门：　　　　　　　　　　　　　　　　　　　　　　　　　　第　号：

用途：　　　　　　　　　　　　年　　月　　日　　　　　　　　　　发料仓库：

<table>
<tr><td rowspan="3">材料编号</td><td rowspan="3">材料名称规格</td><td rowspan="3">计量单位</td><td rowspan="3">计划投产量</td><td rowspan="3">单位消耗定额</td><td rowspan="3">领用限额</td><td colspan="19">实发</td></tr>
<tr><td rowspan="2">数量</td><td colspan="8">单价</td><td colspan="10">金额</td></tr>
<tr><td>百</td><td>十</td><td>万</td><td>百</td><td>十</td><td>元</td><td>角</td><td>分</td><td>千</td><td>百</td><td>十</td><td>万</td><td>千</td><td>百</td><td>十</td><td>元</td><td>角</td><td>分</td></tr>
<tr><td rowspan="2">日期</td><td colspan="4">领用</td><td colspan="13">退料</td><td colspan="7">限额结余数量</td></tr>
<tr><td>数量</td><td>领料人</td><td colspan="2">发料人</td><td colspan="2">数量</td><td colspan="5">退料人</td><td colspan="6">收料人</td><td colspan="7"></td></tr>
<tr><td></td><td></td><td></td><td colspan="2"></td><td colspan="2"></td><td colspan="5"></td><td colspan="6"></td><td colspan="7"></td></tr>
<tr><td></td><td></td><td></td><td colspan="2"></td><td colspan="2"></td><td colspan="5"></td><td colspan="6"></td><td colspan="7"></td></tr>
<tr><td></td><td></td><td></td><td colspan="2"></td><td colspan="2"></td><td colspan="5"></td><td colspan="6"></td><td colspan="7"></td></tr>
</table>

生产计划部门　　　　　　　　　　　　供销部门　　　　　　　　　　　　仓库

3．汇总原始凭证

汇总原始凭证也称原始凭证汇总表，是指对一定时期内反映经济业务内容相同的若干张原始凭证，按照一定标准综合填制的原始凭证。例如，月末根据本月所有领料单汇总编制的领料单汇总表(见表 4-15)，就是汇总原始凭证。汇总原始凭证可以简化编制记账凭证的手续，但它本身不具有法律效力。

表 4-15　发料凭证汇总表

应借账户 应贷账户	生产成本	制造费用	管理费用	在建工程	销售费用	其他业务成本	合计
原料及主要材料							
辅助材料							
外购半成品							
修理用备件							
包装材料							
燃料							
合　计							

注意：生产通知单、经济合同、材料请购单、银行对账单不能反映经济业务已经发生，不能作为会计凭证。

(3)按其格式不同分类

1．通用凭证

通用凭证是指有关部门统一印制、在一定范围内使用的具有统一格式和使用方法的原始凭证。这里的一定范围是指在某一行业、某一地区，也可以是全国，如发票（见表 4-16）、银行承兑汇票、进账单。

表 4-16　公路、内河货物运输业统一发票

发票联

发票代码 000000000000

发票号码 00000000

开票日期：

机打代码 机打号码 机器编号		税控码	
收货人及 纳税人识别码		承运人及 纳税人识别码	
发货人及 纳税人识别码		主管税务机关 及代码	
运输项目及金额		其他项目及金额	备注
运费小计		其他费用小计	
合计（大写）			（小写）

第一联　发票联　付款方记账凭证

承运人盖章：　　　　　　　　开票人：

2. 专用凭证

专用凭证是指由单位自行印刷、仅在本单位内部使用的具有特定内容和专门用途的原始凭证，例如折旧表（见表 4-17）、工资表、差旅报销单（见表 4-18）。

表 4-17　固定资产折旧计算表

名称：

日期：　　　　　　　　折旧方法：平均年限法　　　　　　　　固定资产类别：办公用品

编号	名称	规格	入账日期	单位	数量	单价	原值	折旧年限	应折旧月数	残值率	预计净残值	月折旧额	本月折旧	累计月份	累计折旧	账面净值

制单：　　　　　　　　审核：　　　　　　　　财务经理：

表 4-18　差旅费报销单

部门：　　　　　　　　　　　填报日期　　年　　月　　日

姓名						出差事由						出差日期	自　年　月　日 至　年　月　日共　天					
起讫时间及地点						车船费		夜间乘车补助费			出差补助费			住宿费			其他	
月	日	起	月	日	讫	类别	金额	时间	标准	金额	日数	标准	金额	日数	标准	金额	摘要	金额
								小时	%									
								小时	%									
								小时	%									
								小时	%									
								小时	%									
								小时	%									
小　计																		
共计金额（大写）		仟　佰　拾　元　角　分									预支______核销______退补______							

附单据共　张

主管　　　　　　　部门　　　　　　　审核　　　　　　　填报人

三、原始凭证的填制

（一）基本内容

企业经济业务的内容是多种多样的，因此记录经济业务原始凭证的格式和具体内容也各有不同，但必须具备以下基本内容（也称原始凭证的基本要素）：

（1）原始凭证的名称。

（2）填制凭证的日期及编号。

（3）填制凭证单位名称或填制人姓名。

（4）接受凭证单位名称。

（5）经济业务的内容（含摘要、数量、单价和金额）。

（6）填制单位签章及有关人员（部门负责人、经办人员）签章。

（二）原始凭证填制要求

1. 记录真实

原始凭证上记载的经济业务，必须与实际情况相符合，不得弄虚作假、不涂改、刮擦、挖补，凭证上的日期、交易或事项的内容、所有数据必须真实准确，经办人员和有关部门都要在凭证上签名、盖章，对所取得或填制的原始凭证的真实性、正确性负责。

2. 内容完整

原始凭证必须严格按照规定的格式和内容逐项填写经济业务事项，所有项目要求必须填写齐全，不得省略或漏填。年、月、日要按填制原始凭证的实际日期填写；名称要齐全，不能简化；品名或用途要填写明确，不能含糊不清；有关人员签章要齐全。

3. 手续完备

原始凭证的填制手续，必须符合内部牵制原则的要求。如自制原始凭证，需经办单位负责人或其他指定的人员签名盖章；对外开出的原始凭证，必须加盖本单位公章或财务专用章；购买实物的原始凭证，必须要有实物的验收证明；支付款项的原始凭证，必须有收款方的收款证明等。

4. 书写规范

根据《会计基础工作规范》的规定，填制会计凭证，字迹必须清晰、工整，并符合下列要求：

(1)阿拉伯数字应当一个一个地写，不得连笔写。阿拉伯金额数字前应当书写货币币种符号或货币名称简写和币种符号。币种符号与阿拉伯金额数字之间不得留有空白。凡阿拉伯数字前写有币种符号的，数字后面不再写有货币单位。

(2)所有以元为单位(其他货币种类为货币基本单位，下同)的阿拉伯数字，除表示单价等情况外，一律填写到角分；无角分的，角位和分位可写“00”，或者符号“—”；有角无分的，分为应当写“0”，不得用符号“—”代替。例如：2018.00 或 2018.—(√)；2018.50(√)；2018.5—(×)。

(3)汉字大写数字金额如零、壹、贰、叁、肆、伍、陆、柒、捌、玖、拾、佰、仟、万、亿等，一律用正楷或者行书体书写，不得用〇、一、二、三、四、五、六、七、八、九、十等简化字代替，不得任意自造简化字。大写金额数字到元或者角为止的，在“元”或者“角”字之后应当写“整”字或者“正”字；大写金额数字有分的，分字后面不写“整”或者“正”字。例如：小写金额为￥2 018.05，大写金额应写成“贰仟零壹拾捌元零伍分”(√)；“贰仟零壹拾捌元零伍分整”(×)。

(4)大写金额数字前未印有货币名称的，应当加填货币名称，货币名称与金额数字之间不得留有空白。

(5)阿拉伯金额数字中间有“0”时，汉字大写金额要写“零”字，阿拉伯数字金额中间连续有几个“0”时，汉字大写金额中可以只写一个“零”字；阿拉伯金额数字元位是“0”，或者数字中间连续有几个“0”、元位也是“0”但角位不是“0”时，汉字大写金额可以只写一个“零”字，也可以不写“零”字。例如小写金额为￥2 008.00，大写金额应写成“贰仟零捌元整”；例如小写金额为￥2 000.80，大写金额应写成“贰仟元捌角整”。

(6)填写墨水只能使用蓝、黑墨水，一式几联的发票和收据，必须使用双面复写纸套写，套写时可以使用圆珠笔填写。

(7)不得涂改、刮擦、挖补。原始凭证有错误的，应当由出具单位重开或更正，更正处应当加盖出具单位印章。原始凭证金额有错误的，应当由出具单位重开，不得在原始凭证上更正。

5. 编号连续

各种凭证要连续编号以便查找，如果凭证已预先印定编号，如发票、支票等重要凭证，在因错作废时，应加盖“作废”戳记，妥善保管，不得撕毁。

6. 填制及时

在每笔经济业务发生或完成后，经办业务的有关部门和人员必须及时填制原始凭证，做到不拖延、不积压、不事后补制，并按规定的程序及时送交会计部门，以便审核并据以编制记账凭证。

(3)原始凭证填制案例

按照原始凭证的填制要求，以下分别以一次凭证、累计凭证、汇总凭证为例说明原始凭证的填制。

1. 一次凭证的填制

(1)收料单(自制)的填制

收料单是在外购的材料验收入库时，由仓库保管员或其他收料人根据购货发票联及验收材料的实际数量而填制的原始凭证。收料单一般一式三联，一联由验收人员留底；一联交仓管员据以登记明细账；一联随同发票账单交财务部门据以记账。

【例 4-1】 20×8 年 8 月 3 日，东方公司从供应商丰泽公司购买 M 型号甲材料 3000 千克，单价 20 元，增值税税率为 16%，运杂费 800 元，材料已验收入库。其内容的填制(见表 4-19)。

表 4-19　收料单

供货单位：丰泽公司

发票号码：000001　　　　20×8 年 8 月 3 日　　　　收货仓库：1 号仓库

材料编号	名称及规格	计量单位	数量		金额			合计
			应收	实收	单价	买价	运杂费	
001	甲材料、M	千克	3 000	3 000	20	60 000	800	
合计								60 800

此联验收留存

验收：　　　　保管：　　　　记账：　　　　制单：

(2)领料单(自制)的填制

领料单是由领用材料的部门或者人员(简称领料人)根据所需领用材料的数量填

写的单据。领料单一般采用一次凭证进行登记。根据生产需要,当各车间到仓库领用材料时,领料员一式四联填写领料单,注明材料所在仓库、时间、材料编号、名称、规格、单位、请领数量、用途说明,并在“领料部门”处盖章,在“领料人”处签名或盖章,经核准人签字核准后,持一式四联到仓库申请领用材料。仓库保管员填好实发数量,并在“发料人”处签名或盖章,同时将第四联退回领料人留底。仓库保管员应及时将第一至三联传递给仓库记账员。

【例 4-2】 20×8 年 8 月 12 日,东方公司生产一车间生产 A 产品,领用甲材料 600 千克,每千克单价为 20 元,由经办人填制“领料单”,经车间有关领导批准后到 1 号仓库领材料,仓管员据以发料。其领料单的具体填制如表 4-20 所示。

表 4-20 领料单 (领料部门留存)

领料单位:东方公司生产一车间 凭证编号:001

用途:生产 A 产品 20×8 年 8 月 12 日 发料仓库:1 号仓库

材料编号	材料名称	规格	计量单位	数量		单位成本	金额	备注
				请领	实发			
001	甲材料	M	千克	600	600	20	1 200	

发料人: 领料单位负责人: 领料人:

(3)增值税专用发票(外来)的填制

增值税专用发票是由国家税务总局监制设计印制的,一般情况下,在增值税一般纳税人销售商品或提供劳务时使用。现在我国普遍采用税控机开具增值税专用发票,所以没有存根联了,因此现在增值税专用发票的基本联次只剩三联,第一联记账联,是销货方发票联,是销货方作为销售货物的原始凭证。第二联抵扣联,是购货方用来扣税的;第三联发票联,是购货方用来记账的。增值税专用发票需要套写,发票上的各项内容需填写齐全,并加盖单位公章。

【例 4-3】 20×8 年 8 月 3 日,东方公司从供应商丰泽公司购买 M 型号甲材料 3000 千克,单价 20 元,增值税税率为 16%,运杂费 800 元,材料已验收入库。其增值税专用发票的填制内容如表 4-21 所示。

表 4-21　省增值税专用发票　　**No00000001**

发票联

校验码：××　　　　开票日期：20×8 年 8 月 3 日

购货单位	名　称	东方公司	密码区	
	纳税人识别号	11111111111111		
	地址、电话	222222222222		
	开户行及账号	3333333333333		

货物或应税劳务名称	单位	数量	单价	金　额										税率	金　额								
				千	百	十	万	千	百	十	元	角	分		百	十	万	千	百	十	元	角	分
M 型甲材料	千克	3 000	20			¥	6	0	0	0	0	0	0	16%			¥	9	6	0	0	0	0
合　计																							
价税合计（大写）	Φ仟　Φ佰　Φ拾　陆　万　玖　仟　陆　佰　零　拾　零　元　零　角　零　分　（小写）¥69 600.00																						

销货单位	名　称	丰泽公司	备注	
	纳税人识别号			
	地址、电话			
	开户行及账号			

第一联：发票联　购买方核算采购成本和增值税进项税额的记账凭证

收款人：　　　　复核：　　　　开票人：　　　　销货单位（盖章）：

(4)银行承兑汇票（外来）的填制

银行承兑汇票是商业汇票的一种。指由在承兑银行开立存款账户的存款人签发，向开户银行申请并经银行审查同意承兑的，保证在指定日期无条件支付确定的金额给收款人或持票人的票据。对出票人签发的商业汇票进行承兑是银行基于对出票人资信的认可而给予的信用支持。其特点是：信用好，承兑性强，灵活性高，有效节约资金成本。银行承兑汇票必须填写付款单位的账号和开户银行及收款单位、款项金额、款项用途、签发日期、付款单位签章、承兑银行签章等。

【例 4-4】 20×8 年 8 月 17 日，东方公司向元洪商贸公司购买原材料，货款价税合计为 15 万元。双方协议以银行承兑汇票来结算，票据期限为 6 个月。东方公司按照合同规定签发银行承兑汇票，并经开户行福州建设银行城南支行承兑，编号为 1314520。东方公司将经过承兑的银行承兑汇票交予元洪商贸公司。元洪商贸公司在汇票到期前委托自己的开户行福州建设银行城东支行收取款项，其银行承兑汇票的具体填制内容如表 4-22 所示。

表 4-22　银行承兑汇票(卡片)

出票日期(大写)：贰零×捌年捌月壹拾柒日　　　　汇票号码 096

<table>
<tr><td>出票人全称</td><td>东方公司</td><td rowspan="3">收款人</td><td>全　　称</td><td colspan="11">元洪商贸公司</td></tr>
<tr><td>出票人账号</td><td>1111111</td><td>账　　号</td><td colspan="11">222222222</td></tr>
<tr><td>付款行全称</td><td>福州建设银行城南支行</td><td>开户银行</td><td colspan="11">福州建设银行城东支行</td></tr>
<tr><td rowspan="2">出票金额</td><td colspan="3" rowspan="2">人民币壹拾伍万元整
（大写）</td><td>亿</td><td>千</td><td>百</td><td>十</td><td>万</td><td>千</td><td>百</td><td>十</td><td>元</td><td>角</td><td>元</td></tr>
<tr><td></td><td></td><td>¥</td><td>1</td><td>5</td><td>0</td><td>0</td><td>0</td><td>0</td><td>0</td><td>0</td></tr>
<tr><td>汇票到期日
（大写）</td><td>贰零×玖年贰月壹拾柒日</td><td rowspan="2">付款行</td><td>行号</td><td colspan="11">105391002015</td></tr>
<tr><td>承兑协议编号</td><td>1314520</td><td>地址</td><td colspan="11">福州市古田路 56 号</td></tr>
<tr><td colspan="2" rowspan="2">本汇票请你行承兑，到期无条件付款。

出票人签章</td><td colspan="2">本汇票已经承兑，到期日由本行付款。</td><td colspan="11" rowspan="2">复核　　记账</td></tr>
<tr><td colspan="2">备注：</td></tr>
</table>

2. 累计凭证的填制

较为典型的累计凭证有“限额领料单”，是多次使用的累计领发料凭证。它在有效期间(一般为一个月)，只要领用数量不超过限额就可以连续使用。此单据一般一式两联，经领用部门和供应部门负责人审核签章后，一联送交仓库据以发料，并登记明细账；一联送交领料部门据以领用。

【例 4-5】东方公司使用限额领料单对 M 型甲材料进行登记与管理，该材料编号为 01，单位成本为 4 元/千克，20×8 年 8 月份生产二车间拟生产 B 产品 5000 台，单位消耗该材料的定额为 0.2 千克/台，本月限额领用本材料 1000 千克，发料仓库为 2 号库，仓库发料人汪丰，供应部门负责人王红，生产计划部门负责人黄媛。该月具体领料情况如下表 4-23 所示。

表 4-23　领料情况

领用日期	请领数量	实发数量	领料人
8.1	300	300	张英
8.13	200	200	任飞
8.20	400	400	张英
8.31	250	200	任飞

8 月 1 日，领料人郑红退材料 100 千克，其内容的填制如表 4-24 所示。

表 4-24　限额领料单　　（领料部门）

领料部门：生产二车间　　　　　　　　　　　　　　凭证编号：001

用途：B 产品　　　　　　20×8 年 8 月　　　　　　发料仓库：2 号仓库

材料编号	材料名称规格	计量单位	计划投产量	单位消耗定额	领用限额	实发																		
						数量	单价								金额									
							百	十	万	百	十	元	角	分	千	百	十	万	千	百	十	元	角	分
01	M 型	千克	5 000	0.2	1 000	1 000					4	0	0	0					4	0	0	0	0	0

日期	领用 退料							限额结余数量
	请领数量	实发数量	领料人	发料人	数量	退料人	收料人	
8.1	300	300	张英	汪丰	100	郑红	汪丰	800
8.13	200	200	任飞	汪丰				600
8.20	400	400	张英	汪丰				200
8.31	250	200	任飞	汪丰				0
合计	1 150	1 100			100			0

生产计划部门：　　　　　　　　供销部门：　　　　　　　　仓库：

3. 汇总凭证的填制

“发料凭证汇总表”是一种常用的汇总原始凭证，是根据各部门到仓库领用材料的领料单按一定时期（如一季、一月）内，将若干张反映同类经济业务的发料单汇总编制而成的。

【例 4-6】 20×8 年 8 月，东方公司根据本企业的发料情况编制了本月的发料凭证汇总表。其内容的填制见表 4-25。根据月末编制的“发出材料汇总表”本月领用原材料的实际成本为 600 000 元。其中，基本生产领用 350 000 元，辅助生产领用 150 000 元，车间一般耗费 80 000 元，管理部门领用 20 000 元。其具体填制内容如表 4-25 所示。

表 4-25　发出材料汇总表

材料领用 / 部门耗用	原材料			合计
	甲材料	乙材料	丙材料	
生产产品耗用	150 000	120 000	80 000	350 000
其中:A 产品	60 000	50 000	30 000	140 000
B 产品	90 000	70 000	50 000	210 000
辅助生产耗用	60 000	50 000	40 000	150 000
车间一般耗用	30 000	30 000	20 000	80 000
管理部门耗用	10 000	6 000	4 000	20 000
合　计	250 000	206 000	144 000	600 000

四、原始凭证审核

只有审核无误的原始凭证，才能作为编制记账凭证和登记账簿的依据。《中华人民共和国会计法》第十四条规定:“会计机构、会计人员必须按照国家统一的会计制度的规定对原始凭证进行审核，对不真实、不合法的原始凭证有权不予接受，并向单位负责人报告;对记载不准确、不完整的原始凭证予以退回，并要求按照规定更正、补充。”该规定为会计人员审核原始凭证提供了法律上的依据。原始凭证的审核，可以从真实性、合法性、完整性、准确性四个方面进行。

(一)审核原始凭证的真实性

原始凭证的真实性，指原始凭证所记载的经济业务是否与实际发生的经济业务情况相符合，包括经济业务发生的日期、内容、数量、金额、经办人员等是否与实际吻合，原始凭证的真伪等。

(二)审核原始凭证的合法性

原始凭证的合法性，指原始凭证记载的经济业务是否合理合法，包括是否符合国家政策、法律、规章、制度的规定，是否符合计划、预算的规定，有无五违法乱纪、弄虚作假、贪污腐败、铺张浪费等现象，是否符合增收节支、增产节约、提高经济效益的原则。

(三)审核原始凭证的准确性

原始凭证的准确性，指原始凭证的摘要、日期、数量、单价、金额等内容是否填写清楚，合计及数字大小写是否无误，有无涂改、刮擦、挖补等情况。

(四)审核原始凭证的完整性

原始凭证的完整性，指原始凭证是否具备合法凭证所必需的基本内容，这些内容填写是否齐全，有无遗漏的项目，原始凭证的填制手续是否完备，有关单位及经办人员是否签章，是否经主管人员审核批准等。

第三节　记账凭证

一、记账凭证的概念

记账凭证，又称记账凭单，是指会计人员根据审核无误的原始凭证，按照经济业务的内容加以归类并确定会计分录后填制的，作为登记账簿依据的会计凭证。

记账凭证是根据复式记账法的基本原理，确定了应借、应贷的会计科目及其金额，将原始凭证中的一般数据转化为会计语言，是介于原始凭证与账簿之间的中间环节，是登记总分类账和明细分类账的主要依据。

记账凭证的主要作用是确定会计分录，进行账簿的登记。记账凭证是登记总分类账簿和明细分类账簿的依据，能反映经济业务的发生或完成情况，监督企业经济活动，明确相关人员的责任。

二、记账凭证的分类

(一)按其反映的经济业务内容不同分类

记账凭证按照反映的经济业务的内容不同可分为专用记账凭证和通用记账凭证。

1. 专用记账凭证

(1)收款凭证

收款凭证是指用于记录库存现金和银行存款收款业务的专用记账凭证。收款凭证既是登记库存现金和银行存款日记账、明细分类账和总分类账等有关账簿的依据，也是出纳人员收取款项的依据。此凭证已经在左上角锁定借方科目，在实物工作中，会计人员只需打“√”即可选定借方科目，且只需要填写应贷记的科目如表4-26 所示。

(2)付款凭证

付款凭证是指用于记录现金和银行存款付款业务的专用记账凭证。付款凭证既是登记库存现金和银行存款日记账、明细分类账和总分类账等有关账簿的依据，也是出纳人员付出款项的依据。此凭证已在左上角锁定贷方科目，会计人员只需打“√”即可选定贷方科目，且只需要填写借方科目如表 4-27 所示。

表 4-26 收款凭证

借方科目： 年 月 日 字第 号

摘要	贷方科目		√	金额							
	总账科目	明细科目		十	万	千	百	十	元	角	分
合 计											

附件 张

财务主管： 记账： 出纳： 审核： 制单：

表 4-27 付款凭证

贷方科目： 年 月 日 字第 号

摘 要	借方科目		√	金额							
	总账科目	明细科目		十	万	千	百	十	元	角	分
合 计											

附件 张

财务主管： 记账： 出纳： 审核： 制单：

(3)转账凭证

转账凭证是指用于记录不涉及现金和银行存款业务的专用记账凭证。转账凭证是登记总分类账和明细分类账等有关账簿的依据。会计人员应该填写应借记和应贷记的科目如表 4-28 所示。

2. 通用记账凭证

通用记账凭证是指用来反映所有经济业务的记账凭证，为各类经济业务所共同使用，其格式与转账凭证基本相同，会计人员填写应借记和应贷记的科目如表 4-29 所示。

(二)按其填列方式不同分类

1. 单式记账凭证

单式记账凭证是指每一张记账凭证只填列经济业务事项所涉及的一个会计科目及其金额的记账凭证，填列借方科目的称为借项记账凭证，填列贷方科目的称为贷项记账凭证。单式记账凭证反映内容单一、便于分工记账和汇总，但一张凭证上不能反

映经济业务的全貌，不便于检查会计分录的正确性，因此在实践中较为少见。（见表4-30、表4-31）

表 4-28 转账凭证

年 月 日　　　　字第 号

摘要	会计科目		借方金额								贷方金额								记账√
	总账科目	明细科目	十	万	千	百	十	元	角	分	十	万	千	百	十	元	角	分	
合计																			

附件 张

财务主管：　记账：　出纳：　审核：　制单：

表 4-29 记账凭证

年 月 日　　　　记字第 号

摘要	会计科目		借方金额								贷方金额								记账√
	总账科目	明细科目	十	万	千	百	十	元	角	分	十	万	千	百	十	元	角	分	
合计																			

附单据 张

财务主管：　记账：　出纳：　审核：　制单：

表 4-30 借项记账凭证

年 月 日　　　　凭证编号：

摘要	一级科目	二级或明细科目	账页	金额
对应科目	合计			

主管：　记账：　复核：　出纳：　填制：

表 4-31　贷项记账凭证

年　　月　　日　　　　　　凭证编号：

摘　要	一级科目	二级或明细科目	账页	金额
对应科目	合　计			

主管：　　　　记账：　　　　复核：　　　　出纳：　　　　填制：

2. 复式记账凭证

复式记账凭证是将每一笔经济业务所涉及的全部科目、借贷双方及其发生额均在同一张记账凭证中反映的一种凭证。复式记账凭证能把反映经济业务的全部对应账户记录在一张凭证上，有利于检查会计分录的正确性，但不便于会计岗位的分工记账。上述收款凭证、付款凭证、转账凭证均为复式记账凭证。这是实际工作中应用最为普遍的记账凭证。

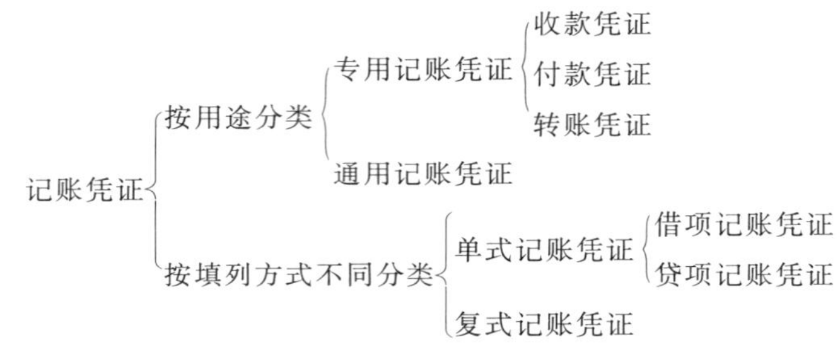

图 4-2　记账凭证分类示意图

三、记账凭证的填制

(一)基本内容

虽然记账凭证所反映的经济业务内容各有不同，具体格式也存在一些差异，但是所有的记账凭证，都必须满足记账的要求，必须具备下列一些共同的基本内容(即记账凭证要素)：

(1)记账凭证的名称；

(2)填制凭证的日期和凭证编号；

(3)经济业务的内容摘要；

(4)经济业务所涉及的会计科目(包括一级、二级或明细科目)的名称、记账方向和金额(会计分录)；

(5)所附原始凭证的张数；

(6)记账标记；

(7)相关责任人签章，包括填制凭证人员、稽核人员、记账人员、会计机构负责人及会计主管人员的签章，收款凭证和付款凭证还应由出纳人员签名或盖章。

(二)记账凭证填制基本要求

1. 审核无误

记账凭证以审核无误的原始凭证或原始凭证汇总表为依据，除结账和更正错误的记账凭证可以不附原始凭证外，其他记账凭证必须附有原始凭证。因此原始凭证必须完整无缺，记账凭证上需注明原始凭证的张数，以便核对摘要及所编会计分录是否准确无误。

2. 内容完整

记账凭证中的各项内容必须填写齐全，记账凭证的填制人员及有关负责人，应于记账凭证填制齐全、确认正确无误后，在凭证相应位置签章，以示负责。

3. 书写规范

会计人员在填写凭证时，字迹端正，不草、不乱。

4. 编号连续

记账凭证在一个月内应当按自然数 1、2、3…的顺序分类连续编号。专用记账凭证应根据经济业务发生的时间顺序和凭证的种类分别连续编号，如"收字第 1 号"(或银收字第 1 号、现收字第 1 号)、"付字第 1 号"(或银付字第 1 号、现付字第 1 号)、"转字第 1 号"。通用记账凭证是每月将全部的记账凭证按照经济业务发生的顺序从第 1 号开始依次编号，不得跳号或重号。如果一笔经济业务需要填制多张记账凭证，可以采用"分数编号法"，整数表示经济业务的顺序号，分数的分母表示本笔经济业务共编制几张记账凭证，分数的分子表示其是第几张凭证。例如第 20 笔业务需要填制 3 张记账凭证，第一张的编号为"××字第 $20\frac{1}{3}$号"，第二张的编号为"××字第 $20\frac{2}{3}$号"，第三张的编号为"××字第 $20\frac{3}{3}$号"。

5. 分录准确

会计人员必须按会计制度统一规定的会计科目填写，不得任意简化或改动，不得只写科目编号，不写科目名称；同时，二级和明细科目也要填列齐全。应借、应贷的记账方向和账户对应关系必须清楚；编制复合会计分录，应是一借多贷或一贷多借，一般不编多借多贷的会计分录。

6. 附件齐全

记账凭证所附的原始凭证必须完整无缺，并在凭证上要注明所附原始凭证的张数，以便核对摘要及所编会计分录是否正确无误。除了结账和更正错账的记账凭证可以不附原始凭证外，其他记账凭证必须附有原始凭证。

根据财政部《会计基础工作规范》第51条规定，对附件应当区别不同情况进行处理：

(1)可以不附原始凭证的是：结账的记账凭证；更正错误的记账凭证。

(2)一张原始凭证只对应一张记账凭证的：将原始凭证直接附在记账凭证后面。

(3)一张原始凭证涉及几张记账凭证的，有两种方法可以使用：①将原始凭证附在一张主要的记账凭证后面。然后在其他记账凭证上注明附有该原始凭证的记账凭证的编号，便于查找；②将原始凭证附在一张主要的记账凭证后面，然后在其他记账凭证后面附该原始凭证的复印件。

(4)一张原始凭证所列支的费用需要几个单位共同负担的：由保存该原始凭证的单位，给共同负担费用的其他单位开出原始凭证分割单，供其结算使用。原始凭证分割单必须具备原始凭证所要求的基本内容，包括：凭证名称、填制凭证日期、填制凭证单位名称或者填制人的姓名、经办人的签名或盖章、接受凭证单位名称、经济业务的内容、数量、单价、金额和费用分摊情况等。

(5)重新填制。填制记账凭证时若发生错误，应当重新填制。已经登记入账的记账凭证在当年内发现填写错误时，可以用红字填写一张与原内容相同的记账凭证，在摘要栏注明"注销某月某日某号凭证"字样，同时再用蓝字重新填制一张正确的记账凭证，注明"订正某月某日某号凭证"字样。如果会计科目没有错误，只是金额错误，也可以将正确数字与错误数字之间的差额另编一张调整的记账凭证，调增金额用蓝字，调减金额用红字。发现以前年度记账凭证有错误的，应当用蓝字填制一张更正的记账凭证。

(6)划线注销。记账凭证填制完经济业务事项后，如有空行，应当自金额栏最后一笔金额数字下的空行处至合计数上的空行处划线注销。

(三)记账凭证填制案例

按照记账凭证的填制要求，以下分别以收款凭证、付款凭证、转账凭证为例说明记账凭证的填制。

1. 收款凭证的填制

收款凭证是指用于记录库存现金和银行存款收款业务的专用会计凭证，反映单位收到库存现金、银行存款的情况，是根据库存现金、银行存款业务的原始凭证填制的。收款凭证左上角"借方科目"，按收款的性质填写"库存现金"或"银行存款"；日期填写的是填制本凭证的日期；右上角填写凭证的分类编号，如"现收字第×号""银收字第×号"等；"摘要"栏填写经济业务的简要内容；"贷方科目"栏内填写与现金或银行存款收入相对应的一级科目和明细科目；"金额"栏填写于同一行科目相对应的发生额；"合计金额"栏则填写各发生额和合计数；凭证右边填写所附原始凭证的张数；凭证下边各处分别由相关人员签章；在记账人员入账后，在"记账"栏注明划"√"号。

【例 4-7】 20×8 年 8 月 17 日，东方公司收回上月销售给海飞公司的商品货款 76 000 元，存入银行，并收到原始凭证“银行进账单”1 张。假设该笔经济业务为本期银行存款的第 3 笔收款业务，则收款凭证具体填制如表 4-32 所示。

2. 付款凭证的填制

付款凭证是指用于记录库存现金和银行存款支付业务的专业会计凭证，反映单位库存现金、银行存款的支付情况，是根据库存现金、银行存款业务的原始凭证填制的。付款凭证的填制方法与收款凭证基本相同，不同的是在付款凭证左上角应填列相应的“贷方科目”，按付款的性质填写“库存现金”或“银行存款”；右上角填写凭证的分类编号，如“现付字第×号”、“银付字第×号”等；“借方科目”栏内填写与库存现金或银行存款相对应的一级科目和明细科目。

出纳人员对于已经收讫或付讫的收付款凭证及其所附的各种原始凭证，都要加盖“收讫”和“付讫”的戳记，以免重收重付。

表 4-32　收款凭证

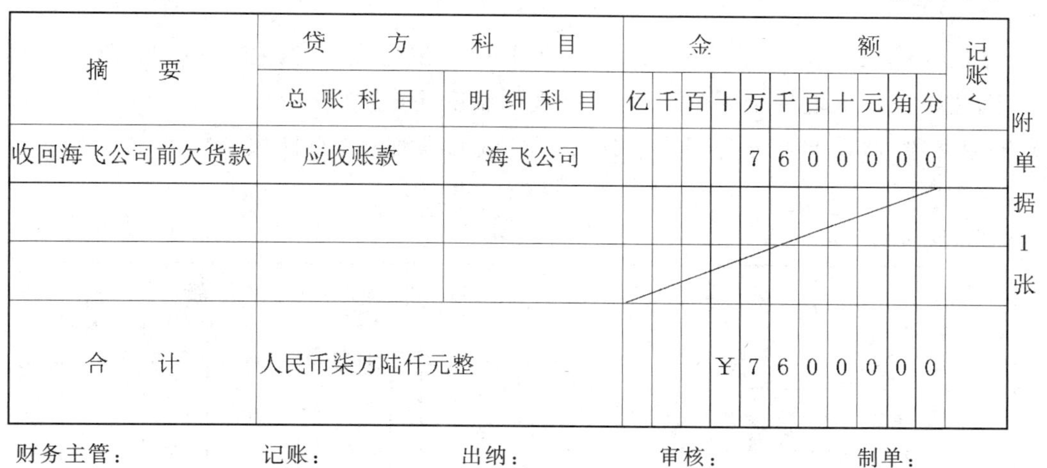

借方科目：银行存款　　　　20×8 年 8 月 17 日　　　　银收字 3 号

摘　要	贷方科目		金额											记账√
	总账科目	明细科目	亿	千	百	十	万	千	百	十	元	角	分	
收回海飞公司前欠货款	应收账款	海飞公司					7	6	0	0	0	0	0	
合　计	人民币柒万陆仟元整					¥	7	6	0	0	0	0	0	

附单据 1 张

财务主管：　　记账：　　出纳：　　审核：　　制单：

【例 5-19】 20×8 年 8 月 23 日，采购员李婷向东方公司预借差旅费 700 元，以现金支付。收到原始凭证差旅报销单、收款收据各一张，假定该业务为本期第 9 笔现金付款业务，则付款凭证具体填制如表 4-33 所示。

表 4-33　付款凭证

贷方科目：库存现金　　　　20×8 年 8 月 23 日　　　　现付字第 9 号

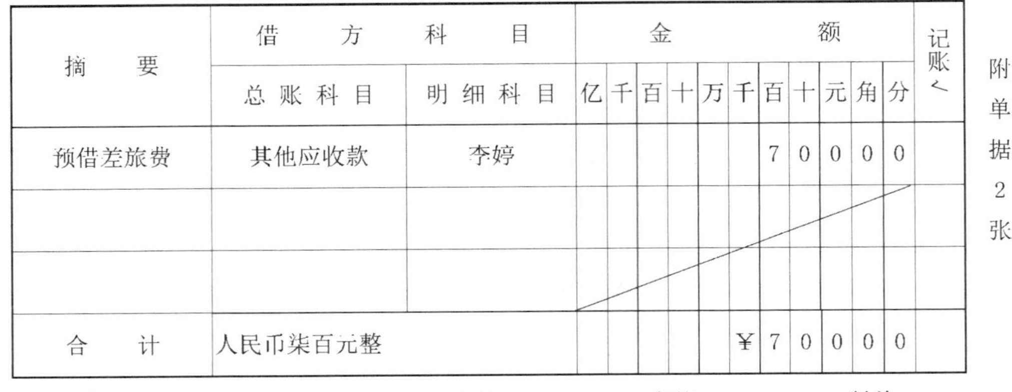

摘要	借方科目		金额											记账√
	总账科目	明细科目	亿	千	百	十	万	千	百	十	元	角	分	
预借差旅费	其他应收款	李婷							7	0	0	0	0	
合计	人民币柒百元整							¥	7	0	0	0	0	

附单据 2 张

财务主管：　　记账：　　出纳：　　审核：　　制单：

注意：对于现金和银行存款之间的划转业务，为避免重复，一般只编制付款凭证。例如，从银行提取现金，一般只编制银行存款付款凭证；将现金存入银行，一般只编制现金付款凭证。

【例 4-9】 20×8 年 8 月 25 日，出纳王芳填写现金支票并经相关企业责任人签章后，到建设银行支取现金 3 000 元，按照现行制度要求，统一编制付款凭证。原始凭证为现金支票，假设此业务为银行存款支付的第 10 笔业务，具体填制如表 4-34 所示。

表 4-34　付款凭证

贷方科目：银行存款　　　　20×8 年 8 月 25 日　　　　银付字第 10 号

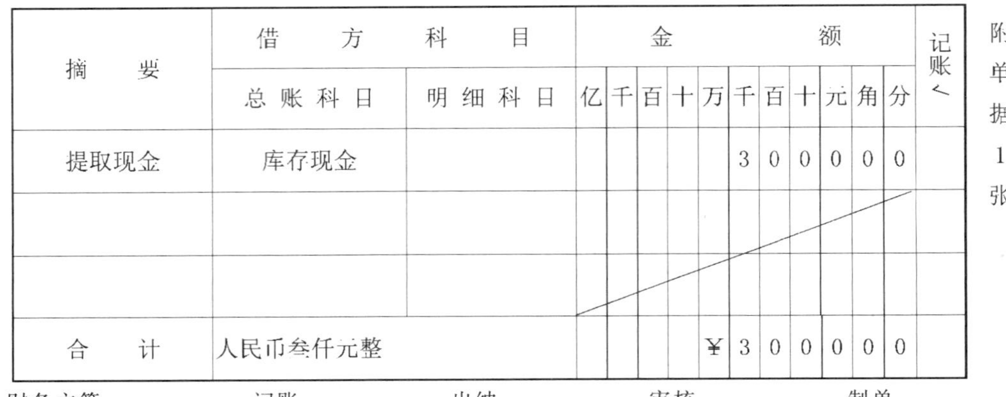

摘要	借方科目		金额											记账√
	总账科目	明细科目	亿	千	百	十	万	千	百	十	元	角	分	
提取现金	库存现金							3	0	0	0	0	0	
合计	人民币叁仟元整						¥	3	0	0	0	0	0	

附单据 1 张

财务主管：　　记账：　　出纳：　　审核：　　制单：

3. 转账凭证的填制

转账凭证是用以记录与货币资金收款、付款无关的转账业务凭证，它是由会计人员根据审核无误的转账业务（即不涉及库存现金和银行存款收支的业务）原始凭证填制。与收款凭证和付款凭不同的是：不设主体科目栏，填制转账凭证时，某项业务设计的会计科目全部登记在会计科目栏内，用借方金额和贷方金额来确定科目的借贷关系。右上角填写凭证的分类编号，为“转字第X号”。转账凭证中“总账科目”和“明细科目”栏填写应借、应贷的总账科目和明细科目，借方科目应计金额在同一行的“借方金额”栏内填写，贷方科目应计金额在同一行的“贷方金额”栏内填列，“借方金额”合计和“贷方金额”合计应相等。

【例4-10】 20×8年8月31日，东方公司月末将已销售出库的库存商品统一结转成本，A产品成本为20 000元，B产品成本为40 000元。原始凭证为期末销售结转成本计算表，假定该笔业务为第22号转账凭证，根据12张A、B产品出库单，填制转账凭证具体情况如表4-35所示。

【例4-11】 20×8年8月26日，东方公司购买一批价值为50 000元的甲材料，材料已验收入库，并支付20 000元货款，另一部分货款暂未支付(假定不考虑增值税因素)。原始凭证有发货清单和购销合同各一张，东方公司对这笔经济业务应分别填制两张记账凭证，具体填制如表4-36和表4-37所示。

4. 通用记账凭证的填制

通用记账凭证是指用来反映所有经济业务的记账凭证，为各类经济业务共同使用，其格式与转账凭证相同，由会计人员填写应借记和应贷记的科目。如果企业单位规模较小、货币资金收付的交易或事项不多，则可以只使用一种统一格式的通用记账凭证。通用记账凭证的格式和填制方法与转账凭证基本相同。所不同的是，通用记账凭证在编制凭证号时，经济业务不区分是否涉及库存现金、银行存款，而是将其按发生的先后顺序进行编号。如果一笔经济业务涉及两张或两张以上的记账凭证时，可以采用分数编号法。此外，右上角应填写凭证的分类编号，为“记字第×号”。

表4-35 转账凭证

20×8年8月31日　　　　转字第22号

摘要	会计科目		借方金额								贷方金额								记账✓
	总账科目	明细科目	十	万	千	百	十	元	角	分	十	万	千	百	十	元	角	分	
结转库存商品成本	主营业务成本	A产品		2	0	0	0	0	0	0									
		B产品		4	0	0	0	0	0	0									
结转库存商品成本	库存商品	A产品										2	0	0	0	0	0	0	
		B产品										4	0	0	0	0	0	0	
合计	人民币陆万元整		¥	6	0	0	0	0	0	0	¥	6	0	0	0	0	0	0	

附单据12张

财务主管：　　记账：　　出纳：　　审核：　　制单：

注意：对于一笔业务，一方面涉及货币资金收付业务，另一方面又涉及转账业务，应分别编制收付款凭证和转账凭证。

表 4-36 付款凭证

贷方科目：银行存款　　　　20×8 年 8 月 26 日　　　　银付字第 11 号

摘要	借方科目		金额											记账√
	总账科日	明细科日	亿	千	百	十	万	千	百	十	元	角	分	
购入甲材料	原材料	甲材料					2	0	0	0	0	0	0	
合计	人民币贰万元整					¥	2	0	0	0	0	0	0	

附单据 2 张

财务主管：　　记账：　　出纳：　　审核：　　制单：

表 4-37 转账凭证

20×8 年 8 月 31 日　　　　转字第 22 号

摘要	会计科日		借方金额								贷方金额								记账√
	总账科日	明细科日	十	万	千	百	十	元	角	分	十	万	千	百	十	元	角	分	
购入甲材料	原材料	甲材料		3	0	0	0	0	0	0									
尚未支付货款	应付账款											3	0	0	0	0	0	0	
合计	人民币陆万元整		¥	3	0	0	0	0	0	0	¥	3	0	0	0	0	0	0	

附单据 2 张

财务主管：　　记账：　　出纳：　　审核：　　制单：

【例 4-12】 20×8 年 8 月 31 日，东方公司月末损益类结转本年利润，其中主营业务收入 A 产品 50 000 元，B 产品 40 000 元；其他业务收入 30 000 元；营业外收入 10 000 元；主营业务成本 A 产品 20 000 元；B 产品 40 000 元；其他业务成本为 10 000 元；营业外成本为 3 000 元。假设该笔业务为第 51 笔的记账业务，记账凭证具体填制如表 4-38、表 4-39 所示。

四、记账凭证的审核

为了保证会计信息的质量，在记账之前应由有关稽核人员对记账凭证进行严格审核，审核的内容主要包括：

1. 内容是否真实

审核记账凭证是否有原始凭证为依据，所附原始凭证的内容是否与记账凭证的内容一致，记账凭证汇总表的内容与其所依据的记账的内容是否一致等。

2. 项目是否齐全

审核记账凭证各项目的填写是否齐全，如日期、凭证编号、摘要、金额、所附原始凭证张数及有关人员签章等。

表 4-38 记账凭证

20×8 年 8 月 31 日　　　　记字第 51 $\frac{1}{2}$ 号

摘要	会计科目		借方金额									贷方金额									记账√	
	总账科目	明细科目	百	十	万	千	百	十	元	角	分	百	十	万	千	百	十	元	角	分		附单据0张
期末损益结转本年利润	主营业务收入	A 产品			5	0	0	0	0	0	0											
		B 产品			4	0	0	0	0	0	0											
期末损益结转	其他业务收入				3	0	0	0	0	0	0											
期末损益结转	营业外收入				1	0	0	0	0	0	0											
期末损益结转	本年利润												1	3	0	0	0	0	0	0		
合计	人民币壹拾叁万元整		¥	1	3	0	0	0	0	0	0	¥	1	3	0	0	0	0	0	0		

财务主管：　　记账：　　出纳：　　审核：　　制单：

表 4-39　记账凭证

20×8 年 8 月 31 日　　　　　　记字第　51 $\frac{2}{2}$ 号

摘　　要	会计科目		借方科目								贷方科目								记账√	
	总账科目	明细科目	十	万	千	百	十	元	角	分	十	万	千	百	十	元	角	分		
期末损益类结转本年利润	本年利润			8	6	0	0	0	0	0										附
期末损益结转	主营业务成本	A 产品										2	0	0	0	0	0	0		单
		B 产品										4	0	0	0	0	0	0		据
期末损益结转	其他业务成本											1	0	0	0	0	0	0		0
期末损益结转	营业外支出												3	0	0	0	0	0		张
合　　计	人民币捌万陆仟元整		¥	8	6	0	0	0	0	0	¥	8	6	0	0	0	0	0		

财务主管：　　　　记账：　　　　出纳：　　　　审核：　　　　制单：

3. 科目是否正确

审核记账凭证的应借、应贷科目是否正确，是否有明确的账户对应关系，所使用的会计科目是否符合国家统一的会计制度的规定等。

4. 金额是否正确

审核记账凭证所记录的金额与原始凭证的有关金额合计是否一致、计算是否正确，记账凭证汇总表的金额与记账凭证的金额合计是否相符等。

5. 书写是否规范

审核记账凭证中的记录是否文字工整、数字清晰，是否按规定进行更正等。

6. 手续是否完备

只有经过审核无误的记账凭证，才能作为登记账簿的依据。

记账管理的具体审核可通过(图 4-3)表示。

在审核过程中，如果发现不符合要求的地方，应要求有关人员采取正确的方法进行更正。

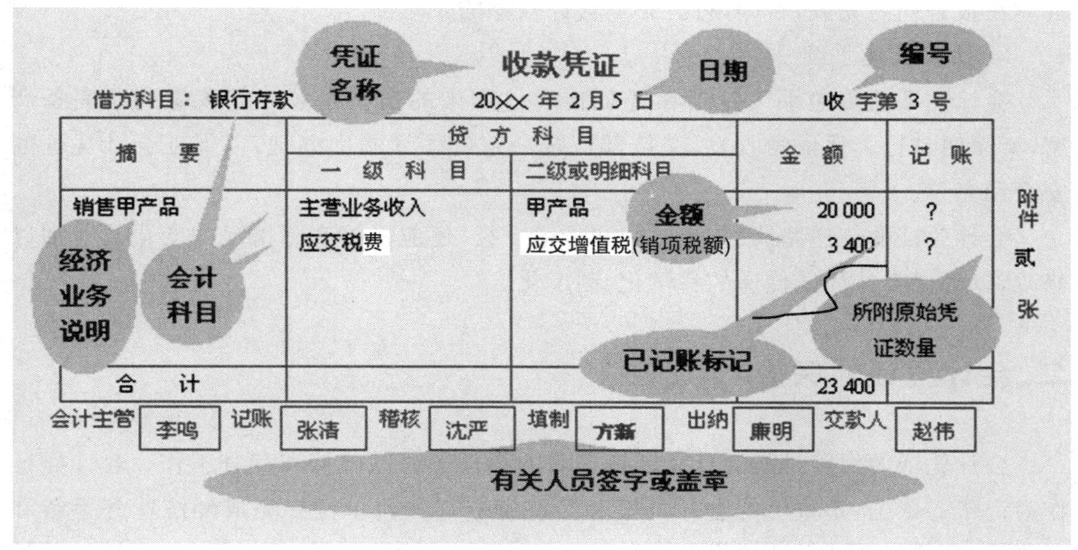

图 4-3　收款凭证审核示意图

第四节　会计凭证的传递与保管

一、会计凭证的传递

会计凭证的传递，是指会计凭证从取得或填制时起到归档保管过程中，在单位内部各有关部门和人员之间的传递程序和传递时间。会计凭证的传递应当满足内部控制制度的要求，使传递程序合理有效，同时尽量节约传递时间，减少传递的工作量，做到及时传递，不得积压。因此进行传递时，应做好以下工作：

1. 明确传递路线

各单位应根据经济业务的特点、机构设置、人员分工情况，以及经营管理上的需要，明确规定会计凭证的联次及其流程。既要使会计凭证经过必要的环节进行审核和处理，又要避免会计凭证在不必要的环节停留，从而保证会计凭证沿着最简捷、最合理的路线传递。

2. 明确传递时间

企业应考虑各部门和有关人员，在正常情况下办理经济业务所需时间，以此来合理确定凭证的停留时间和交接时间。明确会计凭证的传递时间，能够防止拖延处理和积压凭证，保证会计工作的正常秩序，提高工作效率。一切会计凭的传递和处理，都应在报告期内完成，否则，将会影响会计核算的及时性。

3. 明确传递手续

会计凭证的传递手续是指在凭证传递过程中的衔接手续。应该做到既完备严密，又简便易行。凭证的收发、交接都应按一定的手续制度办理，以保证会计凭证的安全和完整。

会计凭证的传递路线、传递时间和传递手续，还应根据实际情况的变化及时加以修改，以确保会计凭证传递的科学化、制度化。

二、会计凭证的保管

会计凭证的保管是指会计凭证记账后的整理、装订、归档和存查工作。会计凭证作为记账的依据，是重要的会计档案和经济资料。任何单位在完成经济业务手续和记账后，必须将会计凭证按规定立卷归档，形成会计档案资料，妥善保管，以便日后随时查阅。

（一）会计凭证的整理归类

1. 会计凭证应当定期归纳整理，防止流失。会计部门在依据会计凭证记账后，应定期（每天、每旬或每月）对各种会计凭证进行分类整理，将各种记账凭证按照编号顺序，连同所附的原始凭证一起加具封面和封底，装订成册，并在装订线上加贴封签，由装订人员在装订线封签处签名或盖章。

2. 会计凭证封面应注明单位名称、凭证种类、凭证张数、起止号数、年度、月份、会计主管人员和装订人员的有关事项，会计主管人员和保管人员应在封面上签章。

3. 原始凭证较多或各种随时需要查阅的原始凭证，可以单独装订保管，但应在凭证封面注明所属记账凭证的日期、编号和种类，同时在所属的记账凭证上注明“附件另订”及原始凭证的名称和编号，以便查阅。

（二）会计凭证的造册归档

会计部门每年应当按照归档的要求，把会计凭证归纳整理并装订成册。当年的会计凭证，在年度终了时可暂由单位会计机构保管一年，期满后应当移交本单位的档案机构统一保管。档案部门接收的会计凭证，原则上保持原卷册的封装，个别需要拆封重新整理的，应由会计部门和经办人员共同拆封整理，以明确责任。未设立档案机构的，应在会计机构内部指定专人保管。出纳人员不得监管会计档案。

（三）会计凭证的借阅

会计凭证原则上不得借出，如有特殊需要，须报请批准，但不得拆散原卷册，并应限期归还。需要查阅已入档的会计凭证时，必须办理借阅手续。其他单位因特殊原因要使用原始凭证时，经本单位负责人批准，可以复制。但向外单位提供的原始凭证复印件，应在专设的登记簿上登记，并由提供人员和收取人员共同签名或盖章。

(四)会计凭证销毁

会计凭证的保管期限，一般为15年。保管期未满，任何人都不得随意销毁会计凭证。按规定销毁会计凭证时，必须开列清单，报经批准后，由档案部门和会计部门共同派员监销。在销毁会计凭证前，监督销毁人员应认真清点核对，销毁后，在销毁清册上签名或盖章，并将监销情况报本单位负责人。

课后练习

一、单选题

1. 在下列原始凭证中，属于外来原始凭证的是(　　)。

A. 增值税专用发票　　B. 工资发放明细表

C. 出库单　　D. 限额领料单

2. 为了分清会计事项处理的先后顺序，便于记账凭证与会计账簿之间的核对，确保记账凭证的完整无缺，填制记账凭证时，应当(　　)。

A. 依据真实　　B. 日期正确　　C. 连续编号　　D. 简明扼要

3. 根据《会计档案管理办法》的有关规定，企业原始凭证的保管期限是(　　)。

A. 3年　　B. 5年　　C. 15年　　D. 永久

4. 下列不能作为原始凭证的有(　　)。

A. 工资发放明细表　　B. 销售发票

C. 领料单　　D. 银行存款余额调节表

5.“限额领料单”属于(　　)。

A. 累计凭证　　B. 外来凭证　　C. 汇总凭证　　D. 付款凭证

6. 20×6年8月3日，东方公司将超出库存限额的现金800元存入银行。该企业采用专用记账凭证进行会计核算。此业务会计人员应编制(　　)记账凭证。

A. 库存现金收款凭证　　B. 库存现金付款凭证

C. 银行存款收款凭证　　D. 银行存款付款凭证

7. 下列经济业务应编制转账凭证的是(　　)。

A. 支付材料价款　　B. 收回出售产品款

C. 车间领用材料　　D. 支付劳保用品款

8. 在一笔经济业务中，如果既涉及收款业务，也涉及转账业务，应(　　)。

A. 编制收款凭证　　B. 编制付款凭证

C. 编制转账凭证　　D. 同时编制收款凭证和转账凭证

9. 如果企业规模较小、经济业务数量和收付业务较少,可以采用(　　)。

A. 单式记账凭证　　B. 复式记账凭证

C. 专用记账凭证　　D. 通用记账凭证

10. 会计凭证按其(　　)不同,分为原始凭证和记账凭证。

A. 填制人员和程序　　B. 填制程序和用途

C. 填制格式和手续　　D. 填制程序和方法

二、多选题

1. 以下各项目中属于会计凭证的有(　　)。

A. 原始凭证　　B. 生产进度表

C. 记账凭证　　D. 原始凭证汇总表

2. 下列单据中不能作为原始凭证的有(　　)。

A. 经济合同　　B. 材料请购单

C. 生产通知单　　D. 银行对账单

3. 以下所列属于一次原始凭证的有(　　)。

A. 出库单　　B. 发货单

C. 收据　　D. 发出材料汇总表

4. 记账凭证必须具备的基本内容包括(　　)。

A. 凭证的名称、填制日期和编号　　B. 应借、应贷的会计科目名称、金额

C. 相关责任人签章　　D. 经济业务的内容摘要

5. 以下各项中属于企业外来原始凭证的有(　　)。

A. 供应单位开出的发票

B. 与供应单位签订的合同

C. 运输公司开出的运输发票

D. 邮电局开出的企业订阅报纸杂志费用收据

6. 原始凭证审核的主要内容有(　　)。

A. 凭证的日期编号　　B. 凭证的合法性

C. 经济业务的内容和金额　　D. 应借应贷的会计科目

7. 复式记账凭证的优点是(　　)。

A. 能够全面反映账户的对应关系　　B. 有利于检查会计分录的正确性

C. 便于会计职能部门的分工　　D. 便于按照会计科目进行汇总

8. 以下经济业务中编制现金付款凭证的业务有(　　)。

A. 以银行存款支付采购原材料　　B. 出纳员将多余的款项解缴银行

C. 购买办公用品　　D. 支付采购员报销的差旅费

9. 下列可以不附原始凭证的记账凭证是(　　)。

A. 更正错误的记账凭证

B. 一张原始凭证涉及几张记账凭证时

C. 期末结账的记账凭证

D. 一张原始凭证需要有多个单位共同使用时

10. 下列有关会计凭证的表述中,正确的有(　　)。

A. 会计凭证是记录经济业务的书面证明

B. 会计凭证可以明确经济责任

C. 会计凭证是编制报表的依据

D. 会计凭证是登记账簿的依据

三、判断题

1. 原始凭证是会计核算的原始资料和重要依据,是登记明细账的原始依据。(　　)

2. 会计凭证,又称记账凭证。(　　)

3. 原始凭证金额有错误的,应当由出具单位重开,不得在原始凭证上更正。(　　)

4. 记账凭证是根据原始凭证或者汇总原始凭证填制的。(　　)

5. 转账凭证不能反映现金、银行存款的增减变动。(　　)

6. 单式记账凭证是实际工作中应用最普遍的记账凭证。(　　)

7. 填制记账凭证时,可以将若干张不同内容和类别的原始凭证汇总填制在一张记账凭证上。(　　)

8. 一笔需要连续编制多张记账凭证的经济业务凭证,采用编制方法的是分数编制法。(　　)

9. 收款凭证左上角的"借方科目"可能登记的科目是应收账款。(　　)

10. 企业的会计凭证是重要的经济档案,因此应该永久保存,不得销毁。(　　)

四、业务题

(一)根据经济业务编制收付转凭证

1. 20×8 年 8 月 1 日,东方公司职工王兰预借差旅费 3 000 元,经审核后以现金付讫。请填制表 4-40。

2. 20×8 年 8 月 2 日,签发现金支票一张 8 000 元,从银行提取现金备用。请填制表 4-41。

3. 20×8 年 8 月 16 日,采购员王兰出差归来,报销差旅费 4 580 元,原借款 5 000 元,余款退回现金。请填制表 4-42、4-43。

表 4-40　付款凭证

贷方科目：　　　　　　　　　　年　　月　　日　　　　　　　　字第　　号

摘要	借方科目		金额											记账√
	总账科目	明细科目	亿	千	百	十	万	千	百	十	元	角	分	
合计														

附单据

财务主管：　　　　记账：　　　　出纳：　　　　审核：　　　　制单：

表 4-41　付款凭证

贷方科目：　　　　　　　　　　年　　月　　日　　　　　　　　字第　　号

贷方科日： 年　月　日 字第　号	借方科目		金额											记账√
	总账科日	明细科日	亿	千	百	十	万	千	百	十	元	角	分	
合计														

附单据

财务主管：　　　　记账：　　　　出纳：　　　　审核：　　　　制单：

表 4-42 转账凭证

年　月　日　　　　转字第　号

摘要	会计科目																		记账√
	总账科目	明细科目	十	万	千	百	十	元	角	分	十	万	千	百	十	元	角	分	
合计																			

附单据　张

财务主管：　　记账：　　出纳：　　审核：　　制单：

表 4-43 收款凭证

借方科目：　　年　月　日　　　　字第　号

摘要	贷方科目		金额											记账√
	总账科目	明细科目	亿	千	百	十	万	千	百	十	元	角	分	
合计														

附单据

财务主管：　　记账：　　出纳：　　审核：　　制单：

（二）根据经济业务编制通用记账凭证

1. 20×8 年 8 月 3 日，向光明工厂购买 80 件商品，每件商品 200 元，共计 16 000 元，增值税率 16%，货款以银行存款支付，商品已到达已验收入库，按实际采购成本转账。请填制表 4-44。

2. 20×8 年 8 月 19 日，出售商品给华贸公司，其中甲商品 20 件，每件 380 元；乙商品 20 件，每件 450 元；增值税率 16%，货款尚未收到。每件甲商品成本为 300 元，每件乙商品成本为 400 元。请填制表 4-44、表 4-45、表 4-46。

表 4-44　记款凭证

年　　月　　日　　　　　　　　记字第　　号

摘　要	会计科目																		记账√
	总账科日	明细科日	十	万	千	百	十	元	角	分	十	万	千	百	十	元	角	分	
合　计																			

附单据　　张

财务主管：　　　记账：　　　出纳：　　　审核：　　　制单：

表 4-45　记款凭证

年　　月　　日　　　　　　　　记字第　　号

摘　要	会计科日																		记账√
	总账科日	明细科日	十	万	千	百	十	元	角	分	十	万	千	百	十	元	角	分	
合　计																			

附单据　　张

财务主管：　　　记账：　　　出纳：　　　审核：　　　制单：

表 4-46 记款凭证

年 月 日 记字第 号

摘要	会计科日																		记账✓
	总账科目	明细科目	十	万	千	百	十	元	角	分	十	万	千	百	十	元	角	分	
合计																			

附单据 张

财务主管： 记账： 出纳： 审核： 制单：

第五章　会计账簿

第一节　会计账簿概述

一、会计账簿的概念与作用

会计账簿是指以审核无误的会计凭证为依据，在具有专门格式的账页中全面、系统、连续地记录各项经济业务的簿籍。

作为账簿登记依据的会计凭证，仅能反映某项（或某类）经济业务的发生情况及该项（或该类）业务引起有关账户的增减变动金额，不能把某一时期的全部经济活动情况连续、全面、系统地反映出来。因此，只有通过账簿的登记，才能把分散在会计凭证上的经济业务发生及完成情况的核算资料，加以归类整理并相互联系地全面登记，从而提供全面、系统、连续的综合性核算指标。

设置和登记账簿是编制会计报表的基础，是连接会计凭证与会计报表的中间环节。设置和登记账簿是会计核算的一项重要内容，其作用主要包括：

（一）记载、储存会计信息

将会计凭证所记录的经济业务记入有关账簿，可以全面反映会计主体在一定时期内所发生的各项资金运动，储存所需要的各项会计信息。

（二）分类、汇总会计信息

账簿由不同的相互关联的账户所构成。通过账簿记录，一方面可以分门别类地反映各项会计信息，提供一定时期内经济活动的详细情况；另一方面可以通过发生额、余额的计算，提供各方面所需要的总括会计信息，反映财务状况、经营成果和现金流量状况。

（三）检查、校正会计信息

账簿记录是会计凭证信息的进一步整理，是会计分析、会计检查的重要依据。账簿中记录的财产物资的账面数与通过实地盘点所得的实存数进行核对，可以检查财产物资是否妥善保管、账实是否相符。

(四)编表、输出会计信息

为了反映一定日期的财务状况及一定时期的经营成果，应定期进行结账工作，进行有关账簿之间的核对，计算出本期发生额和余额，据以编制会计报表，向有关各方提供所需要的会计信息。

二、设置会计账簿的原则

各企业均应当按照会计核算的基本要求和会计规范的有关规定，结合本企业的经济业务特点和经营管理的需要，设置必要的账簿，并且认真做好记账工作。在进行账簿设置时，一般应当遵循以下原则：

(一)全面、连续、系统原则

账簿的设置要确保全面、连续、系统的核算和监督所发生的各项经济业务，为企业经营管理和编制会计报表提供完整、系统的会计信息和资料。

(二)节约性原则

设置账簿要在满足实际需要的前提下，考虑人力、物力的节约，力求避免重复设账。

(三)简明实用原则

在格式设计上，要从所核算的经济业务内容和需要提供的核算指标出发，力求简明实用，避免烦琐复杂，以提高会计工作效率。

三、会计账簿的种类

账簿的种类多种多样，为了更好地了解和正确地运用账簿，可以按照以下不同标准进行分类。

(一)按用途分类

账簿按用途不同分为序时账簿、分类账簿和备查账簿。

1. 序时账簿

序时账簿又称日记账，是按照经济业务发生时间的先后顺序，逐日逐笔进行登记的账簿。按其记录内容的不同又分为普通日记账和特种日记账。普通日记账是用来登记全部经济业务发生情况的账簿；特种日记账是用来登记某一类经济业务发生情况的账簿，如现金日记账和银行存款日记账。

设置日记账可以及时、系统、全面地反映企业所发生的经济业务事项以及资金的增减变动、结余情况，保护财产物资和资金的安全完整，以及便于对账、查账。

2. 分类账簿

分类账簿是按照会计要素的具体类别而设置的分类账户进行登记的账簿。账簿按其反映经济业务的详细程度，可分为总分类账簿和明细分类账簿。

总分类账簿，简称总账，是根据总分类账户开设的，提供总括核算资料。明细分类账簿，简称明细账，是根据明细分类账户开设的，提供明细核算资料。

总分类账对所属的明细分类账起统驭作用，明细分类账对总分类账进行补充和说明。

3. 备查账簿

备查账簿，又称辅助登记簿或补充登记簿，是指对某些在序时账簿和分类账簿中未能记载或记载不全的经济业务进行补充登记的账簿。它的记录与财务报表的编制没有直接关系，是一种表外账簿，是对其他账簿记录的一种补充，与其他账簿之间不存在严密的依存和勾稽关系。备查账簿根据企业的实际需要设置，不是根据会计凭证登记，也没有固定的格式要求。例如，租入固定资产登记簿、应收票据贴现备查簿、委托加工材料登记簿等。

(二)按账页的格式分类

会计账簿按账页格式不同，可以分为两栏式、三栏式、多栏式、数量金额式和横线登记式。

1. 两栏式账簿

两栏式账簿是指只有借方和贷方两个基本金额栏目的账簿。普通日记账和转账日记账一般采用两栏式。

2. 三栏式账簿

三栏式账簿是指设有借方、贷方和余额三个金额栏目的账簿。

各种日记账、总账以及资本、债权、债务明细账，都可以采用三栏式账簿。根据账簿摘要栏和借方金额栏之间是否设“对方科目”栏，又分为设对方科目和不设对方科目两种。其格式与总账的格式基本相同。

3. 多栏式账簿

多栏式账簿是指在账簿的两个金额栏目(借方和贷方)按需要分设若干专栏的账簿。这种账簿可按“借方”和“贷方”分设专栏，也可只设“借方”或“贷方”专栏，设多少栏则根据需要确定。

收入、成本、费用明细账一般均采用这种格式的账簿。

4. 数量金额式账簿

数量金额式账簿的借方、贷方和余额三个栏目内，都分设数量、单价、金额三小栏，借以反映财产物资的实物数量和价值量。原材料、库存商品、产成品等明细账一般采用数量金额式账簿。

(三)按外形特征分类

会计账簿按其外形特征不同,可以分为订本式账簿、活页式账簿和卡片式账簿。

1. 订本式账簿

订本式账簿简称订本账,是在启用前把具有一定格式的账页加以编号并订成固定本册的账簿。它可以避免账页的散失或被抽换,但不能根据需要增减账页。采用订本式账簿,同一本账簿在同一时间只能由一人登记,不便于记账人员分工记账。订本账主要适用于日记账(现金日记账、银行存款日记账)和总分类账。

2. 活页式账簿

活页式账簿,简称活页账,是把一定数量的零散账页装在账夹内,可以随时增加或减少部分账页的账簿。其优点是可以根据实际需要增减账页,使用灵活,便于同时分工记账;缺点是如果管理不善,容易造成账页散失或被抽换。活页账一般适用于明细分类账。

3. 卡片式账簿

卡片式账簿,简称卡片账,是将卡片式账页,存放在卡片箱内保管的账簿。它实际上是一种活页账。为了防止因经常抽取造成破损而采用硬卡片形式,可以跨年度使用。在我国,企业一般只对固定资产明细账常采用卡片账形式,也有少数企业在材料核算中使用材料卡片。

四、会计账簿的基本内容

由于企业经济业务各不相同,会计账簿的种类及格式也多种多样,但各类账簿都应该具备以下基本内容:

(一)封面

封面上主要标明账簿的名称。账簿名称如"总分类账"、"现金日记账"、"原材料明细账"等。封面和封底主要起保护账页的作用。

(二)扉页

扉页上主要载明账簿启用登记和经管人员一览表及账户目录。账簿启用和经管人员一览表应填明单位名称、账簿名称、启用日期、起止页数、会计主管人员、记账人员、移交人员和移交日期、接管人员和接管日期等。

(三)账页

账页是账簿的主要内容,是账簿用来记录经济业务的主要载体,包括账户的名称、日期栏、凭证种类和编号栏、摘要栏、金额栏以及总页次和分户页次等基本内容。

第二节 日记账

一、日记账的种类

日记账(序时账簿)是按照经济业务发生或完成时间的先后顺序逐笔进行登记的账簿。按其核算和监督的经济业务的内容不同,可分为普通日记账和特种日记账。

为了加强对货币资金的管理,各单位一般应设置现金日记账与银行存款日记账,以逐日反映库存现金和银行存款的收入、支出和结存情况。

二、日记账的格式与登记方法

(一)普通日记账

普通日记账是对全部经济业务按其发生时间的先后顺序逐日、逐笔登记的账簿。普通日记账也称分录簿,它由会计人员按照每天发生的经济业务的先后顺序,确定应借应贷的会计科目,编制会计分录,逐笔记入普通日记账的相应栏目,作为记入分类账的依据。其格式和内容如表 5-1 所示。

表 5-1 普通日记账 第 页

年		凭证		摘 要	会计科目	金额		账页	过账符号
月	日	字	号			借方	贷方		

普通日记账的功能和作用只是把反映繁杂经济业务的每一张记账凭证的内容集中在一起,可以全面了解一个时期企业经济业务的全貌。但普通日记账不便于分工记录,也不能把各种经济业务进行分类反映,且根据普通日记账逐笔登记总账的工作量很大。所以,许多单位并不设置这种普通日记账,而是直接根据记账凭证登记分类账,以减少重复工作。

实务中,少有单位设置普通日记账,应用较为广泛的是特种日记账。

(二)库存现金日记账

库存现金日记账是用来核算和监督库存现金日常的收、付及结存情况的特种日记账。它由出纳人员根据现金收款凭证、现金付款凭证和银行存款付款凭证，按经济业务发生时间的先后顺序，逐日逐笔进行登记。

1. 现金日记账的格式

现金日记账格式主要为三栏式，必须使用订本账。

2. 现金日记账的登记方法

现金日记账由出纳人员根据与现金收付有关的记账凭证，按时间顺序逐日逐笔进行登记。

三栏式现金日记账格式如表 5-2 所示。

表 5-2 库存现金日记账

年		凭证		对方科目	摘要	收入	支出	结余
月	日	字	号					

现金日记账登记方法如下：

(1)日期栏：登记记账凭证的日期，应与现金实际收付日期一致。

(2)凭证栏：登记据以记账的收付款凭证的种类和编号。

(3)对方科目栏：登记现金收入的来源科目或现金支出的用途科目。

(4)摘要栏：说明登记入账的经济业务内容。

(5)“收入”或“支出”栏：填写现金实际收付的金额。每日终了，应分别计算当日现金收入和现金支出的合计数，并结出余额。每日账面余额应与库存现金实存数核对，以检查现金收付是否有误。如账款不符应查明原因，记录备案。每月终了，应根据每日合计分别计算当月现金收入和现金支出的合计数，并结出余额。

(三)银行存款日记账

银行存款日记账是用来核算和监督银行存款每日收入、支出和结存情况的特种日记账。通常由出纳人员根据银行存款收款凭证、银行存款付款凭证和现金付款凭证按经济业务发生时间的先后顺序，逐日逐笔进行登记的序时账簿。银行存款日记账应按照单位在银行开立的账户和币种分别设置，每个银行账户设置一本日记账。

1. 银行存款日记账的格式

与现金日记账一样，银行存款日记账也应采用订本式，账页格式与现金日记账基本相同。由于银行存款的结算是通过特定凭证进行的，因此银行日记账增设“结算方式——类、号码”栏，分别注明结算凭证的种类及编号。

2. 银行存款日记账的登记

单位进行银行存款业务收付时，经常需向银行填制相应的票据(如支票等)，为方便日后核查款项收付数额是否正确，在银行存款日记账的“结算方式”栏内，应填入相应的票据号码。其余栏次的填写，与现金日记账各栏次的填写相同。

第三节　分类账

一、总分类账的格式与登记方法

(一)总分类账的格式

为全面、系统、综合地反映经济活动和财务收支情况，并为编制财务报表提供资料，各单位应设置总分类账。总分类账简称总账，是指按照总分类账户分类登记以提供总括会计信息的账簿。总分类账最常用的格式为三栏式的订本账，设有借方、贷方和余额三个金额栏目。

总账一般只进行货币量度的核算，其格式如表 5-3 所示。

表 5-3　总分类账

会计科目：　　　　　　　　　　　　　　　　　　　　　　　　　　第　页

年		凭证		摘　要	对应科目	借方	贷方	借或贷	余额
月	日	字	号						

总分类账中的对方科目栏，可以设置也可以不设置。“借或贷”栏是指账户的余额是在借方还是在贷方。

(二)总分类账的登记方法

总分类账登记的依据和方法，主要取决于所采用的账务处理程序。经济业务少的小型单位的总分类账可以直接根据记账凭证逐笔登记；经济业务多的大中型单位的总分类账可以根据记账凭证汇总表(又称科目汇总表)或汇总记账凭证等定期登记。账务处理程序具体内容详见第六章“账务处理程序”。

二、明细分类账的格式与登记方法

明细分类账简称明细账，是根据有关明细分类账户设置并登记的账簿。它能提供交易或事项比较详细、具体的核算资料，以弥补总账所提供核算资料的不足。因此，各企业单位在设置总账的同时，还应设置必要的明细账。明细分类账一般采用活页式账簿、卡片式账簿。

(一)明细分类账的格式

根据各种明细分类账所记录经济业务的特点，明细分类账的常用格式主要有以下四种：

1. 三栏式

三栏式明细分类账是设有借方、贷方和余额三个栏目，用以分类核算各项经济业务，提供详细核算资料的账簿。其适用于只进行金额核算，而不需要数量核算的债权、债务结算账户，如“应收账款”、“应付账款”、“预付账款”等账户。其账页格式及内容如表5-4所示。

表 5-4　应收账款明细账

购货单位名称：　　　　第　页

年		凭证		摘　要	对应科目	借方	贷方	借或贷	余额
月	日	字	号						

2. 多栏式

多栏式明细分类账将属于同一个总账科目的各个明细科目合并在一张账页上进行登记，即在这种格式账页的借方或贷方金额栏内按照明细项目设若干专栏。这种格式适用于收入、成本、费用类科目的明细核算，如“生产成本”、“管理费用”、“主营业务收入”等账户。根据需要，可以在借方分设多栏，也可以在贷方分设多栏，其格式如表5-5、表5-6所示。

表 5-5　生产成本明细账

品种及规格：　　计量单位：　　第　页

年		凭证		摘要	借方				贷方	余额
月	日	字	号		直接材料	直接人工	制造费用	合计		

表 5-6　主营业务收入明细账

年		凭证		摘　要	借方	贷　方				余额
月	日	字	号			A 产品	B 产品	…	合计	

3. 数量金额式

数量金额式明细账的格式是在借方、贷方和余额三大栏内各设数量、单价、金额等几个小栏目。适用于既要进行金额核算，又要进行数量核算的账户，如“原材料”、“库存商品”等账户的明细核算。其账页格式及内容如表 5-7 所示。

表 5-7　原材料明细分类账

类别：　　计量单位：

仓库：　　最高储量：

最低储量：　　储备定额：

品名、规格：　　计划单价：　　第　页

年		凭证		摘要	收入			发出			结存		
月	日	字	号		数量	单价	金额	数量	单价	金额	数量	单价	金额

(二)明细分类账的登记方法

不同类型经济业务的明细分类账，可根据管理需要，依据记账凭证、原始凭证或汇总原始凭证逐日逐笔或定期汇总登记。固定资产、债权、债务等明细账应逐日逐笔登记；库存商品、原材料、产成品收发明细账以及收入、费用等明细账可以逐笔登记，也可定期汇总登记。

明细分类账的登记通常有三种方法：一是根据原始凭证直接登记明细分类账；二是根据汇总原始凭证登记明细分类账；三是根据记账凭证登记明细分类账。

三、总账与明细账的关系

账户按其提供信息的详细程度及统驭关系不同，可以分为总分类账户（简称总账）和明细分类账户（简称明细账）。总分类账户与明细分类账户的关系可以概括为：

1. 总分类账户对明细分类账户具有统驭控制作用

总分类账户提供的总括核算资料是对有关明细分类账户资料的综合；明细分类账户所提供的明细核算资料是对其总分类账户资料的具体化。

2. 明细分类账户对总分类账户具有补充说明作用

总分类账户是对会计要素各项目增减变化的总括反映，只提供货币信息资料；明细分类账户是对会计要素各项目增减变化的详细反映，对某一具体方面提供货币、实物量信息资料。

3. 总分类账户与其所属明细分类账户在总金额上应当相等

由于总分类账户与其明细分类账户是根据相同的依据进行平行登记，所反映的经济内容是相同的，其总金额必然相等。

四、总分类账户与所属明细分类账户的平行登记

总分类账户与明细分类账户的密切关系，决定了总分类账户与其所属的明细分类账户应该进行平行登记。所谓平行登记，是指对所发生的每项交易或事项都要以会计凭证为依据，一方面记入有关总分类账户，另一方面记入有关总分类账户所属明细分类账户的方法。总分类账户与明细分类账户平行登记的要点如下：

1. 方向相同

对所发生的经济业务登记总分类账户及其所属的明细分类账户时，记账的借贷方向应当一致。如果记入总分类账户的借方（或贷方），记入其所属的明细分类账户时，也应记入借方（或贷方）。

2. 期间一致

对每项经济业务，既要记入有关的总分类账户，又要在同一会计期间内记入其所属的明细分类账户。尽管登记总账与明细账的具体日期不一定相同，但都要在同一会计期间内进行登记。

3. 金额相等

对发生的每项经济业务，记入总分类账户的金额与记入其所属的明细分类账户的合计金额相等。

下面举例说明总分类账户和明细分类账户平行登记的方法。

【例 5-1】2018 年 1 月 1 日，东方公司“原材料”和“应付账款”总分类账户及其所属的明细分类账户的余额如下：

(1)“原材料”总账账户为借方余额 35 000 元，其所属明细账户结存情况为：

①“甲材料”明细账户，结存 2 000 千克，单位成本为 10 元，金额计 20 000 元；

②“乙材料”明细账户，结存 50 吨，单位成本为 300 元，金额计 15 000 元。

(2)“应付账款”总账账户为贷方余额 10 000 元，其所属明细账户余额为：

①“A 公司”明细账户，贷方余额 6 000 元；

②“B 公司”明细账户，贷方余额 4 000 元。

2018 年 1 月份，企业发生的有关交易或事项及其会计处理如下：

(1)1 月 9 日，向 A 公司购入甲材料 500 千克，单价 10 元，计 5 000 元；向 B 公司购入乙材料 100 吨，单价 300 元，计 30 000 元，甲、乙材料已验收入库，货款均尚未支付。(暂不考虑增值税)

对发生的该交易或事项，企业应编制会计分录如下：

借：原材料——甲材料　　5 000
　　　　——乙材料　　30 000
　贷：应付账款——A 公司　　5 000
　　　　　　——B 公司　　30 000

(2)1 月 12 日，向 A 公司购入甲材料 400 千克，单价 10 元，计 4 000 元；乙材料 50 吨，单价 300 元，计 15 000 元，材料均已验收入库，货款尚未支付。(暂不考虑增值税)

对发生的该交易或事项，企业应编制会计分录如下：

借：原材料——甲材料　　4 000
　　　　——乙材料　　15 000
　贷：应付账款——A 公司　　19 000

(3)1 月 20 日，以银行存款偿付前欠 A 公司的货款 20 000 元，B 公司货款 30 000 元。

对发生的该交易或事项，企业应编制会计分录如下：

借：应付账款——A 公司　　20 000
　　　　　——B 公司　　30 000
　贷：银行存款　　50 000

(4)1 月 26 日，生产车间为生产产品从仓库领用甲材料 1 000 千克，金额为 10 000 元；领用乙材料 100 吨，金额为 30 000 元。

对发生的该交易或事项，企业应编制会计分录如下：

借：生产成本　　40 000
　贷：原材料——甲材料　　10 000
　　　　　——乙材料　　30 000

根据平行登记的要求，将上述交易或事项在“原材料”和“应付账款”总账账户及其所属的明细账户中进行登记。平行登记结果如表 5-8、表 5-9、表 5-10、表 5-11、表 5-12 和表 5-13 所示。

表 5-8 总账账户

账户名称：原材料 第 页

2018 年		凭证号数	摘要	借方	贷方	借或贷	余额
月	日						
1	1		期初余额			借	35 000
1	9	(1)	购入材料	35 000		借	70 000
1	12	(2)	购入材料	19 000		借	89 000
1	26	(4)	领用材料		40 000	借	49 000

表 5-9 总账账户

账户名称：应付账款 第 页

2018 年		凭证号数	摘要	借方	贷方	借或贷	余额
月	日						
1	1		期初余额			贷	10 000
1	9	(1)	购料欠款		35 000	贷	45 000
1	12	(2)	购料欠款		19 000	贷	64 000
1	20	(3)	偿还欠款	50 000		贷	14 000

表 5-10 原材料明细分类账

明细账户：甲材料 计量单位：千克 金额：元

2018 年		凭证号数	摘要	收入			发出			结存		
月	日			数量	单价	金额	数量	单价	金额	数量	单价	金额
1	1		期初余额							2000	10	20000
1	9	(1)	购入材料	500	10	5000				2500	10	25000
1	12	(2)	购入材料	400	10	4 000				2900	10	29000
1	26	(4)	生产领料				1000	10	10000	1900	10	19000
			本月合计	900		9 000	1000		10000	1900	10	19000

表 5-11　原材料明细分类账

明细账户：乙材料　　　　计量单位：吨　　　　金额：元

2018 年		凭证号数	摘要	收　入			发　出			结存		
月	日			数量	单价	金额	数量	单价	金额	数量	单价	金额
1	1		期初结存							50	300	15000
1	9	(1)	购入材料	100	300	30000				150	300	45000
1	12	(2)	购入材料	50	300	15000				200	300	60000
1	26	(4)	生产领料				100	300	30000	100	300	30000
			本月合计	150		45000	100		30000	100	300	30000

表 5-12　应付账款明细账

明细账户：A 公司　　　　单位：元

2018 年		凭证号数	摘要	借方	贷方	借或贷	余额
月	日						
1	1		期初余额			贷	6 000
1	9	(1)	购料欠款		5 000	贷	11 000
1	12	(2)	购料欠款		19 000	贷	30 000
1	20	(3)	偿还欠款	20 000		贷	10 000

表 5-13　应付账款明细账

明细账户：B 公司　　　　单位：元

2018 年		凭证号数	摘要	借方	贷方	借或贷	余额
月	日						
1	1		期初余额			贷	4 000
1	9	(1)	购料欠款		30 000	贷	34 000
1	20	(3)	偿还欠款	30 000		贷	4 000

总分类账户与其所属明细分类账户之间平行登记的结果是：总分类账户与其所属明细分类账户之间必然形成相互核对的关系，可用公式表示如下：

总分类账户期初借(或贷)方余额＝所属明细分类账户期初借(或贷)方余额之和

总分类账户本期借(或贷)方发生额＝所属明细分类账户本期借(或贷)方发生额之和

总分类账户期末借(或贷)方余额＝所属明细分类账户期末借(或贷)方余额之和

第四节　登记账簿的规则

一、账簿启用规则

会计账簿是企业重要的会计档案。为了保证账簿记录的严肃性、合法性、合理性，保证账簿资料的完整性，防止舞弊行为，明确记账责任，会计人员启用新会计账簿时，应该在账簿的扉页上填制账簿启用表和经管账簿人员一览表(活页账、卡片账在装订成册时填列)。填写的内容包括：启用日期、账簿页数、记账人员和会计机构负责人、会计主管人员姓名、单位公章。如果记账人员更换，应在主管会计监督下办理交接手续，并在表内(表 5-14 所示)注明交接日期。移交人和接管人双方都应当签章，以明确责任。

表 5-14　账簿启用及交接表

<table>
<tr><td colspan="2">单位名称</td><td colspan="6"></td><td colspan="6">印　鉴</td></tr>
<tr><td colspan="2">账簿名称</td><td colspan="6">(第　册)</td><td colspan="6" rowspan="4"></td></tr>
<tr><td colspan="2">账簿编号</td><td colspan="6"></td></tr>
<tr><td colspan="2">账簿页数</td><td colspan="6">本账簿共计　　页(本账簿页数
检点人盖章)</td></tr>
<tr><td colspan="2">启用日期</td><td colspan="6">公元　　年　　月　　日</td></tr>
<tr><td rowspan="3">经管人员</td><td colspan="2">负责人</td><td colspan="2">主办会计</td><td colspan="4">复　核</td><td colspan="5">记　账</td></tr>
<tr><td>姓名</td><td>盖章</td><td>姓名</td><td>盖章</td><td colspan="3">姓名</td><td>盖章</td><td colspan="3">姓名</td><td colspan="2">盖章</td></tr>
<tr><td></td><td></td><td></td><td></td><td colspan="3"></td><td></td><td colspan="3"></td><td colspan="2"></td></tr>
<tr><td rowspan="6">接交记录</td><td colspan="4">经管人员</td><td colspan="4">接管</td><td colspan="5">交出</td></tr>
<tr><td colspan="2">职别</td><td colspan="2">姓名</td><td>年</td><td>月</td><td>日</td><td>年</td><td>月</td><td>日</td><td>盖章</td><td></td><td></td></tr>
<tr><td colspan="2"></td><td colspan="2"></td><td></td><td></td><td></td><td></td><td></td><td></td><td></td><td></td><td></td></tr>
<tr><td colspan="2"></td><td colspan="2"></td><td></td><td></td><td></td><td></td><td></td><td></td><td></td><td></td><td></td></tr>
<tr><td colspan="2"></td><td colspan="2"></td><td></td><td></td><td></td><td></td><td></td><td></td><td></td><td></td><td></td></tr>
<tr><td colspan="2"></td><td colspan="2"></td><td></td><td></td><td></td><td></td><td></td><td></td><td></td><td></td><td></td></tr>
<tr><td>备注</td><td colspan="13"></td></tr>
</table>

表 5-15 账户目录

账户名称	页号	账户名称	页号	账户名称	页号	账户名称	页号

启用订本式账簿，应当从第一页到最后一页顺序编写页数，不得跳页、缺号。订本式账簿不得随意撕毁。使用活页式账簿，应当按账户顺序编号，并须定期装订成册，装订后再按实际使用的账页顺序编定页码，另加目录，记明每个账户的名称和页次。活页式账簿不得随意抽换账页。

二、登记账簿规则

为了保证账簿记录的正确性，必须按照规定的方法，依据审核无误的会计凭证登记会计账簿。登记会计账簿，通常应遵循以下要求：

(一)准确完整

登记账簿时，应当根据审核无误的记账凭证，将会计凭证日期、编号、业务内容摘要、金额和其他有关资料逐笔记入账内，做到数字准确、摘要清楚、登记及时、字迹工整。

(二)注明记账符号

账簿登记完毕后，记账人员应在记账凭证上注明账簿页数或打“√”符号，并在记账凭证上签名或盖章，表示已经记账，防止漏记和重记，便于核对。

(三)书写留空

账簿书写的文字和数字在上面留有适当空格，不要写满格，一般应占格距的 1/2。

(四)正常记账使用蓝黑墨水

为了保持账簿记录的持久性，防止涂改，登记账簿必须使用蓝黑墨水或者碳素墨水书写，不得使用圆珠笔(银行的复写账簿除外)或者铅笔书写。

(五)特殊记账使用红墨水

下列情况，可以用红色墨水记账：

1. 按照红字冲账的记账凭证，冲销错误记录；
2. 在不设借贷等栏的多栏式账页中，登记减少数；
3. 在三栏式账户的余额栏前，如未印明余额方向的，在余额栏内登记负数余额；
4. 根据国家统一会计制度的规定可以用红字登记的其他会计记录。

(六)顺序连续登记

在登记各种账簿时,应按页次顺序连续登记,不得跳行、隔页。如果发生跳行、隔页,应当将空行、空页用红色墨水对角线划线注销,或者注明“此行空白”、“此页空白”字样,并由记账人员和会计机构负责人(会计主管人员)签名或者盖章。

(七)结出余额

凡需要结余出余额的账户,结出余额后,应当在“借或贷”等栏内写明“借”或者“贷”字样。没有余额的账户,应当在“借或贷”等内写“平”字,并在余额栏内用“θ”表示。现金日记账和银行存款日记账必须逐日结出余额。

(八)过次承前

每一账页登记完毕结转下页时,应当结出本页合计数及余额,写在本页最后一行和下页第一行有关栏内,并在摘要栏内注明“过次页”和“承前页”字样;也可以将本页合计数及余额只写在下页第一行有关栏内,并在摘要内注明“承前页”字样。

对需要结算本月发生额的账户,结算“过次页”的本页合计数应当为自本月初起至本页末止的发生额合计数;对需要结计本年累计发生额的账户,结计“过次页”的本页合计数应当为自年初起至本页末止的累计数;对既不需要结本月发生额也不需要结算本年累计发生额的账户,可以只将每页末的余额结转次页。

(九)不得涂改、刮擦、挖补

如果发现账簿记录错误,不得刮擦、挖补或者用褪色药水更改字迹,而应采用规定的方法更正。更正错账的方法有划线更正法、红字更正法和补充登记法。

第五节　错账查找与更正的方法

错账,是指所有账务处理系统中出现的错误。在日常工作中,记账是我们会计人员的主要任务之一,需要非常细心和仔细。但是,在工作中由于各种原因,难免还是会出现个别的错误,可能会发生各种各样的差错。产生差错的原因可能是重记、漏记、数字颠倒、数字错位、数字记错、科目记错、借贷方向记反,从而影响会计信息的正确性,如发现差错,会计人员应及时查找并予以更正。

一、错账原因及类型

(一)记账凭证错误

这种类别的错误往往是在填写记账凭证时把凭证中应借、应贷的账户或金额写错,从而导致账簿记录发生错误。

(二)记账错误

这种类型的错误一般是原记账凭证记录正确,只是在将其过入账簿记录时发生了差错,或记错了账户,或记错了金额,或是记反了方向,或是结错了账户等。

(三)记账凭证和账簿记录均有错误

这种类型的错误是指填制凭证时就已经发生了,或是填错了金额,或是填错了应借、应贷账户的问题。而在登记账簿时,不仅没能发现这些问题,而且在记账中又产生了新的或记错了账户,或是记错了金额等方面的问题。

二、错账查找

错账查找的方法主要有:

(一)差数法

差数法是指按照错账的差数查找错账的方法。在记账过程中只登记了会计分录的借方或贷方,漏记了另一方,从而形成试算平衡中借方合计与贷方合计不等。如借方金额遗漏,会使该金额在贷方超出;贷方金额遗漏,会使该金额在借方超出。对于这样的差错,可由会计人员通过回忆和与相关金额的记账核对来查找。

(二)尾数法

尾数法是指对于发生的差错只查找末位数,以提高查错效率的方法。这种方法适合于借贷方金额其他位数都一致,而只有末位数出现差错的情况。

(三)除 2 法

除 2 法是指以差数除以 2 来查找错账的方法。当某个借方金额错记入贷方(或相反)时,出现错账的差数表现为错误的 2 倍,将此差数用 2 去除,得出的商即是反向的金额。例如,应计入“固定资产”科目借方的 5 000 元误计入贷方,则该科目的期末余额将小于总分类科目期末余额 10 000 元,被 2 除的商 5 000 元即为借贷方向反向的金额。同理,如果借方总额大于贷方 800 元,即应查找有无 400 元的贷方金额误计入借方。

(四)除 9 法

除 9 法是指以差数除以 9 来查找错账的方法,适用于以下三种情况:

(1)将数字写小。例如将 500 写成 50,错误数字小于正确数字 9 倍。查找的方法是:以差数除以 9 得出的商即为写错的数字,商乘以 10 即为正确的数字。上例差数 450(即 500—50)除以 9,商 50 即为错数,扩大 10 倍后即可得出正确的数字 500。

(2)将数字写大。例如将 30 写成 300,错误数字大于正确数字 9 倍。查找的方法是:以差数除以 9 得出的商为正确的数字,商乘以 10 后所得的即为错误数字。上例差数 270(即 300—30)除以 9 以后,所得的商 30 为正确数字,30 乘以 10(即 300)为错误数字。

(3)邻数颠倒。查找方法:将差数除以9,得出的商连续加11,直到找出颠倒的数字为止。

三、错账更正方法

在记账过程中,可能由于种种原因会使账簿记录发生错误。对于发生的错误,不准涂改、挖补、刮擦或者用药水消除字迹,不准重新抄写,而必须根据错误的情况和性质,采用规范的方法予以更正。错账的更正方法一般有划线更正法、红字更正法和补充登记法三种。

(一)划线更正法

在结账前,如果发现账簿中有文字或数字错误,但是记账凭证填制正确,在这种情况下可采用划线更正法进行更正。

更正时,先在错误的文字或数字上划一条红色横线,表示注销,然后将正确的文字或数字用蓝字或黑字写在被注销的文字或数字上方,并由记账人员在更正处盖章,以明确责任。

注意:错误数字应全部划销,不是只划销写错的个别数码;错误文字,可只划去错误部分。划线注销的文字或数字应保持其原有字迹仍可辨认,以便备查。如记账凭证中的文字或数字发生错误,在尚未记账前,也可用划线更正法更正。

【例5-2】会计人员张某根据审核无误的记账凭证记账,在过账时误将1 670元记成1 760元。

更正方法为:把账簿上的“1 760.00”全部用红线划去,其上方写上“1 670.00”,并在更正处盖章,明确张某的责任。

(二)红字更正法

红字更正法也叫红字冲销法或红字订正法,适用于两种情况:

1. 当年发现记账凭证中应借、应贷会计科目有误,并已根据错误的记账凭证记账

更正方法:红字填制一张与原错误记账内容完全相同的记账凭证,在摘要栏注明“冲销×月×日×号错账”,并据以红字登记入账;然后用蓝字填制一张正确的记账凭证,在摘要栏内写明“补记×月×日×号账”,并据以用蓝字登记入账。

【例5-3】A公司用库存现金购买办公用品,支付价款1 670元。会计人员根据审核后的原始凭证编制记账凭证,并已据其入账。其中会计分录如下:

借:管理费用　　1 670

　贷:银行存款　　1 670

本例中,会计分录编制有误,贷方科目应为“库存现金”而不是“银行存款”。

红字冲销：红字填制一张与原错误记账内容完全相同的记账凭证，在摘要栏注明“冲销×月×日×号错账”，并登记入账。

借：管理费用　　1 670

　贷：银行存款　　1 670

蓝字补记：用蓝字填制一张正确的记账凭证，在摘要栏内写明“补记×月×日×号账”，并登记入账。

借：管理费用　　1 670

　贷：库存现金　　1 670

2. 记账后，发现记账凭证与账簿中所记金额大于应记金额，而应借、应贷会计科目无误。此类错误，也可采用红字更正法。

更正方法：用红字填制一张与原记账凭证应借、应贷会计科目完全相同的记账凭证，在摘要中注明“冲销×月×日×号记账凭证多记金额”，并据以登记入账，以冲销多记的金额。

【例 5-4】 接上例，假设在填制记账凭证时应借、应贷会计科目无误，只是将金额 1 670 元写成了 1 760 元，并且已登记入账，错误记账凭证的分录为：

借：管理费用　　1 760

　贷：库存现金　　1 760

即分录金额多记 90 元(1 760－1 670)。

更正方法为用红字冲销，用红字填制一张与原记账凭证应借、应贷会计科目完全相同的记账凭证，金额为 90 元，在摘要中注明“冲销×月×日×号记账凭证多记金额”，并据以用红字登记入账。

借：管理费用　　90

　贷：库存现金　　90

(三)补充登记法

补充登记法又称补充更正法。在记账之后，如果发现记账凭证中应借、应贷会计科目并无错误，只是所记金额小于应记金额时，可采用此法进行更正。

具体更正方法是：用蓝字编制一张与原记账凭证应借、应贷会计科目完全相同，金额为原少记金额的记账凭证，在摘要中注明“补记×月×日×号记账凭证少记金额”，并据以用蓝字登记入账，以补充登记少记金额。

【例 5-5】 某工厂 A 车间领用甲原材料 2 000 元，用于生产产品，会计人员编制记账凭证如下，并已登记入账。

借：生产成本　　200

　贷：原材料——甲材料　　200

发现错误后，应及时将少记的 1 800 元，用蓝字或黑字填制一张记账凭证并登记入账，补充少记金额。

借：生产成本　　1 800

　贷：原材料——甲材料　　1 800

为了便于和银行对账，如果发生银行存款所记金额大于或小于应记金额时，应采用红字更正法将原记金额全部冲销，再用蓝字登记正确的金额。

错账更正的三种方法中红字更正法和补充登记法都是用来更正因记账凭证错误而产生的记账错误，如果是非记账凭证的差错而产生的记账错误，只能用划线更正法更正。

以上三种方法对当年内发现填写记账凭证或登记账簿错误而采用的更正方法，如果发现以前年度记账凭证中有错误（指会计科目和金额）并导致账簿登记出现差错，应采用蓝字填制一张更正的记账凭证。因错误的账簿记录已经在以前会计年度终了进行结账或决算，不可能将已经决算的数字进行红字冲销，只能用蓝字凭证对除文字外的一切错误进行更正，并在更正凭证上特别注明"更正××年度错账"的字样。

第六节　对账和结账

企业的经济活动是连续不断的，为了总结某一会计期间的经济活动的情况，考核财务成果，必须使各种账簿的记录保持完整和正确，以便编制会计报表。因此，必须定期进行结账和对账工作。

一、对账

（一）对账的概念

对账就是核对账目，是对账簿记录所进行的核对工作。对账工作是为了保证账证相符、账账相符、账实相符的一项检查性工作，其目的是确保账簿记录的真实性、完整性和准确性，为编制会计报表提供真实、可靠的会计资料。

对账工作在月末进行，即在记账之后、结账之前进行。但对于重要的数字或集中核对工作量较大的业务，也可以在平时经常进行核对。

（二）对账的内容

对账工作的内容一般包括以下三个方面：

1. 账证核对

账证核对，是指核对各种账簿记录与其有关会计凭证的内容是否相符。账簿是根据经过审核之后的会计凭证登记的,但实际工作中仍有可能发生账证不符的情况。记账后,应将账簿记录与会计凭证核对,核对账簿记录与原始凭证、记账凭证的时间、凭证字号、内容、金额等是否一致,记账方向是否相符,做到账证相符。

会计期末,如果发现账证不符,也可以再将账簿记录与有关会计凭证进行核对,以保证账证相符。

2. 账账核对

账账核对的内容主要包括:

(1)总分类账簿之间的核对。按照“资产＝负债＋所有者权益”这一会计等式和“有借必有贷、借贷必相等”的记账规则,总分类账簿各账户的期初余额、本期发生额和期末余额之间存在对应的平衡关系,各账户的期末借方余额合计和贷方余额合计也存在平衡关系。通过这种等式和平衡关系,可以检查总账记录是否正确、完整。

(2)总分类账簿与所属明细分类账簿之间的核对。总分类账各账户的期末余额应与其所属各明细分类账的期末余额之和核对相符。

(3)总分类账簿与序时账簿之间的核对。主要是指库存现金总账和银行存款总账的期末余额,与库存现金日记账和银行存款日记账的期末余额之间的核对。

(4)明细分类账簿之间的核对。例如,会计机构有关实物资产的明细账与财产物资保管部门或使用部门的明细账定期核对,以检查余额是否相符。核对方法一般是由财产物资保管部门或使用部门定期编制收发结存汇总表报会计机构核对。

3. 账实核对

账实核对是指将账簿记录与各种财产物资、货币资金、债权债务等的实有数额之间进行相互核对,以确保账实相符。账实核对的具体内容包括:

(1)现金日记账账面余额与现金实际库存数相核对。

(2)银行存款日记账账面余额与开户银行对账单余额相核对,并编制银行存款余额调节表。

(3)各种材料、物质明细分类账账面余额与各种材料、物质实存数量相核对,检查是否一致,做到账实相符。

(4)各种应收、应付明细分类账账面余额与有关债权、债务单位或个人的账目相核对。

二、结账

结账是指在期末(如月末、季末或年末),在将本期发生的经济业务全部入账的基础上,计算各账户本期发生额合计和期末余额。通过结账,可分期对企业发生的经济活动进行总结,为编制财务报表提供资料。

(一)结账的程序

1.将本期发生的全部经济业务事项全部入账并保证其正确性。如果发现遗漏或错账,应及时补记或采用规定的方法进行更正。

2.按照权责发生制原则,结合财产清查结果,编制有关期末账项调整的记账凭证并据以入账。

3.将各类损益账户余额转入“本年利润”账户,结平所有损益类账户。

4.计算所得税并结转,结转“本年利润”和“利润分配”账户。

5.结出所有账户本期发生额和余额,并转入下期。

(二)结账的方法

1. 对不需按月结计本期发生额的账户,如各项应收、应付款明细账和各项财产物资明细账等,每次记账以后,都要随时结出余额,每月最后一笔余额是月末余额。月末结账时,只需要在最后一笔经济业务记录下面通栏划单红线,不需要再次结计余额。

2. 库存现金、银行存款日记账和需要按月结计发生额的收入、费用等明细账,每月结账时,要在最后一笔经济业务记录下面通栏划单红线,结出本月发生额和余额,在摘要栏内注明“本月合计”字样,并在下面通栏划单红线。

3. 对于需要结计本年累计发生额的明细账户,每月结账时,应在“本月合计”行下结出自年初起至本月末止的累计发生额,登记在月份发生额下面,在摘要栏内注明“本年累计”字样,并在下面通栏画单红线。12月末的“本年累计”就是全年累计发生额,全年累计发生额下面通栏划双红线。

4. 总账账户平时只需结出月末余额。年终结账时,为总括反映全年各项资金运动情况的全貌,核对账目,要将所有总账账户结出全年发生额和年末余额,在摘要栏内注明“本年合计”字样,并在合计数下面通栏画双红线。

5. 年度终了结账时,有余额的账户,应将其余额结转下年,并在摘要栏注明“结转下年”字样;在下一会计年度新建有关账户的第一行余额栏内填写上年结转的余额,并在摘要栏注明“上年结转”字样,使年末有余额账户的余额如实地在账户中加以反映,以免混淆有余额的账户和无余额的账户。

第七节　会计账簿的更换与保管

一、会计账簿的更换

为保持会计账簿资料的连续性,单位应按会计制度规定,于每个会计年度末,新会计年度开始时更换账簿、建立新账。总账、日记账和多数明细账应每年更换一次，部分明细账因年度内变动不多，新年度可不必更换账簿。此外，备查账簿可以连续使用。

二、会计账簿的保管

年度终了，各种账户在结转下年、建立新账后，一般都要把旧账送交总账会计集中统一管理。会计账簿暂由本单位财务会计部门保管一年，期满之后，由本单位财务会计部门编造清册移交本单位的档案部门保管。

各种账簿应当按年度分类归档，编造目录，妥善保管，既保证能迅速查阅，又保证各种账簿的安全和完整。保管期满后，经鉴定，仍需继续保存的，应当重新划定保管期限；对保管期满，确无保存价值的，按规定的审批程序经批准后才能销毁。

一、单选题

1. 账簿按(　　)分为序时账、分类账和备查账。

A. 用途　　B. 经济内容
C. 外表形式　　D. 会计要素

2. (　　)是对全部经济业务事项按照会计要素的具体类别而设置的分类账户进行登记的账簿。

A. 序时账簿　　B. 分类账簿　　C. 备查账簿　　D. 订本式账簿

3. (　　)是按照总分类账户分类登记经济业务事项的账簿。

A. 总分类账簿　　B. 明细分类账簿
C. 备查账簿　　D. 普通日记账

4. 下列不适于建立备查账的是(　　)。

A. 租入的固定资产　　B. 应收票据
C. 受托加工材料　　D. 购入的固定资产

5. 关于三栏式账簿，错误的是(　　)。

A. 三栏式账簿是设有借方、贷方和余额三个基本栏目的账簿
B. 各种收入、费用类明细账都采用三栏式账簿
C. 三栏式账簿又分为设对方科目和不设对方科目两种
D. 设有“对方科目”栏的，称为设对方科目的三栏式账簿

6. 下列账簿中，通常采用多栏式账页格式的有（　　）。

A. 转账日记账　　　　　　　　B. 原材料明细账

C. 总分类账　　　　　　　　　D. 主营业务收入明细账

7. 关于账簿形式的选择，错误的是（　　）。

A. 企业一般只对库存现金明细账的核算采用活页账形式

B. 银行存款日记账应使用订本账形式

C. 各种明细分类账一般采用活页账形式

D. 总分类账一般使用订本账形式

8. 关于平行登记的要点，下列说法不正确的是（　　）。

A. 同时登记，在登记总分类账的同时，必须要同时登记明细分类账

B. 方向相同，在总分类科目和明细科目中登记时，登记在同一方向

C. 期间一致，在同一会计期间登记

D. 金额相等，计入总分类科目的金额应该等于计入明细科目的总金额

9. 某企业材料总分类账户的本期借方发生额为 2.5 万元，本期贷方发生额为 2.4 万元，其有关明细分类账户的发生额分别为：甲材料本期借方发生额为 8 000 元，贷方发生额为 6 000 元；乙材料借方发生额为 1.3 万元，贷方发生额为 1.6 万元。下列选项中，正确反映丙材料本期借方和贷方发生额的是（　　）。

A. 借方发生额为 12 000 元，贷方发生额为 2 000 元

B. 借方发生额为 4 000 元，贷方发生额为 2 000 元

C. 借方发生额为 4 000 元，贷方发生额为 1 000 元

D. 借方发生额为 6 000 元，贷方发生额为 8 000 元

10. 账簿按账页格式的不同分类，不包括（　　）。

A. 两栏式账簿　　B. 三栏式账簿　　C. 多栏式账簿　　D. 活页式账簿

11. 现金日记账的登记方法错误的是（　　）。

A. 每日终了，应分别计算现金收入和现金支出的合计数，结出余额，同时将余额同库存现金实有数核对

B. 现金日记账可逐月结出现金余额，与库存现金实存数核对，以检查每月现金收付是否有误

C. 凭证栏系指登记入账的收、付款凭证的种类和编号

D. 日期栏系指记账凭证的日期

12. 关于银行存款日记账的具体登记方法，表述错误的是（　　）。

A. 日期栏：系指记账凭证的日期

B. 凭证栏：系指银行存款实际收付的金额

C. 对方科目：系指银行存款收入的来源科目或支出的用途科目

D. 摘要栏:摘要说明登记入账的经济业务的内容

13. 下列做法错误的是(　　)。

A. 现金日记账采用三栏式账簿　　B. 库存商品明细账采用数量金额式账簿

C. 生产成本明细账采用三栏式账簿　D. 制造费用明细账采用多栏式账簿

14. 下列关于账簿分类表述正确的是(　　)。

A. 账簿按用途的不同,可以分为序时账簿、分类账簿、备查账簿

B. 账簿按时间的不同,可以分为序时账簿、分类账簿、备查账簿

C. 账簿按外形特征的不同,可以分为两栏式、三栏式、多栏式和数量金额式

D. 账簿按账页格式的不同,可以分为订本账、活页账和卡片账

15.(　　)是指核对不同会计账簿之间的账簿记录是否相符。

A. 账证核对　　B. 账账核对　　C. 账实核对　　D. 余额核对

16. 下列结账方法错误的是(　　)。

A. 总账账户平时只需结出月末余额

B. 12 月末的"本年累计"就是全年累计发生额,全年累计发生额下通栏划双红线

C. 账户在年终结账时,在"本年合计"栏下通栏划双红线

D. 现金、银行存款日记账,每月结账时,在摘要栏注明"本月合计"字样,并在下面通栏划双红线

17. 年终结账,将余额结转下年时(　　)。

A. 不需要编制记账凭证,但应将上年账户的余额反向结平才能结转下年

B. 应编制记账凭证,并将上年账户的余额反向结平

C. 不需要编制记账凭证,也不需要将上年账户的余额结平,直接注明"结转下年"即可

D. 应编制记账凭证予以结转,但不需要将上年账户的余额反向结平

18. 更正错账时,划线更正法的适用范围是(　　)。

A. 记账凭证上会计科目或记账方向错误,导致账簿记录错误

B. 记账凭证正确,在记账时发生错误,导致账簿记录错误

C. 记账凭证上会计科目或记账方向正确,所记金额大于应记金额,导致账簿记录错误

D. 记账凭证上会计科目或记账方向正确,所记金额小于应记金额,导致账簿记录错误

19. 对"开出现金支票支付机器设备修理费 51 000 元"这项业务,若发生记账错误,下列做法中正确的是(　　)。

A. 若编记账凭证时无误,账簿记录中将 51 000 元误记为 15 000 元,应采用补充登记法予以更正

B. 若编记账凭证时将 51 000 元误记为 510 000 元，会计科目正确，且已登记入账，应采用划线更正法予以更正

C. 若编记账凭证时将贷方科目记为“库存现金”，金额记为 15 000 元，且已登记入账，应采用补充登记法予以更正

D. 若编记账凭证时将借方科目记为“生产成本”且已登记入账，应采用红字更正法予以更正

20. 红字更正法的适用范围是(　　)。

A. 记账凭证上会计科目或记账方向错误，导致账簿记录错误

B. 记账凭证正确，在记账时发生错误，导致账簿记录错误

C. 原始凭证上的金额有错误

D. 记账凭证上会计科目或记账方向正确，所记金额小于应记金额，导致账簿记录错误

21. 下列各项错误，应当用补充登记法予以更正的是(　　)。

A. 账簿记录中，将 2 128.50 元误记为 2 182.50 元，而对应的记账凭证无误

B. 企业从银行提取现金 3 000 元，在填制记账凭证时，误将其金额写为 8 000 元，并已登记入账

C. 接受外单位投入资金 180 000 元，已存入银行，在填制记账凭证时，误将其金额写为 150 000 元，并已登记入账

D. 企业支付广告费 9 000 元，在填制记账凭证时，误借记“管理费用”科目，并已登记入账

22. 下列账簿中，不可以跨年度连续使用的是(　　)。

A. 应付账款总账　　　　B. 固定资产明细账

C. 租入固定资产备查簿　　　　D. 代销商品备查簿

二、多选题

1. 账簿与账户的关系是(　　)。

A. 账户存在于账簿之中，账簿中的每一账页就是账户的存在形式和载体

B. 没有账簿，账户就无法存在

C. 账簿序时、分类地记载经济业务，是在账户中完成的

D. 账簿只是一个外在形式，账户才是它的真实内容

2. 会计账簿的登记规则错误的是(　　)。

A. 账簿记录中的日期，应该填写原始凭证上的日期

B. 多栏式账页中登记减少数可以使用红色墨水

C. 在登记各种账簿时，应按页次顺序连续登记，不得隔页、跳行

D. 对于没有余额的账户，应在“借或贷”栏内写“θ”表示

3. 下列符合登记会计账簿基本要求的是(　　)。

A. 文字和数字的书写应占格距的 1/3

B. 登记后在记账凭证上注明已经登账的符号

C. 冲销错误记录可以用红色墨水

D. 使用圆珠笔登账

4. 出纳人员可以登记和保管的账簿是(　　)。

A. 现金日记账　　B. 银行存款日记账

C. 现金总账　　D. 银行存款总账

5. 现金日记账的登记依据有(　　)。

A. 银行存款收款凭证　　B. 现金收款凭证

C. 现金付款凭证　　D. 银行存款付款凭证

6. 下列必须逐日逐笔登记明细账的是(　　)。

A. 原材料　　B. 应收账款

C. 应付账款　　D. 管理费用

7. 账账核对不包括(　　)。

A. 证证核对

B. 银行存款日记账余额与银行对账单余额核对

C. 总账账户借方发生额合计与其明细账借方发生额合计的核对

D. 各种应收、应付账款明细账面余额与有关债权、债务单位的账目余额相核对

8. 以下属于错账查找方法的是(　　)。

A. 除 3 法　　B. 除 2 法　　C. 差数法　　D. 尾数法

9. 记账后,发现记账凭证中的金额有错误,导致账簿记录错误,不能采用的错账更正方法是(　　)。

A. 划线更正法　　B. 红字更正法

C. 补充登记法　　D. 重新抄写法

10. 红字更正法通常适用的情况是(　　)。

A. 记账后在当年内发现记账凭证所记的会计科目错误

B. 发现上一年度的记账凭证所记的会计科目错误

C. 记账后发现会计科目无误而所记金额大于应记金额

D. 记账后发现会计科目无误而所记金额小于应记金额

三、判断题

1. 为了加强对货币资金的管理,各单位都应当设置现金日记账和银行存款日记账。(　　)

2. 结账后,严禁采用划线更正法更正错误。(　　)

3. 会计凭证只有经过审核后才能登记账簿。 (　　)

4. 各种应收、应付、应交款明细账的期末余额与债务、债权单位的账目核对，属于账实核对。 (　　)

5. 备查账簿的主要栏目不记录金额，它更注重用文字来表述某项经济业务的发生情况；备查账簿根据企业的实际需要设置，没有固定的格式要求。 (　　)

6. 对需要按月进行月结的账簿，结账时，应在“本月合计”字样下面通栏划单红线，而不是双红线。 (　　)

7. 订本账簿是指为防止抽换账页，而在使用后的期末将若干账页固定装订成册的账簿。 (　　)

8. 凡是明细分类账都适用活页式账簿，以便于根据实际需要，随时添加账页。 (　　)

9. 对账工作一般在月末(包括季末、年末)进行，即在记账之后、结账之前进行。 (　　)

10. 记账凭证上应借、应贷的会计科目并无错误，只是金额填写错误，从而导致账簿记录错误，可采用划线更正法予以更正。 (　　)

11. “原材料”明细账一般采用三栏式账簿格式。 (　　)

12. 日记账、总账和大部分明细账都要在每年更换新账，但固定资产明细账等变动较小的明细账可以连续使用。 (　　)

13. 年度终了，各种账户在结转下年、建立新账后，一般都要把旧账送交档案部门保管。 (　　)

14. 企业“代管商品物资登记簿”属于序时账簿。 (　　)

15. 采用划线更正法时，最后由审核人员在更正处签名盖章，已明确责任。 (　　)

16. 日记账、总分类账和明细账都要每年全部更换新账。 (　　)

17. 固定资产、债权、债务等明细账应逐日逐笔登记；原材料、库存商品的收发明细账以及收入、费用明细账可逐日逐笔登记，也可定期汇总登记。 (　　)

18. 固定资产明细账不必每年更换，可以连续使用。 (　　)

19. 总分类账的借、贷本期发生额和期末余额与所属明细分类账的借、贷本期发生额和期末余额核对相符。 (　　)

四、业务题

1. 东方公司 2018 年 1 月对账时发现下列错误：

(1)8 日，开出转账支票，缴纳上月应交所得税 4 000 元。记账凭证为：

借：利润分配——应交所得税　　4 000

　　贷：银行存款　　4 000

(2)10 日，销售商品 20 000 元，收到转账支票存入银行。记账凭证为：

借：银行存款　　29 250

　贷：其他业务收入　　29 250

(3)15 日，支付筹建期间的开办费 5 000 元。记账凭证为：

借：销售费用　　5 000

　贷：银行存款　　5 000

(4)22 日，以银行存款归还短期借款本金 10 000 元及已计提的利息 300 元。记账凭证为：

借：短期借款　　10 300

　贷：银行存款　　10 300

(5)23 日，开出转账支票 3 500 元，偿还上月未付红星工厂的材料款。记账凭证为：

借：预付账款——红星工厂　　3 500

　贷：其他货币资金　　3 500

要求：检查上述错账，直接编制正确的记账凭证。

2. 东方公司为增值税一般纳税人。该公司会计人员在结账前进行对账时，发现如下错账(会计分录中的金额单位为万元)：

(1)购买办公用品一批，计 3 000 元，货款用银行存款支付。编制的会计分录为：

借：材料采购　　3 000

　贷：银行存款　　3 000

(2)销售商品一批，增值税专用发票上注明售价 200 万元，增值税 34 万元。款项已收到存入银行。编制的会计分录为：

借：银行存款　　23.4

　贷：主营业务收入　　20

　　应交税费——应交增值税(销项税额)　　3.4

(3)以银行存款支付广告费 40 万元。编制的会计分录为：

借：销售费用　　40

　贷：银行存款　　40

东方公司登记账簿时，在“销售费用”和“银行存款”账户登记的金额为 4 万元。

【要求】

(1)指出对上述错账应采用何种更正方法。

(2)分别编制错账更正会计分录。

(“应交税费”科目要求写出明细科目及专栏名称，答案中的金额单位用万元表示。)

3. 东方公司会计人员在结账前进行对账时，发现企业所做的账务处理如下：

(1)按照工程的完工进度结算建造固定资产的工程价款 40 000 元，款项以银行存款支付，编制的会计分录为：

借：在建工程　　40 000

　贷：银行存款　　40 000

（2）用银行存款预付建造固定资产的工程价款 60 000 元，编制的会计分录为：

借：在建工程　　60 000

　贷：银行存款　　60 000

在过账时，“在建工程”账户记录为 45 000 元。

（3）用现金支付职工生活困难补助 7 000 元，编制的会计分录为：

借：管理费用　　7 000

　贷：库存现金　　7 000

（4）计提车间生产用固定资产折旧 4 500 元，编制的会计分录为：

借：制造费用　　45 000

　贷：累计折旧　　45 000

（5）用现金支付工人工资 65 000 元，编制的会计分录为：

借：应付职工薪酬　　6 500

　贷：库存现金　　6 500

要求：指出上述企业原账务处理是否正确。如果错误，指明应采用何种更正方法，并编制错账更正的会计分录。

4. 东方公司 2018 年 4 月发生的经济业务与应付账款总分类账和明细分类账资料如下：

（1）3 日，向甲企业购入 A 材料 400 公斤，单价 80 元，价款为 32 000 元，购入 B 材料 600 公斤，单价 70 元，价款为 42 000 元，材料已验收入库，款项尚未支付（不考虑税费）；

（2）8 日，向乙企业购入 A 材料 3 000 公斤，单价 10 元，材料已验收入库，款项尚未支付；

（3）20 日，向甲企业偿还货款 60 000 元，向乙企业偿还货款 20 000 元，以银行存款支付。

要求：根据上述资料填写应付账款总分类账、明细分类账中（1）～（5）的金额。

应付账款总账

2015年		凭证编号	摘要	借方	贷方	借或贷	余额
月	日						
4	1		期初余额			贷	56 000
	3		购入AB材料		74 000	贷	(1)
	8		购入A材料		30 000	贷	160 000
	20		归还货款	(2)		贷	80 000
			本月合计		(3)	贷	80 000

应付账款——甲企业明细账

2015年		凭证编号	摘要	借方	贷方	借或贷	余额
月	日						
4	1		期初余额			贷	(4)
	3		购入材料		74 000	贷	(5)
	20		归还货款	60 000		贷	62 000
			本月合计	60 000	74 000	贷	62 000

第六章 账务处理程序

第一节 账务处理程序概述

一、账务处理程序的作用

账务处理程序也称为会计核算组织程序或会计处理程序，是指会计凭证、会计账簿和会计报表三者相互结合的方式。当企业经济业务发生时，根据原始凭证填制记账凭证，通过设置会计科目及借贷记账法全面系统地反映经济业务的具体内容；登记日记账，明细分类账、总分类账等账簿，对企业会计信息进行科学的分类、加工及汇总，在账簿中形成系统的会计核算资料；编制财务报表，对会计信息进行筛选、整理、编制，取得符合会计信息质量要求的会计信息。科学地组织账务处理程序，对提高会计核算的质量和会计工作的效率、充分发挥会计的职能具有重要意义。

各单位在会计核算中，应结合本单位业务性质、经济规模等具体情况，有效地组织会计核算工作。科学合理的选用账务处理程序，对于保证会计工作质量起着重要的作用。

(一)规范会计工作过程

科学系统的账务处理程序是会计人员进行会计核算工作的依据，保证会计核算工作能够有序进行。

(二)提高会计信息质量

合理的账务处理程序能够使会计信息达到会计信息质量要求的标准，保证会计信息的可靠性、完整性及可理解性。

(三)提高工作效率，节约成本

科学适用的账务处理程序可以减少会计核算工作中不必要的环节，将各种会计核算方法更好地协调、配合起来，在保证会计核算工作质量的基础上，满足会计信息的及时性要求，提高会计核算工作效率，同时节约会计核算工作的成本。

二、合理组织账务处理程序的要求

各单位账务处理程序不尽相同，但基本模式总是不变的。如图 6-1 所示。

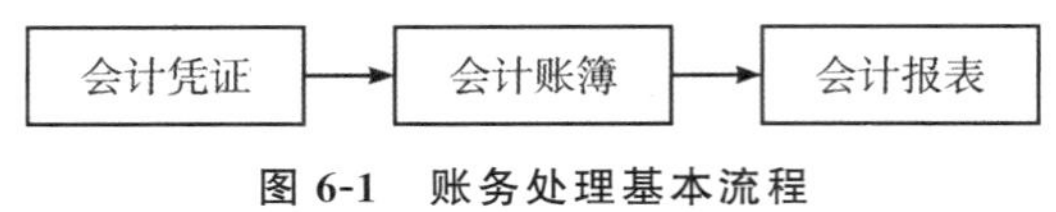

图 6-1 账务处理基本流程

合理组织账务处理程序的要求有：

第一，能够满足本企业经济业务类型、规模大小、会计核算手续、经营管理需求等实际要求，科学系统地组织账务处理程序。

第二，必须促进企业内部会计控制的增强，明确会计工作的责任与分工，加强会计工作岗位责任制，充分发挥会计监督的基本职能。

第三，在充分发挥会计核算基本职能的基础上，应当简化会计核算工作程序，提高会计核算工作的效率，保证会计信息的可靠性与及时性，使会计信息使用者能够做出有效的经营预测及经营决策。

三、账务处理程序的种类

在实际工作中，由于各企业的经济业务类型、规模大小、会计核算手续、经营管理需求等不同原因，对于会计凭证、会计账簿及会计报表等方面的要求也并不相同，因此形成了不同的账务处理程序，以满足不同企业会计核算工作的需求。常用的账务处理程序主要有记账凭证账务处理程序、科目汇总表账务处理程序及汇总记账凭证账务处理程序。三种账务处理程序的主要不同点在于登记总分类账的依据和方法不同。

第二节 记账凭证账务处理程序

一、记账凭证账务处理程序的特点

记账凭证账务处理程序，是指对发生的经济业务，先根据原始凭证或汇总原始凭证填制记账凭证，再直接根据记账凭证登记总分类账的一种账务处理程序。

会计核算中最基本的一种账务处理程序是记账凭证账务处理程序。其特点是直接根据经济业务发生所填制的记账凭证逐笔进行总分类账登记。记账凭证账务处理程序包含了会计核算程序的基本要素,其他各种财务处理程序都是在此种账务处理程序的基础上,结合不同企业实际情况等内容进一步发展、演变而成的。

二、记账凭证账务处理程序下凭证和账簿的设置

在记账凭证账务处理程序下,记账凭证可使用通用记账凭证格式,或使用收款凭证、付款凭证和转账凭证等专用记账凭证格式。会计账簿则应设置库存现金日记账、银行存款日记账、明细分类账及总分类账。库存现金日记账和银行存款日记账通常使用三栏式账簿;明细分类账的格式应依据企业实际经济业务需求及管理要求设置,使用三栏式、多栏式或数量金额式账簿;总分类账通常可使用三栏式账簿。

三、记账凭证账务处理程序

记账凭证账务处理程序如图 6-2 所示。

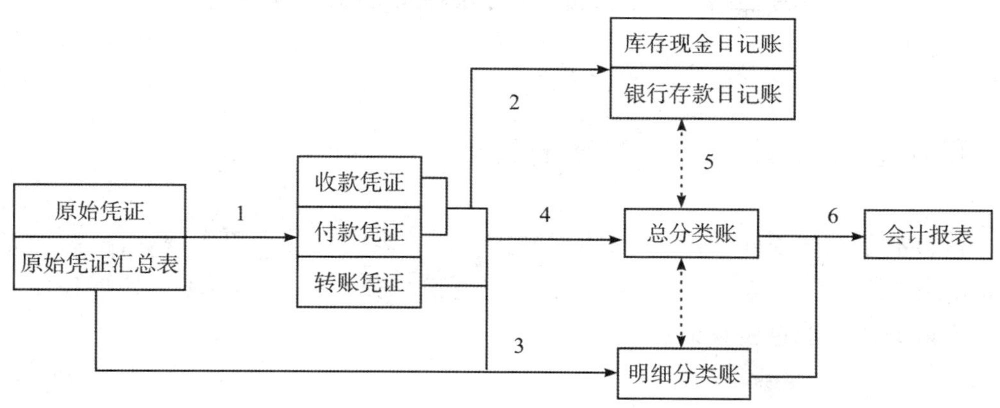

图 6-2　记账凭证账务处理程序

1. 经济业务发生后,根据相关原始凭证或原始凭证汇总表填制收款凭证、付款凭证和转账凭证(或填制通用记账凭证)。

2. 根据收款凭证、付款凭证逐笔登记库存现金日记账和银行存款日记账。

3. 根据收款凭证、付款凭证、转账凭证(或通用记账凭证)和原始凭证(或原始凭证汇总表)逐笔登记各种明细分类账。

4. 根据收款凭证、付款凭证、转账凭证(或通用记账凭证)逐笔登记总分类账。

5. 期末,核对库存现金日记账、银行存款日记账以及各明细分类账的余额是否与其相对应的总分类账户余额相符。

6. 期末，根据总分类账和明细分类账中所记录的相关资料编制财务报表。

四、记账凭证账务处理程序的优缺点和适用范围

(一)记账凭证账务处理程序的优缺点

1. 优点：账务处理程序简单明了，易于理解和掌握；总分类账能够较详细地反映经济业务的实际内容；同时，由于总分类账是依据会计凭证登记，能够清晰地体现账户之间的对应关系，便于后续对会计核算内容的审核与分析。

2. 缺点：当经济业务量较大时，企业直接根据会计凭证逐笔登记总分类账，总分类账工作量较大；因总分类账采用订本账形式，不利于分工合作。

(二)记账凭证账务处理程序的适用范围

在手工记账的情形下，这种分工合作方式适用于规模较小、业务量较少的企业。实务工作中，为了简化编制记账凭证，减少登记总账的工作量，则可以考虑将原始凭证汇总，编制汇总原始凭证，然后再根据汇总原始凭证编制记账凭证。

第三节　科目汇总表账务处理程序

一、科目汇总表账务处理程序的特点

科目汇总表账务处理程序，又称记账凭证汇总表账务处理程序，是指根据记账凭证定期编制科目汇总表，再根据科目汇总表登记总分类账的一种账务处理程序。其特点是依据科目汇总表登记总分类账。

二、科目汇总表账务处理程序下凭证和账簿的设置

记账凭证可使用通用记账凭证格式，或使用收款凭证、付款凭证和转账凭证等专用记账凭证格式，此外还需设置科目汇总表。其会计账簿与记账凭证账务处理程序相同，应设置库存现金日记账、银行存款日记账、明细分类账及总分类账。库存现金日记账和银行存款日记账通常使用三栏式账簿；明细分类账的格式应依据企业实际经济业务需求及管理要求设置，使用三栏式、多栏式或数量金额式账簿；总分类账通常可使用三栏式账簿。

三、科目汇总表账务处理程序

科目汇总表账务处理程序如图 6-3 所示。

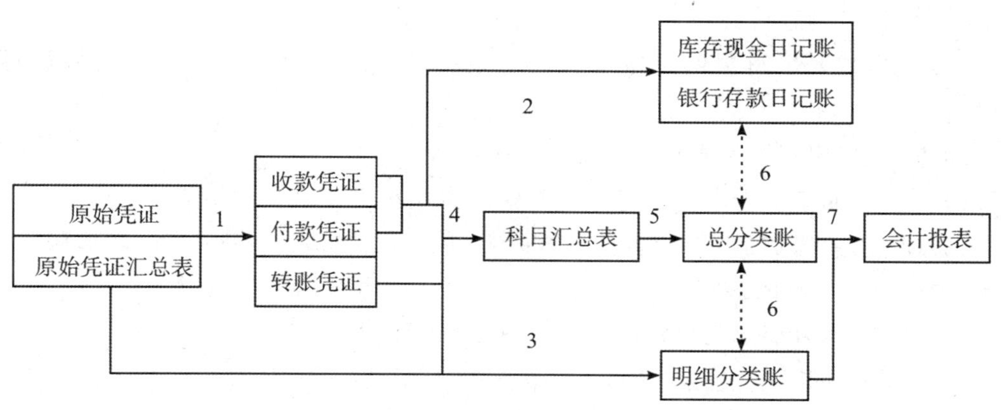

图 6-3 科目汇总表账务处理程序

1. 经济业务发生后，根据相关原始凭证或原始凭证汇总表填制收款凭证、付款凭证和转账凭证(或填制通用记账凭证)。

2. 根据收款凭证、付款凭证逐笔登记库存现金日记账和银行存款日记账。

3. 根据收款凭证、付款凭证、转账凭证(或通用记账凭证)和原始凭证(或原始凭证汇总表)逐笔登记各种明细分类账。

4. 根据收款凭证、付款凭证、转账凭证(或通用记账凭证)定期进行科目汇总表的编制。

5. 根据科目汇总表登记总分类账。

6. 期末，核对库存现金日记账、银行存款日记账以及各明细分类账的余额是否与其相对应的总分类账户余额相符。

7. 期末，根据总分类账和明细分类账中所记录的相关资料编制财务报表。

四、科目汇总表的编制方法

科目汇总表，又称记账凭证汇总表，是企业定期对全部记账凭证进行汇总后，按照不同的会计科目分别列示各账户借方发生额和贷方发生额的一种汇总凭证，并据以登记总账。编制科目汇总表时：(1)每一科目所有借方发生额相加，将其合计总数记入科目汇总表对应科目借方发生额栏内；(2)每一科目所有贷方发生额相加，将其合计总数记入科目汇总表对应科目贷方发生额栏内；(3)将本期内所有会计科目的借贷方发生额填制完成后，计算本期借方发生额合计数和本期贷方发生额合计数，如果借方发生额合计数与贷方发生额合计数相等，则说明试算平衡，记账凭证和科目汇总表编制基本正确，此时可以根据科目汇总表登记总分类账。

【例 6-1】 根据下列资料，说明科目汇总表账务处理程序中科目汇总表的编制过程。

东方公司 3 月发生以下经济业务：

(1)2 日，收到虹桥公司上月所欠货款 20 000 元，并存入银行。

(2)4 日，购入甲材料时发生 600 元运杂费及装卸费，用库存现金支付，材料未入库。

(3)5 日，以银行存款支付广告费 3 000 元。

(4)10 日，职工李壹出差归来报销差旅费 700 元。

(5)12 日，销售 A 产品，主营业务收入 50 000 元，增值税税率 13%，增值税 6 500 元，款项已收到并存入银行。

(6)25 日，本月厂部固定资产计提折旧 2 000 元。

1. 编制专用记账凭证(如表 6-1 至表 6-6)

表 6-1　收款凭证

借方科目：银行存款　　　　20××年 3 月 2 日　　　　银收字第 1 号

摘要	贷方科目		金额	记账
	总账科目	明细科目		
收到虹桥公司所欠货款	应收账款	虹桥公司	20 000	
合计			20 000	

附件　张

会计主管　　记账　　出纳　　复核　　制证

表 6-2　付款凭证

贷方科目：库存现金　　　　20××年 3 月 4 日　　　　现付字第 1 号

摘要	借方科目		金额	记账
	总账科目	明细科目		
购入甲材料运杂费及装卸费	在途物资	甲材料	600	
合计			600	

附件　张

会计主管　　记账　　出纳　　复核　　制证

表 6-3　付款凭证

贷方科目：银行存款　　　　20××年 3 月 5 日　　　　银付字第 1 号

摘要	借方科目		金额	记账
	总账科目	明细科目		
支付广告费	销售费用	广告费	3 000	
合计			3 000	

附件　张

会计主管　　记账　　出纳　　复核　　制证

表 6-4　转账凭证

20××年 3 月 10 日　　　　转字第 1 号

摘要	总账科目	明细科目	借方金额	贷方金额	记账
出差归来报销差旅费	管理费用	差旅费	700		
	其他应收款	李壹		700	
合计			700	700	

附件　张

会计主管　　记账　　出纳　　复核　　制证

表 6-5　收款凭证

借方科目：银行存款　　　　20××年 3 月 12 日　　　　银收字第 2 号

摘要	贷方科目		金额	记账
	总账科目	明细科目		
销售 A 产品	主营业务收入	A 产品	50 000	
	应交税费	应交增值税	6 500	
合计			56 500	

附件　张

会计主管　　记账　　出纳　　复核　　制证

表 6-6　转账凭证

20××年 3 月 25 日　　　　转字第 2 号

摘要	总账科目	明细科目	借方金额	贷方金额	记账
本月厂部固定资产计提折旧	管理费用	折旧费	2 000		
	累计折旧			2 000	
合计			2 000	2 000	

附件　张

会计主管　　记账　　出纳　　复核　　制证

2. 编制科目汇总表(如表 6-7)

根据上述收款凭证、付款凭证和转账凭证编制 3 月科目汇总表,如表 6-7 所示。

表 6-7　科目汇总表

20××年 3 月

会计科目	本期发生额		总账页数
	借方	贷方	
银行存款	76 500	3 000	略
库存现金	0	600	
销售费用	3 000	0	
管理费用	2 700	0	
应收账款	0	20 000	
在途物资	600	0	
其他应收款	0	700	
主营业务收入	0	50 000	
应交税费	0	6 500	
累计折旧	0	2 000	
合计	82 800	82 800	

五、科目汇总表账务处理程序的优缺点及适用范围

(一)科目汇总表账务处理程序的优缺点

1. 优点:汇总编制科目汇总表的程序较为简单,易于操作,同时可以利用科目汇总表进行试算平衡的验证;并且,总分类账是依据科目汇总表登记,大大减少了登记总分类账的工作量,提高工作效率。

2. 缺点:科目汇总表对经济业务所涉及的科目进行最大化的汇总,只能提供各会计科目的借方发生额和贷方发生额,无法体现科目之间的对应关系,也无法反映经济业务的具体情况,不利于后续对会计核算内容的审核与分析。

(二)科目汇总表账务处理程序的适用范围

科目汇总表账务处理程序不限于企业规模大小,适用于一些经济业务较多的企业。

第四节　汇总记账凭证账务处理程序

一、汇总记账凭证账务处理程序的特点

汇总记账凭证账务处理程序，是指先根据原始凭证或汇总原始凭证填制记账凭证，定期根据记账凭证分类编制汇总收款凭证、汇总付款凭证和汇总转账凭证，再根据汇总记账凭证登记总分类账的一种账务处理程序。其特点是依据汇总记账凭证登记总分类账。

二、汇总记账凭证账务处理程序下凭证和账簿的设置

记账凭证使用收款凭证、付款凭证和转账凭证等专用记账凭证格式，此外还需设置汇总收款凭证、汇总付款凭证和汇总转账凭证，汇总记账凭证应定期编制，每月汇总。其会计账簿与记账凭证账务处理程序相同，应设置库存现金日记账、银行存款日记账、明细分类账及总分类账。库存现金日记账和银行存款日记账通常使用三栏式账簿；明细分类账的格式应依据企业实际经济业务需求及管理要求设置，使用三栏式、多栏式或数量金额式账簿；总分类账通常可使用三栏式账簿。

三、汇总记账凭证账务处理程序

汇总记账凭证账务处理程序如图 6-4 所示。

1. 经济业务发生后，根据相关原始凭证或原始凭证汇总表填制收款凭证、付款凭证和转账凭证。

2. 根据收款凭证、付款凭证逐笔登记库存现金日记账和银行存款日记账。

3. 根据收款凭证、付款凭证、转账凭证和原始凭证(或原始凭证汇总表)逐笔登记各种明细分类账。

4. 根据收款凭证、付款凭证、转账凭证定期进行汇总收款凭证、汇总付款凭证和汇总转账凭证的编制。

5. 根据汇总收款凭证、汇总付款凭证和汇总转账凭证登记总分类账。

6. 期末，核对库存现金日记账、银行存款日记账以及各明细分类账的余额是否与其相对应的总分类账户余额相符。

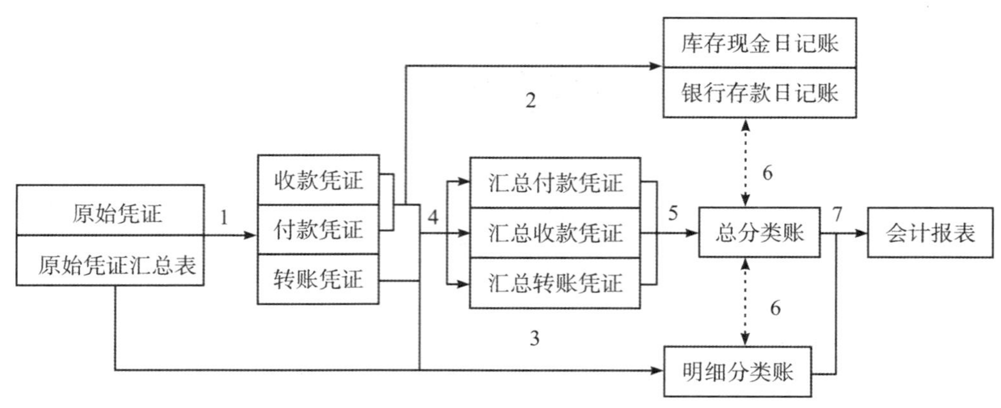

图 6-4　汇总记账凭证账务处理程序

7. 期末，根据总分类账和明细分类账中所记录的相关资料编制财务报表。

四、汇总记账凭证的编制方法

汇总记账凭证，是指对一段时间内同类记账凭证进行定期汇总而编制的记账凭证。

(一)汇总收款凭证编制

收款凭证是记录货币资金业务收款的凭证，主要以库存现金和银行存款科目为汇总依据。由于收款凭证填制的是收款业务的内容，则借方科目为库存现金或银行存款，因此分别设置借方科目为库存现金的汇总收款凭证和借方科目为银行存款的汇总收款凭证，对货币资金收款业务进行科目汇总。

(二)汇总付款凭证编制

付款凭证是记录货币资金业务付款的凭证，主要以库存现金和银行存款科目为汇总依据。由于付款凭证填制的是付款业务的内容，则贷方科目为库存现金或银行存款，因此分别设置贷方科目为库存现金的汇总付款凭证和贷方科目为银行存款的汇总付款凭证，对货币资金付款业务进行科目汇总。

(三)汇总转账凭证编制

转账凭证是记录不涉及库存现金和银行存款收付业务的凭证，借方、贷方的对应科目情况繁多，为有序完成汇总转账凭证的工作，在编制汇总转账凭证时，一般按有关账户的贷方分别设置，汇总其相对应的借方科目。期末，计算出各汇总转账凭证中各借方科目的合计数，据以登记总账。

【例 6-2】以本章第三节科目汇总表账务处理程序中例 6-1 所提供的经济业务资料为例，进行汇总收款凭证、汇总付款凭证和汇总转账凭证编制程序的举例说明(如表 6-8 至表 6-12)。

1. 编制汇总收款凭证

表 6-8　汇总收款凭证

借方科目:银行存款　　20××年3月　　汇银收字第1号

贷方科目	金额				总账账页	
	1日—10日凭证	11日—20日凭证	21日—31日凭证	合计	借方	贷方
应收账款	20 000			20 000		
主营业务收入		50 000		50 000		
应交税费		6 500		6 500		
合计	20 000	56 500	—	76 500		

会计主管:　　记账:　　稽核:　　填制:

2. 编制汇总付款凭证

表 6-9　汇总付款凭证

贷方科目:银行存款　　20××年3月　　汇银付字第1号

借方科目	金额				总账账页	
	1日—10日凭证	11日—20日凭证	21日—31日凭证	合计	借方	贷方
销售费用	3 000			3 000		
合计	3 000	—	—	3 000		

会计主管:　　记账:　　稽核:　　填制:

表 6-10　汇总付款凭证

贷方科目:库存现金　　20××年3月　　汇现付字第1号

借方科目	金额				总账账页	
	1日—10日凭证	11日—20日凭证	21日—31日凭证	合计	借方	贷方
在途物资	600			600		
合计	600	—	—	600		

会计主管:　　记账:　　稽核:　　填制:

3. 编制汇总转账凭证

表 6-11 汇总转账凭证

贷方科目:其他应收款　　20××年 3 月　　汇转字第 1 号

借方科目	金额				总账账页	
	1 日—10 日凭证	11 日—20 日凭证	21 日—31 日凭证	合计	借方	贷方
管理费用	700			700		
合计	700	—	—	700		

会计主管:　　记账:　　稽核:　　填制:

表 6-12 汇总转账凭证

贷方科目:累计折旧　　20××年 3 月　　汇转字第 2 号

借方科目	金额				总账账页	
	1 日—10 日凭证	11 日—20 日凭证	21 日—31 日凭证	合计	借方	贷方
管理费用	—	—	2 000	2 000		
合计	—	—	2 000	2 000		

会计主管:　　记账:　　稽核:　　填制:

五、汇总记账凭证账务处理程序的优缺点及适用范围

(一)汇总记账凭证账务处理程序的优缺点

1. 优点:编制汇总收款凭证和汇总付款凭证的程序较为简单,便于操作;总分类账是依据汇总记账凭证登记,能够反映会计科目之间的对应关系,体现经济业务的实际情况,有效地减少了登记总分类账的工作量,提高工作效率。

2. 缺点:编制汇总转账凭证的难度及工作量较大;汇总记账凭证的编制是按照某一科目为中心进行归类汇总,不利于入账前试算平衡的验证,也不利于会计核算工作的分工。

(二)汇总记账凭证账务处理程序的适用范围

汇总记账凭证账务处理程序一般适用于规模大、经济业务较多的企业。

课后练习

一、单选题

1. 下列属于记账凭证核算程序主要缺点的是(　　)。

A. 不能体现账户的对应关系　　B. 不便于会计合理分工

C. 方法不易掌握　　D. 登记总账的工作量较大

2. 汇总记账凭证账务处理程序与科目汇总表账务处理程序的相同点是(　　)。

A. 登记总账的依据相同　　B. 记账凭证的汇总方法相同

C. 保持了账户间的对应关系　　D. 简化了登记总分类账的工作量

3. 汇总记账凭证账务处理程序的适用范围是(　　)。

A. 规模较小、业务较少的单位　　B. 规模较大、业务较少的单位

C. 规模较大、业务较多的单位　　D. 规模较小、业务较多的单位

4. 编制科目汇总表的直接依据是(　　)。

A. 原始凭证　　B. 原始凭证汇总表

C. 记账凭证　　D. 汇总记账凭证

5. (　　)账务处理程序是最基本的账务处理程序。

A. 科目汇总表账务处理程序　　B. 汇总记账凭证账务处理程序

C. 记账凭证账务处理程序　　D. 日记总账账务处理程序

二、多选题

1. 各种账务处理程序的相同之处是(　　)。

A. 根据原始凭证编制汇总原始凭证

B. 根据原始凭证、汇总原始凭证和记账凭证，登记各种明细分类账

C. 根据收款凭证和付款凭证登记现金、银行存款日记账

D. 根据总账和明细账编制会计报表

2. 下列不属于科目汇总表账务处理程序优点的有(　　)。

A. 便于反映各账户间的对应关系　　B. 便于进行试算平衡

C. 便于检查核对账目　　D. 简化登记总账的工作量

3. 账务处理程序也叫会计核算程序，它是指(　　)相结合的方式。

A. 会计凭证　　B. 会计账簿　　C. 会计报表　　D. 会计科目

三、判断题

1. 记账凭证账务处理程序和汇总记账凭证账务处理程序登记总分类账的依据相同。(　　)

2. 汇总记账凭证账务处理程序能够减少登记总分类账的工作量，但汇总转账凭证的工作量大。(　　)

3. 科目汇总表能够直观反映对应账户之间的关系。(　　)

第七章　财产清查

第一节　财产清查概述

一、财产清查的作用

财产清查也叫财产检查，是指通过对实物、现金的实地盘点和对银行存款、往来款项的核对，查明各项财产物资、货币资金、往来款项的实有数和账面数是否相符的一种会计核算的专门方法。

企业的会计工作，都要通过会计凭证的填制和审核，然后及时地在账簿中进行连续登记。应该说，这一过程能保证账簿记录的正确性，也能真实反映企业各项财产的实有数。各项财产的账实应该是一致的，但是在实际工作中，由于种种原因，账簿记录会发生差错，各项财产的实际结存数也会发生差错，造成账存数与实存数发生差异。差异的原因是多方面的，一般有几种情况：(1)在收发物资过程中，由于计量、检验不准确而造成品种、数量或质量上的差错；(2)财产物资在运输、保管、收发过程中，在数量上发生自然增减变化；(3)在财产增减变动中，由于手续不齐或计算、登记上发生错误；(4)由于管理不善或工作人员失职，造成财产损失、变质或短缺等；(5)贪污盗窃、营私舞弊造成的损失；(6)自然灾害造成的非常损失；(7)未达账项引起的账账、账实不符等。

上述种种原因都会影响账实的一致性。因此，运用财产清查的手段，对各种财产物资进行定期或不定期的核对和盘点，具有十分重要的作用。

(一)保证账实相符，使会计资料真实可靠

通过财产清查可以确定各项财产物资的实际结存数，将账面结存数和实际结存数进行核对，可以揭示各项财产物资的溢缺情况，从而及时地调整账面结存数，保证账簿记录真实、可靠。

(二)保护财产的安全和完整

通过财产清查,可以查明企业单位财产、商品、物资是否完整,有无缺损、霉变现象,以便堵塞漏洞,改进和健全各种责任制,切实保证财产的安全和完整。

(三)挖掘财产潜力,加速资金周转

通过财产清查可以及时查明各种财产物资的结存和利用情况。如发现企业有闲置不用的财产物资应及时加以处理,以充分发挥它们的效能;如发现企业有呆滞积压的财产物资,也应及时加以处理,并分析原因,采取措施,改善经营管理。这样,可以使财产物资得到充分合理的利用,加速资金周转,提高企业的经济效益。

(四)保证财经纪律和结算纪律的执行

通过对财产、物资、货币资金及往来款项的清查,可以查明有关业务人员是否遵守财经纪律和结算纪律,有无贪污盗窃、挪用公款的情况。查明资金使用是否合理,是否符合党和国家的方针政策和法规,从而使工作人员更加自觉地遵纪守法,自觉维护和遵守财经纪律。

(五)建立健全的财产物资管理制度

通过财产清查,可以及时发现各种财产物资在收入、发出、领退等环节存在的问题和薄弱环节,有针对性地改进管理办法,建立健全管理制度和内部控制制度,明确经济责任,防患于未然,提高财产物资管理水平,保证财产物资管理质量。

二、财产清查的种类

财产清查,按照清查的对象和范围,可以分为全面清查和局部清查;按照清查的时间,可以分为定期清查和不定期清查;按照清查执行的主体,可以分为内部清查和外部清查。

(一)全面清查与局部清查

1. 全面清查是指对所有的财产和资金进行全面盘点与核对。其清查对象主要包括:原材料、在产品、自制半成品、库存商品、现金、短期存(借)款、有价证券及外币、在途物资、委托加工物资、往来款项、固定资产等。全面清查范围广,工作量大,一般在年终决算前,企业撤销,合并或改变隶属关系前、中外合资、国内合资前,股份制改造前,开展全面的评估、清产核资前,单位主要领导调离工作前进行。

2. 局部清查也称重点清查,是指根据需要只对财产中某些重点部分进行的清查,如流动资金中变化较频繁的原材料、库存商品等,除年度全面清查外,还应根据需要随时轮流盘点或重点抽查。各种贵重物资要每月至少清查一次,库存现金要天天核对,银行存(借)款要按月与银行对账单逐笔核对。

(二)定期清查和不定期清查

1. 定期清查是指在规定的时间内进行的盘点与核对。一般是在年、季、月终了后进行。

2. 不定期清查也称临时清查,是根据实际需要临时进行的盘点与核对。主要在以下情况下进行:(1)财产物资、库存现金保管人员更换时,要对有关人员保管的财产物资、库存现金进行清查,以分清经济责任,便于办理交接手续;(2)发生自然灾害和意外损失时,要对受损失的财产物资进行清查,以查明损失情况;(3)上级主管、财政、审计和银行等部门,对本单位进行会计检查时,应按检查的要求和范围对财产物资进行清查,以验证会计资料的可靠性;(4)开展临时性清产核资时,要对本单位的财产物资进行清查,以便摸清家底。

定期清查和不定期清查的范围应视具体情况而定,可全面清查也可局部清查。

(三)内部清查和外部清查

1. 内部清查是由企业自行组织财产清查的专门人员所进行的财产清查工作。

2. 外部清查是由企业上级主管部门、审计机关、司法部门或注册会计师根据国家有关要求规定或实际需要对企业进行的财产清查。

三、清查前的准备工作

财产清查是一项复杂细致的工作,它涉及面广、政策性强、工作量大。为了加强领导,保质保量完成此项工作,一般应在企业单位负责人(如厂长、经理等)的领导下,由会计、业务、仓库等有关部门的人员组成财产清查的专门班子,具体负责财产清查的领导工作。在清查前,必须首先做好以下几项准备工作:

1. 清查小组制定财产计划,确定清查对象、范围、配备清查人员,明确清查任务。

2. 财务部门要将总账、明细账等有关资料登记齐全,核对正确,结出余额。

保管部门对所保管的各种财产物资以及账簿、账卡挂上标签,标明品种、规格、数量,以备查对。

3. 银行存款和银行借款应从银行取得对账单,以便查对。

4. 对需要使用的度量衡器,要提前校验正确,保证计量准确。对应用的所有表册,都要准备妥当。

第二节　财产清查的内容和方法

一、货币资金的清查内容和方法

(一)库存现金的清查

库存现金的清查包括人民币和各种外币的清查，都是采用实地盘点即通过点票数来确定现金的实存数，然后以实存数与现金日记账的账面余额进行核对，以查明账实是否相符及盈亏情况。

由于现金的收支业务十分频繁，容易出现差错，因此出纳人员每日终了都要将现金日记账的账面余额与现金的实存数进行核对，做到账实相符。单位应定期或不定期组织现金清查，清查人员清查盘点现金时，出纳人员应该在场，以明确经济责任。在盘点时，除了查明账实是否相符外，还要查明有无违反库存现金管理制度规定的情况，比如有无白条抵充库存现金，现金是否超过银行核定的限额，有无坐支现金等情况。

现金盘点结束后，应根据盘点的结果及现金日记账填制“库存现金盘点报告表”，并由负责盘点的人员和出纳员共同签字或盖章。“库存现金盘点报告表”是反映现金实有数、调整账项的重要原始凭证，其一般格式如表 7-1 所示。

表 7-1　库存现金盘点报告表

单位名称：　　　　　　　　　　　　　　　　　　　　　　　　　年　月　日

实存金额	账存金额	对比结果		备注
		盘盈	盘亏	

盘点人：　　　　　　　　　出纳员：

国库券、其他金融债券、公司债券、股票等有价证券的清查方法和现金相同。

(二)银行存款的清查

银行存款的清查与实物和现金的清查方法不同，它是采用与银行核对账目的方法来进行的，即将企业的银行存款日记账与从银行取得的对账单逐笔核对，以查明银行存款的收入、付出和结余的记录是否正确。银行存款的清查一般在月末进行。

开户银行送来的银行对账单是银行在收付企业存款时复写的账页，它完整地记录了企业存放在银行的款项的增减变动情况及结存余额，是进行银行存款清查的重要依据。

在实际工作中，企业银行存款日记账余额与银行对账单余额往往不一致，其主要原因：一是双方账目发生错账、漏账。所以在与银行核对账目之前，应先仔细检查企业银行存款日记账的正确性和完整性，然后再将其与银行送来的对账单逐笔进行核对。二是正常的“未达账项”。所谓“未达账项”，是指由于双方记账时间不一致而发生的一方已经入账，而另一方尚未入账的款项。企业与银行之间的未达账项，有以下情况：

1. 企业已入账，但银行尚未入账

(1)企业已收，银行未收：企业送存银行的款项，企业已做存款增加入账，但银行尚未入账；

(2)企业已付，银行未付：企业开出支票或其他付款凭证，企业已作为存款减少入账，但银行尚未付款、未记账；

2. 银行已入账，但企业尚未入账

(1)银行已收，企业未收：银行代企业收进的款项，银行已作为企业存款的增加入账，但企业尚未收到通知，因而未入账；

(2)银行已付，企业未付：银行代企业支付的款项，银行已作为企业存款的减少入账，但企业尚未收到通知，因而未入账。

上述任何一种情况的发生，都会使双方的账面存款余额不一致。因此，为了查明企业和银行双方账目的记录有无差错，同时也是为了发现未达账项，在进行银行存款清查时，必须将企业的银行存款日记账与银行对账单逐笔核对。核对的内容包括收付金额、结算凭证的种类和号数、收入来源、支出的用途、发生的时间、某日截止的金额等。通过核对，如果发现企业有错账或漏账，应立即更正；如果发现银行有错账或漏账，应及时通知银行查明更正；如果发现有未达账项，则应据以编制银行存款余额调节表进行调节，并验证调节后余额是否相等。

“银行存款余额调节表”采取补记式，即在企业与银行账面余额的基础上，加上对方已收本单位未收的款项，减去对方已付本单位未付的款项。经过调节后，双方的余额应该相等。

【例 7-1】2018 年 6 月 30 日东方公司银行存款日记账的账面余额为 31 000 元，银行对账单的余额为 36 000 元，经逐笔核对，发现有下列未达账项：

(1)29 日，企业销售产品收到转账支票一张计 2 000 元，将支票存入银行，银行尚未办理入账手续。

(2)29 日，企业采购原材料开出转账支票一张计 1 000 元，企业已登记银行存款减少，但持票人尚未到银行办理转账，银行尚未记账。

(3)30 日，企业开出现金支票一张计 250 元，银行尚未入账。

(4)30 日，银行代企业收回货款 8 000 元，收款通知尚未到达企业，企业尚未入账。

(5)30 日，银行代付电费 1 750 元，付款通知尚未到达企业，企业尚未入账。

(6)30 日，银行代付水费 500 元，付款通知尚未到达企业，企业尚未入账。

根据以上资料编制银行存款余额调节表如表 7-2 所表示。

表 7-2　银行存款余额调节表

2018 年 6 月 30 日　　单位：元

项目	金额	项目	金额
企业银行存款账面余额	31 000	银行对账单账面余额	36 000
加：银行已记增加，企业未记增加的账项		加：企业已记增加，银行未记增加的账项	
银行代收货款	8 000	存入的转账支票	2 000
减：银行已记减少，企业未记减少的账项		减：企业已记减少，银行未记减少的账项	
银行代付电费		开出转账支票	1 000
银行代付水费	1 750	开出现金支票	250
	500		
调节后存款余额	36 750	调节后存款余额	36 750

如果调节后双方余额相等，则一般说明双方记账没有差错；若不相等，则表明企业方或银行方或双方记账有差错，应进一步核对，查明原因予以更正。

需要注意的是，对于银行已经入账而企业尚未入账的未达账项，不能将银行存款余额调节表作为记账依据来编制会计分录，必须在收到银行的有关凭证后方可入账。另外，对于长期悬置的未达账项，应及时查明原因，予以解决。

上述银行存款的清查方法，也适用于各种银行借款的清查。但在清查银行借款时，还应检查借款是否按规定的用途使用，是否按期归还。

二、往来款项的清查内容和方法

往来款项是单位与其他单位或个人之间的各种应收款项、应付款项、预收账款、预付账款及其他应收、应付款项。往来款项的清查一般用“查询核实法”进行清查，即派人或以通信方式向结算往来单位核实账目。

清查的方法一般是：

1. 首先确定本单位的往来款项记录准确无误，总分类账与明细分类账的余额相等，各明细分类账的余额相符。

2. 在保证本单位账簿记录正确的情况下，编制“往来款项对账单”，通过信函、电函、面询等多种方式，请对方企业核对，确定各种应收、应付款的实际情况。

对账单应按明细账户逐笔摘抄，一式两联，其中一联是回单，对方单位核对后将回单盖章退回本单位；如果发现双方账目不相符，应在回单上注明，以便进一步查对。其格式如下表 7-3 所示。

表 7-3 往来款项对账单

往来款项对账单

××单位：

您单位于××年××月××日到我厂购甲产品 100 件，已付货款 2 000 元，尚有 2 000 元货款未付，请核对后将回单联寄回。

××：(清查单位盖章)

年　　月　　日

沿此虚线剪开，将以下回联单寄回！如有不符，请在回单联上说明情况。

往来款项对账单(回联)

×××清查单位：

您单位寄来的“往来款项对账单”已收到，经核对相符无误。

××：(单位盖章)

年　　月　　日

3. 收到回单以后，要据以编制“往来款项清查结果报告表”，由清查人员和记账人员共同签名盖章，注明核对相符与不相符的款项。对不相符的款项按有争议、未达账项、无法收回等情况归类，并针对具体情况及时采取措施予以解决。往来款项清查表如表 7-4 所示。

表 7-4 往来款项清查结果报告表

编制单位：　　　　年　　月　　日　　　　单位：元

债权、债务单位	账面结存金额	对方结存金额	对比结果		差异原因和金额		备注
			大于对方数额	小于对方数额	争议中的账项	未达账项	

单位主管(签章)：　　　　主管会计(签章)：　　　　制表(签章)：

三、实物的清查内容和方法

对于各种实物如原材料、半成品、在产品、产成品、低值易耗品、包装物、固定资产等，都要从数量和质量上进行清查。由于实物的形态、体积、重量、堆放方式等不尽相同，因而所采用的清查方法也不尽相同。实物数量的清查方法，比较常用的有以下两种：

1. 实地盘点。即通过逐一清点或用计量器具来确定实物的实存数量。其适用的范围较广，在多数财产物资清查中都可以采用这种方法。

2. 技术推算。采用这种方法，对于财产物资不是逐一清点计数，而是通过量方、计尺等技术推算财产物资的结存数量。这种方法只适用于成堆量大而价值又不高，难以逐一清点的财产物资的清查，例如露天堆放的煤炭等。

对于实物的质量，应根据不同的实物采用不同的检查方法，例如有的采用物理方法，有的采用化学方法来检查实物的质量。

实物清查过程中，实物保管人员和盘点人员必须同时在场。对于盘点结果，应如实登记盘存单，并由盘点人和实物保管人签字或盖章，以明确经济责任。盘存单既是记录盘点结果的书面证明，也是反映财产物资实存数的原始凭证，其一般格式如表 7-5 所示。

表 7-5　盘存单

单位名称：　　　　盘点时间：　　　　编号：

财产类别：　　　　存放地点：　　　　金额单位：

编号	名称	计量单位	数量	单价	金额	备注

盘点人签章：　　　　保管人：

为了查明实存数与账存数是否一致，确定盘盈或盘亏情况，应根据盘存单和有关账簿的记录，编制实存账存对比表。实存账存对比表是用以调整账簿记录的重要原始凭证，也是分析产生差异的原因，明确经济责任的依据。实存账存对比表的一般格式如表 7-6 所示。

表 7-6　实存账存对比表

<table>
<tr><th rowspan="3">编号</th><th rowspan="3">类别及名称</th><th rowspan="3">计量单位</th><th rowspan="3">单价</th><th colspan="2" rowspan="2">实存</th><th colspan="2" rowspan="2">账存</th><th colspan="4">对比结果</th><th rowspan="3">备注</th></tr>
<tr><th colspan="2">盘盈</th><th colspan="2">盘亏</th></tr>
<tr><th>数量</th><th>金额</th><th>数量</th><th>金额</th><th>数量</th><th>金额</th><th>数量</th><th>金额</th></tr>
<tr><td></td><td></td><td></td><td></td><td></td><td></td><td></td><td></td><td></td><td></td><td></td><td></td><td></td></tr>
<tr><td></td><td></td><td></td><td></td><td></td><td></td><td></td><td></td><td></td><td></td><td></td><td></td><td></td></tr>
</table>

主管人员：　　　　会计：　　　　制表：

对于委托外单位加工、保管的材料、商品、物资以及在途的材料、商品、物资等，可以用询证的方法与有关单位进行核对，以查明账实是否相符。

四、财产物资账面结存的方法

企业确定存货的实物数量有两种方法：一种是实地盘存制，一种是永续盘存制。

(一)实地盘存制

"实地盘存制"又称"定期盘存制"，是指企业平时只在账簿中登记存货的增加数，不记减少数，期末根据清点实存数，计算本期存货的减少数。

(二)永续盘存制

"永续盘存制"又称"账面盘点制"，是指企业设置各种有数量有金额的存货明细账，根据有关出入库凭证，逐日逐笔登记材料、产品、商品等的收发领退数量和金额，随时结出账面结存数量和金额。采用永续盘存制，可以随时掌握各种存货的收发、结存情况，有利于存货的各项管理。

为了核对存货账面记录，永续盘存制亦要求进行存货的实物盘点。盘点可定期或不定期进行，通常在生产经营活动的间隙盘点。会计年度终了，应进行一次全面的盘点清查，并编制盘点表，保证账物相符，如有不符应及时查明原因并及时处理。

在我国财产清查的实际操作中，存货的核算一般采用永续盘存制。但不论采用何种方法，前后期应保持一致。

计算公式：

期末结存＝期初结存＋本期增加－本期减少

(三)两种方法比较

1. 相同点

都属于存货的盘存制度，都需要在期末实地盘点。

2. 不同点

(1)账面记录不同：永续盘存制增加、减少都要记录，实地盘存制只记录增加；

(2)销售成本确定方法不同：永续盘存制随时可根据账面记录计算出销售成本，实地盘存制只能在期末通过盘点倒推出本期销售成本；

(3)盘点目的不同：永续盘存制是为了保证账实相符，实地盘存制是为了确定期末存货的数量，从而倒推出销售成本；

(4)适用范围不同：永续盘存制适用范围广，实地盘存制一般只适用于品种多、价值低、交易频繁的商品存货。

(四)两种方法优缺点

1. 实地盘存制

(1)优点：简化存货的日常核算工作。

(2)缺点：

①不能随时反映存货收入、发出和结存的状态，不便于管理人员掌握情况；

②容易掩盖存货管理中存在的自然和人为的损失；

③只能期末盘点时结转成本，不能随时结转成本，实用性较差。

2. 永续盘存制

(1)优点：有利于加强对存货的管理。

(2)缺点：存货明细记录的工作量较大。

第三节 财产清查结果的处理

一、财产清查结果处理的内容

通过财产清查发现的财产管理和核算方面存在的问题，应当认真分析研究，以有关的法令、制度为依据进行处理。为此，应切实做好以下几个方面的工作：

(一)查明差异，分析原因

通过财产清查所确定的清查资料和账簿记录之间的差异，如财产的盘盈、盘亏和多余积压，以及逾期债权、债务等等，都要认真查明其性质和原因，明确经济责任，提出处理意见，按照规定程序经有关部门批准后，予以认真严肃的处理。财产清查人员应以高度的责任心，深入调查研究，实事求是，问题定性要准确，处理方法要得当。

(二)认真总结，加强管理

财产清查以后，针对所发现的问题和缺点，应当认真总结经验教训，表彰先进，巩固成绩，发扬优点，克服缺点，做好工作。同时，要建立和健全以岗位责任制为中心的财产管理制度，切实提出改进工作的措施，进一步加强财产管理，保护社会主义财产的安全和完整。

(三)调整账目，账实相符

财产清查的重要任务之一就是为了保证账实相符，财会部门对于财产清查中所发现的差异必须及时地进行账簿记录的调整。由于财产清查结果的处理要报请审批，所以，在账务处理上通常分两步进行。第一步，将财产清查中发现的盘盈、盘亏或毁损数，通过“待处理财产损溢”账户，登记有关账簿，以调整有关账面记录，使账存数和实存数相一致。第二步，在审批后，应根据批准的处理意见，再从“待处理财产损溢”账户转入有关账户。

二、财产清查结果的账务处理

(一)财产清查结果处理的步骤

1. 审批之前的处理

根据“清查结果报告表”、“盘点报告表”等已经查实的数据资料，编制记账凭证，记入有关账簿，使账簿记录与实际盘存数相符，同时根据企业的管理权限，将处理建议报股东大会或董事会，或经理(厂长)会议或类似机构批准。

2. 审批之后的处理

根据审批的意见，进行差异处理，调整账项，并据以登记有关账簿。

(二)账户设置

为了记录、反映财产的盘盈、盘亏和毁损情况，应设置“待处理财产损溢”科目。“待处理财产损溢”账户是资产类账户，用来核算企业在清查财产过程中查明的各种财产物资的盘盈、盘亏和毁损。在该科目下应设置“待处理非流动资产损溢”和“待处理流动资产损溢”两个明细科目，分别核算非流动资产和流动资产待处理的损溢。“待处理财产损溢”账户的基本结构如图 7-1 所示。

待处理财产损溢

借方	贷方
待处理财产盘亏数 根据批准的处理意见结转待处理财产盘盈数(盘盈转销)	待处理财产盘盈数 根据批准的处理意见结转待处理财产盘亏数(盘亏转销)

图 7-1 “待处理财产损溢”账户结构

对于财产清查中各种材料、在产品和产成品的盘盈和盘亏，属于以下正常原因的，一般增加或冲减费用：在收发物资过程中，由于计量、检验不准确；财产物资在运输、保管、收发过程中，在数量上发生自然损耗；由于手续不齐或计算、登记上发生错误。属于管理不善或工作人员失职，造成财产损失、变质或短缺的，应由过失人负责赔偿的，应增加其他应收款。属于贪污盗窃、营私舞弊造成的损失或自然灾害造成的非常损失，应增加营业外支出。另外，对于财产清查中固定资产盘盈盘亏，其盘盈净值计入“以前年度损益调整”，盘亏净值增加营业外支出。

(三)账务处理

1. 库存现金盘盈、盘亏的账务处理

(1)盘盈批准前：

借:库存现金

　贷:待处理财产损溢

查明原因后做处理:

借:待处理财产损溢

　贷:其他应付款

　　营业外收入(无法查原因)

(2)盘亏批准前:

借:待处理财产损溢

　贷:库存现金

批准后:

借:其他应收款(应收责任人、保险公司赔款)

　管理费用(管理不善、无法查明原因)

　营业外支出(非常原因)

　贷:待处理财产损溢

2. 存货、固定资产清查的账务处理及原则

企业的各项实物资产种类非常多,其中存货与固定资产的清查及相关的盘盈盘亏的处理是最为重要的两部分内容,下面以表7-7进行讲解。

表7-7　存货、固定资产清查的账务处理及原则

处理 项目	批准前	批准后
存货	①盘盈: 借:原材料等科目 　贷:待处理财产损溢	①盘盈: 借:待处理财产损溢 　贷:管理费用
	②盘亏: 借:待处理财产损溢 　贷:原材料等科目	②盘亏: 借:原材料(收回残料) 　管理费用(管理不善) 　营业外支出(非常原因) 　其他应收款(应收责任人、保险公司赔款) 　贷:待处理财产损溢
固定资产	①盘盈:盘盈的固定资产作为前期差错,通过“以前年度损益调整”科目核算,不用区分批准前批准后,在盘盈时做一笔分录。教材未涉及。	
	②盘亏: 先将盘亏的固定资产账面价值转入“待处理财产损溢”科目中。 借:待处理财产损溢 　累计折旧 　贷:固定资产	②盘亏:(盘亏净损失的处理) 借:营业外支出 　其他应收款 　贷:待处理财产损溢

【例 7-2】 东方公司在财产清查中,盘盈材料一批,价值 5 000 元。

在报经批准前,根据"账存实存对比表"确定的材料盘盈数,编制会计分录如下:

借:原材料　　5 000

　贷:待处理财产损溢　　5 000

在批准后,根据批准处理意见,转销材料盘盈的会计分录如下:

借:待处理财产损溢　　5 000

　贷:管理费用　　5 000

【例 7-3】 东方公司在财产清查中,发现现金溢余 150 元,无法查明溢余原因。

在报经批准前,根据"现金盘点报告表"确定的现金盘盈数,编制会计分录如下:

借:库存现金　　150

　贷:待处理财产损溢　　150

在批准后,根据批准处理意见,转销现金盘盈的会计分录如下:

借:待处理财产损溢　　150

　贷:营业外收入　　150

【例 7-4】 东方公司在财产清查中,发现短缺设备一台,账面原价 50 000 元,已提折旧 20 000 元。

在报经批准前,根据"实存账存对比表"确定的固定资产盘亏数,编制会计分录如下:

借:待处理财产损溢　　30 000

　　累计折旧　　20 000

　贷:固定资产　　50 000

在批准后,根据批准处理意见,转销固定资产盘亏的会计分录如下:

借:营业外支出　　30 000

　贷:待处理财产损溢　　30 000

【例 7-5】 东方公司在财产清查中,盘亏材料 40 000 元,其中 25 000 元属于非常损失,15 000 元属于自然损耗。

在报经批准前,根据"实存账存对比表"确定的材料盘亏数,编制会计分录如下:

借:待处理财产损溢　　40 000

　贷:原材料　　40 000

在批准后,根据批准处理意见,转销材料盘亏的会计分录如下:

借:管理费用　　15 000

　　营业外支出　　25 000

　贷:待处理财产损溢　　40 000

【例 7-6】 东方公司在财产清查中，盘亏现金 600 元，其中 400 元应由出纳员赔偿，另外 200 元无法查明原因。

在报经批准前，根据“现金盘点报告表”确定的现金盘亏数，编制会计分录如下：

借：待处理财产损溢　　　　600
　贷：库存现金　　　　　　　　600

在批准后，根据批准处理意见，转销现金盘亏的会计分录如下：

借：其他应收款　　　　400
　　管理费用　　　　　200
　贷：待处理财产损溢　　　　　600

如盘亏或毁损的资产，在期末结账前尚未经批准的，在对外提供财务会计报告时应按上述规定进行处理，并在会计报表附注中做出说明；如果其后批准处理的金额与已处理的金额不一致，应按其差额调整会计报表相关项目的年初数。

对于等待批准处理的财产盘盈、盘亏，会计年终前应处理完毕。会计期末，该账户无余额。

3. 往来款项的账务处理

在财产清查中，往来款项不通过“待处理财产损溢”账户核算，按规定程序直接转销，具体情况如下：

(1)对于无法支付的应付款项，应按其账面价值计入“营业外收入”账户，借记“应付账款”，贷记“营业外收入”。

(2)对于无法收回的应收款项(即坏账损失)，按管理权限报经批准后作为坏账核销。

在会计核算中对坏账损失的处理采用备抵法，即按照一定比例预估并提取“坏账准备”计入当期损益，借“信用减值损失”，贷“坏账准备”；当实际发生时，冲减计提的坏账及应收账款，借“坏账准备”，贷“应收账款”。“坏账准备”是资产类账户，是“应收账款”的抵减账户，用来核算坏账准备的提取和转销情况，贷方登记提取数，借方登记冲销数，余额在贷方表示已经提取但尚未冲销的坏账。

课后练习

一、单项选择题

1. 在财产清查中发现库存材料实存数小于账面数，其原因为自然损耗所致，经批准后进行会计处理，下列各项正确的是（　　）。

A. 增加营业外收入　　B. 增加管理费用

C. 减少管理费用　　D. 增加营业外支出

2. 对财产清查中查明的财产物资的盘盈盘亏，在审批之前应编制记账凭证并及时调整有关账簿记录，下列关于该工作目的的表述中，正确的是（　　）。

A. 确保账簿记录与实际盈存数相符　　B. 确保总账与明细账相符

C. 确保盘盈数与盘亏数相符　　D. 确保明细账与记账凭证相符

3. 企业将应付账款的账面余额与有关债权单位或个人的账面数额进行的核对，属于（　　）。

A. 账证核对　　B. 账表核对　　C. 账实核对　　D. 账账核对

4. 某些资产项目的清查应采用向有关单位发函核对账目的方法。下列各项中，（　　）应当采用该方法进行清查。

A. 原材料　　B. 应收账款　　C. 实收资本　　D. 银行存款

5. 下列各项中，（　　）清查时应采用实地盘点法。

A. 应收账款　　B. 应付账款　　C. 银行存款　　D. 固定资产

6. 下列各项中，（　　）属于库存现金和实物资产的清查都可采用方法。

A. 核对账目法　　B. 技术推算法　　C. 实地盘点法　　D. 发函询证法

7. 下列各项中，（　　）可以作为企业调整账面数字原始凭证。

A. 盘存单　　B. 实存账存对比表

C. 银行存款余额调节表　　D. 往来款项对账单

8. 企业现金出纳人员发生变动时，应对其保管的现金进行清查。下列关于该清查类别的表述中，正确的是（　　）。

A. 全面清查和定期清查　　B. 局部清查和不定期清查

C. 全面清查和不定期清查　　D. 局部清查和定期清查

9. 财产清查中财产盘亏是由于自然灾害所造成的，下列关于会计处理时应计入的借方科目中，正确的是（　　）。

A. 管理费用　　B. 营业外支出　　C. 其他应收款　　D. 生产成本

10. 对盘盈、盘亏提出的处理建议，由（　　）根据管理权限批准后执行。

A. 财务主管

B. 股东大会或董事会、经理会议或类似机构

C. 税务部门

D. 职工代表大会

11. 贵重物资(　　)应清查一次。

A. 每天　　B. 每月　　C. 每季度　　D. 每年

12. 对于其他货币资金的清查,下列说法中正确的是(　　)。

A. 其清查方法与银行存款基本相同　　B. 其清查方法与其他应收款基本相同

C. 可以不进行清查　　D. 正常情况下不会出现账实不符的情况

13. 下列属于银行一方未达账项的是(　　)。

A. 银行代企业收回的贷款,企业尚未入账

B. 银行代企业支付的电费,企业尚未入账

C. 企业收到转账支票,银行尚未入账

D. 银行收取贷款利息,企业尚未入账

14. 下列情况下,企业应进行局部财产清查的是(　　)。

A. 单位撤销、合并　　B. 年终决算前

C. 更换实物管理员　　D. 单位改制

15. 按清查范围划分,单位更换出纳人员时进行的清查属于(　　)。

A. 全面清查　　B. 局部清查　　C. 定期清查　　D. 不定期清查

二、多项选择题

1. 下列各种财产损溢情况,经批准后在账务处理时可增减管理费用的有(　　)。

A. 固定资产丢失　　B. 材料自然损耗

C. 出纳丢失现金　　D. 材料盘盈

2. 下列各项中(　　)属于财产清查结果处理步骤。

A. 核准数字,查明原因　　B. 调整凭证,做到账实相符

C. 调整账簿,做到账实相符　　D. 进行批准后的账务处理

3. 下列各项中(　　)应采用实地盘点法进行清查。

A. 固定资产　　B. 库存商品　　C. 银行存款　　D. 库存现金

4. 下列各项中(　　)可作为原始凭证,据以调整账簿记录。

A. 现金盘点报告表　　B. 银行存款余额调节表

C. 盘存单　　D. 实存账存对比表

5. 下列各项中(　　)属于可能导致账实不符原因。

A. 在收付过程中,由于计量、检验不准确而发生的品种、数量和质量上的差错

B. 在账簿记录上发生重记、漏记、错记或计算上的错误

C. 在财产储存保管过程中发生了自然损耗或升溢

D. 由于管理不善或工作人员的失职而发生的财产损坏、变质或者短缺

6. 当产成品、现金发生盘亏时，报经批准后确认为当期损益，转入(　　)等科目。

A.“管理费用”　　B.“营业外收入”

C.“营业外支出”　　D.“其他应收款”

7. 下列表述中，正确的有(　　)。

A. 在清查小组清查库存现金时，现金由清查人员盘点

B. 在清查小组盘点库存现金时，出纳人员必须在场

C. 不必根据“现金盘点报告表”进行账务处理

D. 根据“现金盘点报告表”进行账务处理

8. 未达账项包括下列几种情况(　　)。

A. 银行已收，企业未收　　B. 银行已付，企业未付

C. 企业已收，银行未收　　D. 企业已付，银行未付

9. 全面清查的具体对象包括(　　)。

A. 货币资金　　B. 存货

C. 固定资产　　D. 往来结算款项

10. 下列表述中，正确的有(　　)。

A. 在清查小组清查库存现金时，现金由清查人员盘点

B. 在清查小组盘点库存现金时，出纳人员必须在场

C. 不必根据“现金盘点报告表”进行账务处理

D. 根据“现金盘点报告表”进行账务处理

三、判断题

1. 存货盘亏、毁损的净损失一律记入“管理费用”科目。(　　)

2. 经批准转销固定资产盘亏净损失时，账务处理应借记“营业外支出”科目，贷记“固定资产清理”科目。(　　)

3. 财会部门对清查财产中发现的差异，应及时进行账簿记录的调整。(　　)

4. 企业往来结算款项主要包括应收款项、应付款项和预收、预付款项等。(　　)

5. 对仓库中的所有存货进行盘点属于全面清查。(　　)

6. 财产局部清查的特点是范围广、内容多、时间短、花费小、参与人员少、专业性较强。(　　)

7. 财产清查是指通过对货币资金、实物资产和往来款项的盘点或核对，确定其实存数量与价值，查明账面记载与实存数量、金额是否相符的专门方法。(　　)

8.“待处理财产损溢”科目月末应无余额。(　　)

9. 实物资产盘点后，编制的“实存账存对比表”应作为调整实物资产账面余额记

录的原始凭证。（　）

10. 现金应该每月清查一次。（　）

四、计算分析题

1. 东方公司2008年9月30日银行存款日记账余额为54 000元，与收到的银行对账单的存款余额不符。经核对，公司与银行均无记账错误，但是发现有下列未达账款，资料如下：

(1)9月28日，东方公司开出一张金额为3 500元的转账支票用以支付供货方货款，但供货方尚未持该支票到银行兑现。

(2)9月29日，东方公司送存银行的某客户转账支票2 100元，因对方存款不足而被退票，而公司未接到通知。

(3)9月30日，东方公司当月的水电费用750元银行已代为支付，但公司未接到付款通知而尚未入账。

(4)9月30日，银行计算应付给东方公司的存款利息120元，银行已入账，而公司尚未收到收款通知。

(5)9月30日，东方公司委托银行代收的款项14 000元，银行已转入公司的存款户，但公司尚未收到通知入账。

(6)9月30日，东方公司收到购货方转账支票一张，金额为6 000元，已经送存银行，但银行尚未入账。

要求：完成下列东方公司的银行存款余额调节表。

银行存款余额调节表

编制单位：东方公司　　　　2008年9月30日　　　　单位：元

项目	金额	项目	金额
企业银行存款日记账余额	54 000	银行对账单余额	62 770
加：银行已收企业未收的款项合计	(1)(　)	加：企业已收银行未收的款项合计	(3)(　)
减：银行已付企业未付的款项合计	750	减：企业已付银行未付的款项合计	(4)(　)
调节后余额	(2)(　)	调节后余额	(5)(　)

2. 东方公司财产清查中发现如下问题：

(1)在财产清查过程中盘盈库存现金20 000元，其中12 000元属于应支付给其他公司的违约金，剩余盘盈金额无法查明原因。

(2)在财产清查中，盘亏设备一台，原值为80 000元，已提折旧50 000元。经查明，过失人赔偿5 000元，已批准进行处理。

(3)现金清查时短款52元,属于出纳员的责任,尚未收到赔款。

(4)发现某产品盘盈200千克,单位成本为10元,共计2 000元。经查该项盘盈属于收发计量错误造成。

(5)盘亏材料10 000元,可以收回的保险赔偿和过失人赔款合计5 000元,剩余的净损失中有3 000元属于非常损失,2 000元属于自然损耗。

要求:根据上述业务编制(1)～(5)的会计分录。

五、思考题

1. 什么是财产清查?为什么要进行财产清查?财产清查有什么作用?

2. 哪些因素会造成各项财产账面数与实际数不一致?

3. 如何对现金、银行存款进行清查?可能会出现什么问题?如何解决?

4. 什么是“未达账项”?企业单位能否根据银行存款余额调节表将未达账项登记入账?为什么?

5. 说明“待处理财产损溢”账户的用途、结构。

6. 财产清查结果如有差异,在账务上应如何处理?

第八章　财务会计报告

第一节　财务会计报告概述

一、财务会计报告的作用

企业、行政、事业等单位的经济活动和财务收支经过日常的会计核算，已在账簿中序时、连续、系统地做了归集和记录。但这些核算资料是分散地反映在各个账户之中，不能集中地、总括地、一目了然地反映企业、行政、事业等单位的经济活动和财务收支全貌。为了满足经营管理的需要，须将日常核算资料按照科学的方法和一定的指标定期进行系统的整理，以特定的表式全面综合地反映企业整个经济活动和财务收支状况。

财务会计报告是指企业对外提供的反映企业某一特定日期的财务状况和某一会计期间的经营成果、现金流量等会计信息的文件。财务会计报告包括财务报表和其他应当在财务报告中披露的相关信息和资料。编制会计报表是会计核算的又一种专门方法，也是会计工作的一项重要内容。会计报表所提供的指标比其他会计资料提供的信息更为综合、系统和全面，更能反映企业和行政、事业等单位的经济活动的情况和结果。因此会计报表对企业和行政、事业单位本身及其主管部门，对企业的债权人和投资者，以及财税、银行、审计等部门来说都是一种十分重要的经济资料。会计报表的作用，具体表现在以下几个方面：

(一)为企业管理人员提供决策与管理信息

财务会计报告所提供的资料，可以帮助企业领导和管理人员分析检查企业的经济活动是否符合制度规定；考核企业资金、成本、利润等计划指标的完成程度；分析评价经营管理中的成绩和缺点，采取措施，改善经营管理，提高经济效益；运用会计报表的资料和其他资料进行分析，为编制下期计划提供依据。同时，通过财务会计报告，把会计经营情况和成果向职工交底，以便进行监督，进一步发挥职工群众主人翁作用，从各方面提出改进建议，促进企业增产节约措施的落实。

(二)为国家宏观管理提供依据

单位主管部门利用会计报表考核所属单位的业绩以及各项经济政策的贯彻执行情况，并通过各单位同类指标的对比分析，可及时总结成绩、推广先进经验；对所发现的问题分析原因，采取措施，克服薄弱环节；同时，通过报表逐级汇总所提供的资料，可以在一定范围内反映国民经济计划的执行情况，为国家宏观管理提供依据。

(三)为财政、税务、银行和审计等部门提供资料

财政、税务、银行和审计部门利用会计报表所提供的资料，可以了解企业资金的筹集运用是否合理，检查企业税收、利润计划的完成与解缴情况以及有无违反税法和财经纪律的现象，更好地发挥财政、税收的监督职能；银行部门可以考察企业流动资金的利用情况，分析企业银行借款的物资保证程度，研究企业流动资金的正常需要量，了解银行借款的归还以及信贷纪律的执行情况，充分发挥银行经济监督和经济杠杆作用；审计部门可以利用会计报表了解企业财务状况和经营情况及财经政策、法令和纪律执行情况，从而为进行财务审计和经济效益审计提供必要的资料。

(四)为投资者、债权人和其他利益群体提供财务状况和偿债能力的数据

企业的投资者、债权人和其他利益群体需利用会计报表所提供的企业财务状况和偿债能力，作为投资、贷款和交易的决策依据。行政、事业等单位的会计报表，可以总括反映预算资金收支情况和预算执行的结果，以便总结经验教训，改进工作，提高单位的管理水平，并为编制下期预算提供必要的资料。

二、财务会计报告的构成

(一)财务会计报告分类

企业财务会计报告分为年度、半年度、季度和月度财务会计报告。其中，半年度、季度和月度财务会计报告统称为中期财务会计报告。

(二)财务会计报告构成

1. 年度、半年度财务会计报告应当包括以下内容。

(1)会计报表：包括资产负债表、利润表、现金流量表、所有者权益变动表；

(2)会计报表附注。

2. 季度、月度财务会计报告通常仅指会计报表，至少应该包括资产负债表和利润表。

(三)各期间财务会计报告编制的时间要求和基本内容

(1)月度财务会计报告，应该于每月份终了后的 6 日内报出，至少应当包括资产负债表和利润表。

(2)季度财务会计报告，应该于每季度终了后的15日内报出，包括的内容与月度的财务会计报告基本相同。

(3)半年度财务会计报告，应该于中期结束(6月末)后的60日内报出，一般包括资产负债表、利润表、现金流量表和会计报表附注。

(4)年度财务会计报告，在每年终了后的4个月内对外提供，包括财务会计报告的全部内容。

(四)会计报表的种类

不同性质的经济单位由于会计核算的内容不一样，经济管理的要求及其所编制会计报表的种类也不尽相同。就企业而言，其所编制的会计报表也可按不同的标志划分为不同的类别。

1.按照会计报表所反映的经济内容分类

按会计报表反映的经济内容分为四种类型：

(1)反映一定日期企业资产、负债及所有者权益等财务状况的报表，如资产负债表。

(2)反映一定时期企业经营成果的会计报表，如利润表。

(3)反映一定时期内企业财务状况变动情况的会计报表，如现金流量表。

(4)反映一定时期企业构成所有者权益的各组成部分的增减变动情况的报表，如所有者权益变动表。

以上四类报表可以划分为静态报表和动态报表，前者为资产负债表，后者为利润表、所有者权益变动表和现金流量表。

2.按照会计报表报送对象分类

会计报表按其服务的对象可分为两大类。

一类是对外报送的会计报表，包括资产负债表、利润表、现金流量表和所有者权益变动表等。这些报表可用于企业内部管理，但更偏向于现在和潜在投资者、贷款人、供应商和其他债权人、顾客、政府机构、社会公众等外部使用者的信息要求。这类报表一般有统一格式和编制要求。

另一类是对内报送的会计报表。这类报表是根据企业内部管理需要编制的，主要用于企业内部成本控制、定价决策、投资或筹资方案的选择等，这类报表无规定的格式、种类。

3.按照会计报表编报的编制主体分类

按会计报表编报的编制主体不同，可将其分为个别会计报表和合并会计报表两类。这种划分是在企业对外单位进行投资的情况下，由于特殊的财务关系所形成的。个别会计报表是指只反映对外投资企业本身的财务状况和经营情况的会计报表，包括对外和对内会计报表。合并会计报表是指一个企业在能够控制另一个企业的情况下，将被控制企业与本企业视为一个整体，将其有关经济指标与本企业的数字合并而编制的会计报表。合并会计报表所反映的是企业与被控制企业共同的财务状况与经营成果。合并会计报表一般只编制对外会计报表。

4.按照会计报表编制的时间分类

按照会计报表编制的时间不同可将其分为中期会计报表和年度会计报表。其中中期会计报表又可分为半年度会计报表、季度会计报表和月份会计报表三类。年报是年终编制的报表，它是全面反映企业财务状况、经营成果及其分配、现金流量等方面的报表。半年度会计报表是每个会计年度的前六个月结束后编制的报表。季报是每一季度末编制的报表，种类比年报少一些。月报是月终编制的财务报表，只包括一些主要的报表，如资产负债表、利润表等。

在编制会计报表时，哪些报表为年度会计报表，哪些报表为季度会计报表，哪些报表为月份会计报表，都应根据《企业会计准则》的规定办理。月度会计报表，季度会计报表称为中期报告，企业在持续经营的条件下，一般是按年、季、月编制会计报表，但在某种特殊情况下则需编制不定期会计报表，例如在企业宣布破产时应编制和报送破产清算会计报表。

5.按照会计报表编制单位分类

按照会计报表编制单位不同，可将其分为单位会计报表和汇总会计报表两类。

单位会计报表是指由独立核算的会计主体编制的，用以反映某一会计主体的财务状况、经营活动成果和费用支出及成本完成情况的报表。汇总会计报表是指由上级主管部门将其所属各基层经济单位的会计报表，与其本身的会计报表汇总编制的，用以反映一个部门或一个地区经济情况的会计报表。

为了帮助会计报表的使用者更加清晰、明了地了解和掌握企业的经济活动情况，使会计报表在经济管理中起到更大的作用，企业应在编制、报送年度会计报表的同时，撰写并报送财务状况说明书。

三、编制要求

为了充分发挥会计报表的作用，会计报表的种类、格式、内容和编制方法都应由财政部统一制定，企业应严格地按照统一规定填制和上报，才能保证会计报表口径一致，便于各有关部门利用会计报表，了解、考核和管理企业的经济活动。

为确保会计报表质量，编制会计报表必须符合以下要求：

(一)数字真实

根据客观性原则，企业会计报表所填列的数字必须真实可靠，能准确地反映企业的财务状况和经营成果。不得以估计数字填列会计报表，更不得弄虚作假、篡改伪造数字。为了确保会计报表的数字真实准确，应做到如下几点：

1. 报告期内所有的经济业务必须全部登记入账，应根据核对无误的账簿记录编制会计报表，不得用估计数字编制会计报表，不得弄虚作假，不得篡改数字。

2. 在编制会计报表之前，应认真核对账簿记录，做到账证相符、账账相符。发现有不符之处，应先查明原因，加以更正，再据以编制会计报表。

3. 企业应定期进行财产清查，对各项财产物资、货币资金和往来款项进行盘点、核实，在账实相符的基础上编制会计报表。

4. 在编制会计报表时，要核对会计报表之间的数字，有勾稽关系的数字应要认真核对；本期会计报表与上期会计报表之间的数字应相对衔接一致、本年度会计报表与上年度会计报表之间相关指标数字应衔接一致。

(二)内容完整

会计报表中各项指标和数据是相互联系、相互补充的，必须按规定填列齐全、完整。不论主表、附表或补充资料都不能漏填、漏报。各会计报表之间，项目之间凡有对应关系的项目的数据，应该相互一致，做到表表相符。

(三)计算正确

会计报表上的各项指标，都必须按《企业会计准则》和《企业会计制度》中规定的口径填列，不得任意删减或增加，凡需经计算填列的指标，应按以上两个制度所规定的公式计算填列。

(四)编报及时

企业应按规定的时间编报会计报表，及时逐级汇总，以便报表的使用者及时、有效地利用会计报表资料。为此，企业应科学地组织好会计的日常核算工作，选择适合本企业具体情况的会计核算组织程序，认真做好记账、算账、对账和按期结账工作。

四、财务会计报告编制前的准备工作

为确保报表的质量，编制会计报表前必须做好充分的准备工作，一般有核实资产、清理债务、复核成本、内部调账、试算平衡及结账等步骤。

(一)核实资产

核实资产是企业编制报表前一项重要的基础工作，而且工作量大。主要包括：

1. 清点现金和应收票据。

2. 核对银行存款，编制银行存款余额调节表。

3. 与购货人核对应收账款。

4. 与供货人核对预付账款。

5. 与其他债务人核对其他应收款。

6. 清查各项存货。

7. 检查各项投资的回收利润分配情况。

8. 清查各项固定资产的在建工程。

在核实以上各项资产的过程中，如发现与账面记录不符，应先转入待处理财产损溢账户，待查明原因，按规定报此处理。

(二)清理债务

企业与外单位的各种经济往来中形成的债务也要认真清理及时处理。对已经到期的负债，要及时偿还，以保持企业的信誉，特别是不能拖欠税款；其他应付款中要注意是否有不正常的款项。

(三)复核成本

编制报表前，要认真复核各项生产、销售项目的成本结转情况。查对是否有少转、多转、漏转、错转成本，这些直接影响企业盈亏的真实，并由此产生一系列的后果，如多交税金、多分利润，使企业资产流失等。

(四)内部调账

内部调账(转账)是编制报表前一项很细致的准备工作。主要有如下几点：

1. 计提坏账准备。应按规定比例计算本期坏账准备，并及时调整入账。

2. 摊销长期待摊费用。凡本期负担的长期待摊费用应在本期摊销。

3. 计提固定资产折旧。

4. 摊销各种无形资产和递延资产。

5. 实行工效挂钩的企业，按规定计提应付职工薪酬。

6. 转销经批准的待处理财产损溢。财务部门对此要及时提出处理意见，报有关领导审批，不能长期挂账。

7. 按权责发生制原则及有关规定，预提利息和费用。

8. 有外币业务的企业，还应计算汇总损益调整有关外币账户。

以上各项准备工作往往是同时交叉进行的。在实现财会电算化的企业，以上有些准备工作是可以通过电脑完成的，如试算平衡和结账等。

第二节　资产负债表

一、资产负债表的意义

资产负债表是反映企业在某一特定日期财务状况的会计报表。它是根据“资产

＝负债＋所有者权益(股东权益)”这一会计基本等式，按照一定的分类标准和顺序，把企业在一定日期的资产、负债和所有者权益各项目予以适当排列编制而成的。资产负债表是企业的基本会计报表之一，主要为报表使用者提供企业所拥有或控制的经济资源及这些经济资源的分布和构成的信息，提供企业资金的来源构成的信息，包括企业所承担的债务，所有者在企业中所拥有的权益等。同时，通过对该表的分析，使用者可以了解企业的财务状况，尤其是企业偿债能力的情况，若把前后期的资产负债表加以对比分析，还可以把握企业资金结构的变化情况及财务状况的发展趋势等方面的信息。

二、资产负债表的基本结构

(一)资产负债表的一般格式

资产负债表一般有表首、正表两部分。其中，表首概括地说明报表名称、编制单位、编制日期、报表编号、货币名称、计量单位等。正表是资产负债表的主体，列示了用以说明企业财务状况的各个项目。资产负债表正表的格式一般有两种：报告式资产负债表和账户式资产负债表的主体。报告式资产负债表是上下结构，上半部列示资产，下半部部分列示负债和所有者权益。在我国，资产负债表采用账户式格式。

资产负债表是依据“资产＝负债＋所有者权益”这一会计等式的基本原理设置的，分为左右两方。左方反映企业所拥有的全部资产，右方反映企业的负债和所有者权益，根据会计等式的基本原理，左方的资产总额等于右方的负债和所有者权益的总额。资产负债表左、右两方各项目前后顺序是按其流动性排列的。

(二)资产的排列顺序

1. 流动资产。包括在一年或超过一年的一个经营周期以内可以变现或耗用、售出的全部资产。在资产负债表上排列为：货币资金、交易性金融资产、衍生金融资产、应收票据及应收账款、预付款项、其他应收款、存货、合同资产、持有待售资产、一年内到期的非流动资产、其他流动资产等。

2. 非流动资产。包括变现能力在一年或超过一年的一个经营周期以上的资产。在资产负债表上排列为：债权投资、其他债权投资、长期应收款、其他权益工具投资、投资性房地产、固定资产、在建工程、生产性生物资产、油气资产、无形资产、开发支出、商誉、长期待摊费用、递延所得税资产、其他非流动资产等。

(三)负债的排列顺序

1. 流动负债。包括偿还期在一年以内的全部负债。在资产负债表上排列顺序为：短期借款、交易性金融负债、衍生金融负债、应付票据及应付账款、预收款项、合同负债、应付职工薪酬、应交税费、其他应付款、一年内到期的非流动负债等。

2. 非流动负债。包括偿还期在一年或超过一年的一个经营周期以上的债务。在资产负债表上排列顺序为：长期借款、应付债券、长期应付款、预计负债、递延收益、递延所得税负债、其他非流动负债等。

(四)所有者权益的排列顺序

所有者权益包括所有者投资、企业在生产经营过程中形成的盈余公积和未分配利润。在资产负债表上的排列顺序为：实收资本、其他权益工具、资本公积、其他综合收益、盈余公积和未分配利润等。

财政部财会〔2019〕6号《关于修订印发2019年度一般企业财务报表格式的通知》对一般企业财务报表格式进行了修订，要求如下：执行企业会计准则的非金融企业中，尚未执行新金融准则和新收入准则的企业应当按照企业会计准则和本通知附件1(见表8-1)的要求编制财务报表，已执行新金融准则或新收入准则的企业应当按照企业会计准则和本通知附件2(见表8-2)的要求编制财务报表。

附件1(表8-1)

一般企业财务报表格式
(适用于未执行新金融准则、新收入准则和新租赁准则的企业)

资产负债表

会企01表

编制单位： ______年____月____日 单位：元

资　　产	期末余额	上年年末余额	负债和所有者权益（或股东权益）	期末余额	上年年末余额
流动资产：			流动负债：		
货币资金			短期借款		
以公允价值计量且其变动计入当期损益的金融资产			以公允价值计量且其变动计入当期损益的金融负债		
衍生金融资产			衍生金融负债		
应收票据			应付票据		
应收账款			应付账款		
预付款项			预收款项		
其他应收款			应付职工薪酬		
存货			应交税费		
持有待售资产			其他应付款		
一年内到期的非流动资产			持有待售负债		
其他流动资产			一年内到期的非流动负债		

续表

资　　产	期末余额	上年年末余额	负债和所有者权益（或股东权益）	期末余额	上年年末余额
流动资产合计			其他流动负债		
非流动资产：			流动负债合计		
可供出售金融资产			非流动负债：		
持有至到期投资			长期借款		
长期应收款			应付债券		
长期股权投资			其中：优先股		
投资性房地产			永续债		
固定资产			长期应付款		
在建工程			预计负债		
生产性生物资产			递延收益		
油气资产			递延所得税负债		
无形资产			其他非流动负债		
开发支出			非流动负债合计		
商誉			负债合计		
长期待摊费用			所有者权益（或股东权益）：		
递延所得税资产			实收资本（或股本）		
其他非流动资产			其他权益工具		
非流动资产合计			其中：优先股		
			永续债		
			资本公积		
			减：库存股		
			其他综合收益		
			专项储备		
			盈余公积		
			未分配利润		
			所有者权益（或股东权益）合计		
资产总计			负债和所有者权益（或股东权益）总计		

附件 2(表 8-2)

一般企业财务报表格式
(适用于已执行新金融准则、新收入准则和新租赁准则的企业)

资产负债表

会企 01 表

编制单位：　　　　______年____月____日　　　　单位：元

资　　产	期末余额	上年年末余额	负债和所有者权益（或股东权益）	期末余额	上年年末余额
流动资产：			流动负债：		
货币资金			短期借款		
交易性金融资产			交易性金融负债		
衍生金融资产			衍生金融负债		
应收票据			应付票据		
应收账款			应付账款		
应收款项融资			预收款项		
预付款项			合同负债		
其他应收款			应付职工薪酬		
存货			应交税费		
合同资产			其他应付款		
持有待售资产			持有待售负债		
一年内到期的非流动资产			一年内到期的非流动负债		
其他流动资产			其他流动负债		
流动资产合计			流动负债合计		
非流动资产：			非流动负债：		
债权投资			长期借款		
其他债权投资			应付债券		
长期应收款			其中：优先股		
长期股权投资			永续债		
其他权益工具投资			租赁负债		
其他非流动金融资产			长期应付款		
投资性房地产			预计负债		
固定资产			递延收益		
在建工程			递延所得税负债		

续表

资　　产	期末余额	上年年末余额	负债和所有者权益（或股东权益）	期末余额	上年年末余额
生产性生物资产			其他非流动负债		
油气资产			非流动负债合计		
使用权资产			负债合计		
无形资产			所有者权益（或股东权益）：		
开发支出			实收资本（或股本）		
商誉			其他权益工具		
长期待摊费用			其中：优先股		
递延所得税资产			永续债		
其他非流动资产			资本公积		
非流动资产合计			减：库存股		
			其他综合收益		
			专项储备		
			盈余公积		
			未分配利润		
			所有者权益（或股东权益）合计		
资产总计			负债和所有者权益（或股东权益）总计		

三、资产负债表的编制方法

（一）"期初余额"栏的填列方法

资产负债表中"上年年末余额"栏各项的数字，应按上年年末资产负债表中"期末余额"栏中的数字填列。"期末余额"栏内各项数字根据会计期末各总账账户及所属明细账户余额填列。若本年度资产负债表中规定的各项目的名称和内容与上年度不一致，应对上年年末资产负债表各项的名称和数字按照本年度的规定进行调整后，填入表中的"上年年末余额"栏。

（二）"期末余额"栏的填列方法

资产负债表的"期末余额"应根据编表时各有关账户的期末余额进行填列，具体填列可分为直接填列和分析计算后填列两种情况。

在编制资产负债表时，"应付职工薪酬"、"应交税费"、"其他应付款"、"长期借款”、“应付债券”、“实收资本”、“资本公积”、“盈余公积”等项目根据有关账户余额直接填列到资产负债表中的有关项目中;有些项目则需根据有关账户的期末余额或账面价值资料进行分析、计算后填列。

资产负债表“期末余额”栏内各项数字,一般应根据资产、负债和所有者权益类科目的期末余额填列,具体填列方法可将其归纳为以下四种:

1. 根据一个或几个总账科目的余额填列

(1)根据总账科目余额直接填列。例如:“短期借款”、“其他应收款”等项目都是根据总账科目的期末余额直接填列。

(2)根据总账科目余额计算填列。例如:“货币资金”项目需要根据“库存现金”、“银行存款”、“其他货币资金”三个总账科目的期末余额合计数计算填列。

2. 根据明细科目余额计算填列

“应收账款”项目应根据“应收账款”和“预收账款”账户所属明细借方余额之和减相应“坏账准备”账面余额后的金额填列。

“预收款项”项目应根据“应收账款”和“预收账款”账户所属明细账贷方余额之和填列。

“应付账款”项目需要根据“应付账款”和“预付账款”科目所属明细账的贷方余额之和填列。

“预付款项”项目应根据“应付账款”和“预付账款”账户所属明细借方余额之和填列。

3. 根据总账科目和明细科目余额分析计算填列

“长期借款”项目需要根据“长期借款”总账账户期末余额,扣除“长期借款”账户所属明细科目中反映的将于1年内到期的长期借款后的金额分析计算填列。其中将于一年内到期的长期借款记入“一年内到期的非流动负债”项目。

4. 根据科目余额减去其备抵项目后的净额填列

如“应收账款”、“长期股权投资”项目,应根据“应收账款”、“长期股权投资”等科目的期末余额,减去“坏账准备”、“长期股权投资减值准备”等科目的期末余额后以净额填列。“固定资产”项目需要根据“固定资产”科目的期末余额,减去“累计折旧”、“固定资产减值准备”等科目期末余额后的净额填列;又如“无形资产”项目应根据“无形资产”科目的期末余额减去“累计摊销”、“无形资产减值准备”科目余额后的净额填列。

(三)资产负债表各项目的填列说明

1. 资产项目

(1)“货币资金”项目,反映企业库存现金、银行结算户存款、外埠存款、银行汇票存款、银行本票存款、信用卡存款、信用证保证金存款等的合计数。本项目应根据“现金”、“银行存款”、“其他货币资金”科目的期末余额合计数填列。

(2)“交易性金融资产”项目,反映资产负债表日企业分类为以公允价值计量且其变动计入当期损益的金融资产,以及企业持有的直接指定为以公允价值计量且其变动计入当期损益的金融资产的期末账面价值。该项目应根据“交易性金融资产”科目的相关明细科目期末余额分析填列。自资产负债表日起超过一年到期且预期持有超过一年的以公允价值计量且其变动计入当期损益的非流动金融资产的期末账面价值，在“其他非流动金融资产”项目反映。

(3)“应收票据”项目，反映资产负债表日以摊余成本计量的，企业因销售商品、提供服务等收到的商业汇票，包括银行承兑汇票和商业承兑汇票。该项目应根据“应收票据”科目的期末余额，减去“坏账准备”科目中相关坏账准备期末余额后的金额分析填列。

(4)“应收账款”项目，反映资产负债表日以摊余成本计量的，企业因销售商品、提供服务等经营活动应收取的款项。该项目应根据“应收账款”科目的期末余额，减去“坏账准备”科目中相关坏账准备期末余额后的金额分析填列。

(5)“预付账款”项目，反映企业预付给供应单位的款项。本项目应根据“预付账款”和“应付账款”科目所属各明细科目的期末借方余额合计填列，减去“坏账准备”科目中有关预付账款计提的坏账准备期末余额后的金额填列。如果“预付账款”科目所属有关明细科目期末有贷方余额的，应在本表“应付账款”项目内填列。

(6)“其他应收款”项目，应根据“应收利息”“应收股利”和“其他应收款”科目的期末余额合计数，减去“坏账准备”科目中相关坏账准备期末余额后的金额填列。

(7)“存货”项目，反映企业期末在库、在途和在加工中的各项存货的可变现净值，包括各种材料、商品、在产品、半成品、包装物、低值易耗品、分期收款发出商品、委托代销商品、受托代销商品等。本项目应根据“物资采购”、“原材料”、“低值易耗品”、“自制半成品”、“库存商品”、“包装物”、“分期收款发出商品”、“委托加工物资”、“委托代销商品”、“受托代销商品”、“生产成本”等科目的期末余额合计减去“受托代销商品款”、“存货跌价准备”科目期末余额后的金额填列。材料采用计划成本核算，以及库存商品采用计划成本或售价核算的企业，还应按加或减材料成本差异、商品进销差价后的金额填列。

(8)“合同资产”和“合同负债”项目，企业按照《企业会计准则第 14 号—收入》(2017 年修订)的相关规定根据本企业履行履约义务与客户付款之间的关系在资产负债表中列示“合同资产”、“合同负债”项目，应分别根据“合同资产”、“合同负债”科目相关明细科目期末余额分析填列。

(9)“持有待售资产”项目，反映资产负债表日划分为持有待售类别的非流动资产及划分为持有待售类别的处置组中的流动资产和非流动资产的期末账面价值。本项目应根据在资产类科目新设置的“持有待售资产”科目的期末余额，减去“持有待售资产减值准备”科目的期末余额后的金额填列。

(10)“一年内到期的非流动资产”项目，反映企业将于一年内到期的非流动资产。

本项目应根据有关科目的期末余额分析计算填列。

(11)“其他流动资产”项目，反映企业除以上流动资产项目外的其他流动资产，本项目应根据有关科目的期末余额填列。如其他流动资产价值较大的，应在会计报表附注中披露其内容和金额。

(12)“债权投资”项目，反映资产负债表日企业以摊余成本计量的长期债权投资的期末账面价值。该项目应根据“债权投资”科目的相关明细科目期末余额，减去“债权投资减值准备”科目中相关减值准备的期末余额后的金额分析填列。自资产负债表日起一年内到期的长期债权投资的期末账面价值，在“一年内到期的非流动资产”项目反映。企业购入的以摊余成本计量的一年内到期的债权投资的期末账面价值，在“其他流动资产”项目反映。

(13)“其他债权投资”项目，反映资产负债表日企业分类为以公允价值计量且其变动计入其他综合收益的长期债权投资的期末账面价值。该项目应根据“其他债权投资”科目相关明细科目期末余额分析填列。

(14)“长期应收款”项目，反映企业持有的长期应收款的可收回金额。本项目应根据“长期应收款”科目的期末余额，减去“坏账准备”科目所属相关明细科目期末余额，再减去“未确认融资收益”科目期末余额后的金额分析计算填列。

(15)“其他权益工具投资”项目，反映资产负债表日企业指定为以公允价值计量且其变动计入其他综合收益的非交易性权益工具投资的期末账面价值。该项目应根据“其他权益工具投资”科目的期末余额填列。

(16)“投资性房地产”项目，反映企业持有的投资性房地产。本项目应根据“投资性房地产”科目的期末余额，减去“投资性房地产累计折旧”、“投资性房地产减值准备”所属有关明细科目期末余额后的金额分析计算填列。

(17)“固定资产”项目，反映资产负债表日企业固定资产的期末账面价值和企业尚未清理完毕的固定资产清理净损益。该项目应根据“固定资产”科目的期末余额，减去“累计折旧”和“固定资产减值准备”科目的期末余额后的金额，以及“固定资产清理”科目的期末余额填列。

(18)“在建工程”项目，反映资产负债表日企业尚未达到预定可使用状态的在建工程的期末账面价值和企业为在建工程准备的各种物资的期末账面价值。该项目应根据“在建工程”科目的期末余额，减去“在建工程减值准备”科目的期末余额后的金额，以及“工程物资”科目的期末余额，减去“工程物资减值准备”科目的期末余额后的金额填列。

(19)“无形资产”项目，反映企业持有无形资产，包括专利权、非专利技术、商标权、著作权、土地使用权等。本项目应根据“无形资产”科目的期末余额，减去“累计摊销”、“无形资产减值准备”科目期末余额后的金额填列。

(20)“开发支出”项目，反映企业开发无形资产过程中能够资本化形成无形资产成本的支出部分。本项目就当根据“研发支出”科目中所属的“资本化支出”明细科目期末余额填列。

(21)“长期待摊费用”项目,反映企业已经发生但应由本期和以后各期负担的分摊期限在一年以上的各项费用。长期待摊费用中在一年内(含一年)摊销的部分,在资产负债表“一年内到期的非流动资产”项目填列。本项目应根据“长期待摊费用”科目的期末余额减去将于一年内(含一年)摊销的数额填列。

(22)“递延所得税资产”项目,反映企业应可抵扣暂时性差异形成的递延所得税资产。本项目应根据“递延所得税资产”科目期末余额分析填列。

(23)“其他非流动资产”项目,反映企业除以上资产以外的其他长期资产。本项目应根据有关科目的期末余额填列。如其他长期资产价值较大的,应在会计报表附注中披露其内容和金额。

2. 负债项目

(1)“短期借款”项目,反映企业借入尚未归还的1年期以下(含1年)的借款。本项目应根据“短期借款”账户的期末余额填列。

(2)“交易性金融负债”项目,反映资产负债表日企业承担的交易性金融负债,以及企业持有的直接指定为以公允价值计量且其变动计入当期损益的金融负债的期末账面价值。该项目应根据“交易性金融负债”科目的相关明细科目期末余额填列。

(3)“ 应付票据”项目,反映资产负债表日以摊余成本计量的,企业因购买材料、商品和接受服务等开出、承兑的商业汇票,包括银行承兑汇票和商业承兑汇票。该项目应根据“应付票据”科目的期末余额填列。

(4)“应付账款”项目,反映资产负债表日以摊余成本计量的,企业因购买材料、商品和接受服务等经营活动应支付的款项。该项目应根据“应付账款”和“预付账款”科目所属的相关明细科目的期末贷方余额合计数填列。

(5)“预收款项”项目,反映企业按合同规定预收的款项。本项目应根据“预收账款”和“应收账款”账户所属各有关明细账户的期末贷方余额合计填列。如果“预收账款”账户所属有关明细科目有借方余额的,应在本表“应收账款”项目内填列。

(6)“应付职工薪酬”项目,反映企业应付未付的职工薪酬和社会保险费等职工薪酬。本项目应根据“应付职工薪酬”账户期末贷方余额填列。如“应付职工薪酬”账户期末为借方余额;以“—”号填列。

(7)“应交税费”项目,反映企业期末未交、多交或未抵扣的各种税费。本项目应根据“应交税费”账户的期末贷方余额填列;如“应交税费”账户期末为借方余额,以“—”号填列。

(8)“其他应付款”项目,应根据“应付利息”“应付股利”和“其他应付款”科目的期末余额合计数填列。

(9)“持有待售负债”项目,反映资产负债表日处置组中与划分为持有待售类别的资产直接相关的负债的期末账面价值。本项目应根据在负债类科目新设置的“持有待售负债”科目的期末余额填列。

(10)“一年内到期的非流动负债”项目,反映企业承担的将于一年内到期的非流动负债,包括一年内到期的长期借款、长期应付款、应付债券和预计负债。本项目应根据有关非流动负债账户的期末余额分析计算填列。

(11)“其他流动负债”项目,反映企业除以上流动负债以外的其他流动负债。本项目应根据有关账户的期末余额填列,如“待转资产价值”账户的期末余额可在本项目内反映。如其他流动负债价值较大的,应在会计报表附注中披露其内容及金额。

(12)“流动负债合计”项目,反映企业所有流动负债合计金额。

(13)“长期借款”项目,反映企业借入尚未归还的1年期以上(不含1年)的借款本息。本项目应根据“长期借款”账户的期末余额减去1年内到期部分的金额填列。

(14)“应付债券”项目,反映企业发行的尚未偿还的各种长期债券的本息。本项目应根据“应付债券”账户的期末贷方余额减去1年内到期部分的金额填列。

(15)“长期应付款”项目,反映资产负债表日企业除长期借款和应付债券以外的其他各种长期应付款项的期末账面价值。该项目应根据“长期应付款”科目的期末余额,减去相关的“未确认融资费用”科目的期末余额后的金额,以及“专项应付款”科目的期末余额填列。

(16)“预计负债”项目,反映企业预计负债的期末余额。本项目应根据“预计负债账户”的期末贷方余额填列。

(17)“递延所得税负债”项目,反映企业根据应纳税暂时性差异确认的递延所得税负债。本项目应根据“递延所得税负债”账户期末贷方余额分析填列。

(18)“其他流动负债”项目,反映企业除长期借款、应付债券以外负的其他非流动负债。本项目应根据有关账户的期末余额填列。如其他非流动负债价值较大的,应在会计报表附注中披露其内容和金额。

3. 所有者权益项目

(1)“实收资本(或股本)”项目,反映企业各投资者实际投入的资本(或股本)总额。本项目应根据“实收资本”(或“股本”)账户的期末贷方余额填列。

(2)“资本公积”项目,反映企业资本公积的期末余额。本项目应根据“资本公积”账户的期末贷方余额填列。

(3)“盈余公积”项目,反映企业盈余公积的期末余额。本项目应根据“盈余公积”账户的期末贷方余额填列。

(4)“未分配利润”项目,反映企业尚未分配的利润。本项目应根据“本年利润”账户和“利润分配”账户的余额计算填列。未弥补的亏损,在本项目内以“—”号填列。

(四)资产负债表编制方法举例

下面举例说明一般企业资产负债表某些项目的编制方法。

甲公司年末有关科目资料，如表 8-3 所示。

表 8-3　东方公司 201×年 12 月 31 日有关账户余额表　　单位：元

账户名称	借方余额	贷方余额	账户名称	借方余额	贷方余额
库存现金	70 000		短期借款		235 000
银行存款	250 000		应付票据		220 000
其他货币资金	205 000		应付账款		500 000
交易性金融资产	25 000		预收账款		20 000
应收票据	35 000		应付职工薪酬		135 000
应收股利	35 000		应付股利		120 000
应收利息	10 000		应交税费		45 000
应收账款	356 000		其他应付款		35 000
坏账准备		6 000	持有待售负债		0
预付账款	60 000		长期借款		500 000
其他应收款	10 000		实收资本		1 500 000
原材料	350 000		资本公积		89 000
库存商品	165 000		盈余公积		256 000
生产成本	185 000		利润分配		125 000
持有待售资产	0				
债权投资	350 000				
长期股权投资	140 000				
长期股权投资减值准备		20 000			
固定资产	2 000 000				
累计折旧		650 000			
在建工程	120 000				
无形资产	90 000				
合计	4 456 000	676 000	合计		3 780 000

说明：以上资料中有三个账户，经查明应在列表时按规定予以调整：在“应收账款”账户中有明细账贷方余额 10 000 元；在“应付账款”账户中有明细账借方余额 20 000 元；在“预付账款”账户中有明细账贷方余额 5 000 元。

现将上列资料经归纳分析后填入资产负债表如下：

(1)将“库存现金”、“银行存款”、“其他货币资金”科目余额合并列入货币资金项

目(70 000+250 000+205 000=525 000),共计 525 000 元;

(2)将坏账准备项目 6 000 元从应收账款项目中减去;将应收账款明细账中的贷方余额 10 000 元列入预收账款项目。计算结果,应收账款项目的账面价值为 360 000 元(356 000+10 000-6 000=360 000);预收账款项目为 30 000 元(20 000+10 000=30 000)。

(3)将应付账款明细账中的借方余额 20 000 元列入预付账款项目;将"预付账款"账户明细账中的贷方余额 5 000 元列入应付账款项目。计算结果,预付账款项目的余额为 85 000 元(60 000+20 000+5 000=85 000),应付账款项目的余额为 525 000 元(500 000+20 000+5 000=525 000)。

(4)将"原材料"、"库存商品"、"生产成本"即其他存货账户余额合并为存货项目(350 000+165 000+185 000=7 000 000),共计 700 000 元。

(5)从"长期股权投资"账户中减去"长期股权投资减值准备"20 000 元,长期股权投资项目的余额为 120 000 元(140 000-20 000=120 000)。

(6)将"固定资产"账户减去"累计折旧"、"固定资产减值准备"等科目,固定资产项目的余额为 1 350 000 元(2 000 000-650 000)。

(7)其余各项目按账户余额表数字直接填入报表。

现试编该企业资产负债表,如表 8-4 所示。

表 8-4　资产负债表

编制单位:东方公司　　201×年 12 月 31 日　　单位:元

资　　产	期末余额	上年年末余额	负债和所有者权益	期末余额	上年年末余额
流动资产:	(略)	(略)	流动负债:	(略)	(略)
货币资金	525 000		短期借款	235 000	
交易性金融资产	25 000		交易性金融负债	0	
应收票据	35 000		应付票据	220 000	
应收账款	360 000		应付账款	525 000	
预付款项	85 000		预收款项	30 000	
其他应收款	55 000		应付职工薪酬	135 000	
存货	700 000		应交税费	45 000	
持有待售资产	0		其他应付款	155 000	
一年内到期的非流动资产	0		持有待售负债	0	
其他流动资产	0		一年内到期的非流动负债	0	
流动资产合计	1 785 000		其他流动负债	0	
非流动资产:			流动负债合计	1 345 000	
债权投资	350 000		非流动负债:		

续表

资　　产	期末余额	上年年末余额	负债和所有者权益	期末余额	上年年末余额
其他债权投资	0		长期借款	500 000	
长期应收款	0		应付债券	0	
长期股权投资	120 000		长期应付款	0	
投资性房地产	0		预计负债	0	
固定资产	1 350 000		递延所得税负债	0	
在建工程	120 000		其他非流动负债	0	
无形资产	90 000		非流动负债合计	500 000	
商誉	0		负债合计	1 845 000	
长期待摊费用	0		所有者权益(或股东权益)：		
递延所得税资产	0		实收资本(或股本)	1 500 000	
其他非流动资产	0		资本公积	89 000	
非流动资产合计	2 030 000		盈余公积	256 000	
			未分配利润	125 000	
			所有者权益(或股东权益)合计	1 970 000	
资产总计	3 815 000		负债和所有者权益(或股东权益)总计	3 815 000	

第三节　利润表

一、利润表的意义

利润表是反映企业在一定会计期间的经营成果的会计报表。利润表的列报必须充分反映企业经营业绩的主要来源和构成，有助于使用者判断净利润的质量及其风险，有助于使用者预测净利润的持续性，从而做出正确的决策。通过利润表可以反映企业一定会计期间的收入实现情况，例如实现的营业收入有多少，实现的投资收益有多少，实现的营业外收入有多少等；可以反映一定会计期间的费用耗费情况，例如耗费的营业成本有多少，营业税费有多少，销售费用、管理费用、财务费用各有多少，营业外支出有多少等；可以反映企业生产经营活动的成果，即净利润的实现情况，据以判断资本保值、增值情况。将利润表中的信息与资产负债表中的信息相结合，还可以提供进行财务分析的基本资料，如：将赊销收入净额与应收账款平均余额进行比较，计算出应收账款周转率；将销货成本与存货平均余额进行比较，计算出存货周转率；将净利润与资产总额进行比较，计算出资产收益率等。从而可以反映企业资金周转情况以及企业的盈利能力和水平，便于报表使用者判断企业未来的发展趋势，做出经济决策。

利润表可以提供的信息有：

(1)企业在一定时期内取得的全部收入，包括营业收入、投资收益和营业外收入。

(2)企业在一定时期内发生的全部费用和支出，包括营业成本、销售费用、管理费用、财务费用和营业外支出。

(3)全部收入与支出相抵后计算出企业一定时期内实现的利润(或亏损)总额。

二、利润表的结构

利润表一般包括表首、正表两部分。其中，表首概括说明报表名称、编制单位、编制日期、报表编号、货币名称、计量单位；正表示利润表的主体，反映形成经营成果的各个项目和计算过程。正表的格式一般有两种：单步式利润表和多步式利润表。单步式利润表是将当期所有的收入列在一起，然后将所有的费用列在一起，两者相减得出当期净损益。多步式利润表是通过对当期的收入、费用、支出项目按性质加以归类，按利润形成的主要环节列示一些中间性的利润指标，如营业利润、利润总额、净利润，分步计算当期净损益。我国采用多步式格式。利润表的格式如表 8-5 所示。

表 8-5　利润表

编报单位：　　　　　　年　　月　　　　　　单位：元

项　　目	本期金额	上期金额
一、营业收入		
减：营业成本		
税金及附加		
销售费用		
管理费用		
研发费用		
财务费用		
其中：利息费用		
利息收入		
加：其他收益		
投资收益(损失以“－”号填列)		
其中：对联营企业和合营企业的投资收益		
以摊余成本计量的金融资产终止确认收益(损失以“－”号填列)		

续表

项　　目	本期金额	上期金额
净敞口套期收益(损失以"—"填列)		
公允价值变动收益(损失以"—"号填列)		
信用减值损失(损失以"—"号填列)		
资产减值损失(损失以"—"号填列)		
资产处置收益(损失以"—"号填列)		
二、营业利润(亏损以"—"号填列)		
加:营业外收入		
减:营业外支出		
三、利润总额(亏损总额以"—"号填列)		
减:所得税费用		
四、净利润(净亏损以"—"号填列)		
(一)持续经营净利润(净亏损以"—"号填列)		
(二)终止经营净利润(净亏损以"—"号填列)		
五、其他综合收益的税后净额		
(一)不能重分类进损益的其他综合收益		
1. 重新计量设定受益计划变动额		
2. 权益法下不能转损益的其他综合收益		
3. 其他权益工具投资公允价值变动		
4. 企业自身信用风险公允价值变动		
⋮		
(二)将重分类进损益的其他综合收益		
1. 权益法下可转损益的其他综合收益		
2. 其他债权投资公允价值变动		
3. 金融资产重分类计入其他综合收益的金额		
4. 其他债权投资信用减值准备		
5. 现金流量套期储备		
6. 外币财务报表折算差额		
⋮		
六、综合收益总额		
七、每股收益		
(一)基本每股收益		
(二)稀释每股收益		

为了清楚地反映各项指标的报告期数及从年初到报告期为止的累计数,在利润表中应分别设置"本期金额"和"上期金额"两栏。

三、利润表的编制方法

利润表各项目的数据来源主要是根据各损益类科目的发生额分析填列。各项目均须填列“本期金额”和“上期金额”两栏。

(一)利润表各项目的填列方法

1.“上期金额”栏的填列方法

“上期金额”栏应根据上年该期利润表“本期金额”栏内所列数字填列。如果上年该期利润表规定的各个项目的名称和内容同本期不一致,应对上年该期利润表各项目的名称和数字按本期的规定进行调整,填入利润表“上期金额”栏内。

2.“本期金额”栏的填列方法

利润表中的各个项目,都是根据有关会计科目记录的本期实际发生数和累计发生数分别填列的。

(1)“营业收入”项目,反映企业经营活动所取得的收入总额。本项目应根据“主营业务收入”、“其他业务收入”等科目的发生额合并填列。

(2)“营业成本”项目,反映企业经营活动发生的实际成本。本项目应根据“主营业务成本”、“其他业务成本”等科目的发生额合并填列。

(3)“税金及附加”项,反映企业经营活动应负担的消费税、城市维护建设税、资源税、土地增值税和教育费附加等。本项目应根据“税金及附加”科目的发生额分析填列。

(4)“销售费用”项目,反映企业在销售商品和商品流通企业在购入商品等过程中发生的费用。本项目应根据“营业费用”科目的发生额分析填列。

(5)“管理费用”项目,反映企业发生的管理费用。本项目应根据“管理费用”科目的发生额分析填列。

(6)“研发费用”项目,反映企业进行研究与开发过程中发生的费用化支出。该项目应根据“管理费用”科目下的“研发费用”明细科目的发生额分析填列。

(7)“财务费用”项目,反映企业发生的财务费用。本项目应根据“财务费用”科目的发生额分析填列。其中,“利息费用”项目,反映企业为筹集生产经营所需资金等而发生的应予费用化的利息支出。该项目应根据“财务费用”科目的相关明细科目的发生额分析填列。“利息收入”项目,反映企业确认的利息收入。该项目应根据“财务费用”科目的相关明细科目的发生额分析填列。

(8)“其他收益”项目,反映计入其他收益的政府补助等。该项目应根据在损益类科目新设置的“其他收益”科目的发生额分析填列。

(9)“投资收益”项目,反映企业以各种方式对外投资所取得的收益。本项目应根据“投资收益”科目的发生额分析填列；如为投资损失，以“－”号填列。

(10)“净敞口套期收益”项目，反映净敞口套期不被套期项目累计公允价值变动转入当期损益的金额或现金流量套期储备转入当期损益的金额。该项目应根据“净敞口套期损益”科目的发生额分析填列；如为套期损失，以“－”号填列。

(11)“公允价值变动损益”项目，反映企业确认的交易性金融资产或交易性金融负债的公允价值变动额。本项目应根据“公允价值变动损益”科目的发生额分析填列。

(12)“信用减值损失”项目，反映企业按照《企业会计准则第 22 号——金融工具确认和计量》(2017 年修订)的要求计提的各项金融工具减值准备所形成的预期信用损失。该项目应根据“信用减值损失”科目的发生额分析填列。

(13)“资产减值损失”项目，反映企业确认的资产减值损失。本项目应根据“资产减值损失”科目的发生额分析填列。

(14)“资产处置收益”项目，反映企业出售划分为持有待售的非流动资产(金融工具、长期股权投资和投资性房地产除外)或处置时确认的处置利得或损失，以及处置未划分为持有待售的固定资产、在建工程、生产性生物资产及无形资产而产生的处置利得或损失。债务重组中因处置非流动资产产生的利得或损失和非货币性资产交换产生的利得或损失也包括在本项目内。本项目应根据在损益类科目新设置的“资产处置损益”科目的发生额分析填列；如为处置损失，以“－”号填列。

(15)“营业外收入”项目和“营业外支出”项目，反映企业发生的与其生产经营无直接关系的各项收入和支出。这两个项目应分别根据“营业外收入”科目和“营业外支出”科目的发生额分析填列。

(16)“利润总额”项目，反映企业实现的利润总额。如为亏损总额，以“－”号填列。

(17)“所得税费用”项目，反映企业按规定从本期损益中减去的所得税费用。本项目应根据“所得税”科目的发生额分析填列。

(18)“净利润”项目，反映企业实现的净利润。如为净亏损，以“－”号填列。

报表中的“本月数”应根据各有关会计科目的本期发生额直接填列；“本年累计数”栏反映各项目自年初起到本报告期止的累计发生额，应根据上月“利润表”的累计数加上本月“利润表”的本月数之和填列。年度“利润表”的“本月数”栏改为“上年数”栏时，应根据上年“利润表”的数字填列。如果上年“利润表”和本年“利润表”的项目名称和内容不相一致，应将上年的报表项目名称和数字按本年度的规定进行调整，然后填入“上年数”栏。

(19)“持续经营净利润”和“终止经营净利润”项目，分别反映净利润中与持续经营相关的净利润和与终止经营相关的净利润；如为净亏损，以“－”号填列。该两个项目应按照《企业会计准则第 42 号——持有待售的非流动资产、处置组和终止经营》的相关规定分别列报。

(20)每股收益。企业应当在利润表中单独列示基本每股收益和稀释每股收益。

①基本每股收益。企业应当按照属于普通股东的当期净利润,除以发行在外普通股的加权平均数计算基本每股收益。

②稀释每股收益。企业存在稀释性潜在普通股的,应当分别调整归属于普通股股东的当期净利润和发行在外普通股的加权平均数,并据以计算稀释每股收益。

3. 月份利润表"本年累计数"栏各项目的填列方法

利润表"本年累计数"栏反映各项目自年初起至本月末止的累计实际发生数。根据上月利润表的"本年累计数"栏的数字,加上本月利润表的"本月数"栏的数字,可以得出项目的本月利润表的"本年累计数",然后填入相应的项目内。

(二)利润表编制方法举例

从上述具体项目的填列方法分析,利润表的填列方法可归纳为以下两种:

(1)根据账户的发生额分析填列。利润表中的大部分项目都可以根据账户的发生额分析填列,如销售费用、税金及附加、管理费用、财务费用、营业外收入、营业外支出、所得税等。

(2)根据报表项目之间的关系计算填列。利润表中的某些项目需要根据项目之间的关系计算填列,如营业利润、利润总额、净利润等。

下面举例说明一般企业利润表的编制方法。

东方公司201×年度利润表有关科目的累计发生额,如表8-6所示。

表8-6 利润表有关科目累计发生额 单位:元

科目名称	借方发生额	贷方发生额
主营业务收入		12 500 000
其他业务收入		230 000
投资收益		3 200 000
营业外收入		2 850 000
主营业务成本	8 500 000	
税金及附加	550 000	
其他业务成本	0	
销售费用	200 000	
管理费用	1 050 000	
研发费用	0	
财务费用	1 000 000	
资产减值损失	20 000	
营业外支出	2 000 000	
所得税费用	1 800 000	

根据以上账户记录,编制东方公司201×年度利润表,如表8-7所示。

表 8-7 利润表

编报单位：东方公司　　201×年×月　　单位：元

项　　目	本期金额	上期金额
一、营业收入	12 730 000	（略）
减：营业成本	8 500 000	
税金及附加	550 000	
销售费用	200 000	
管理费用	1 050 000	
研发费用	0	
财务费用	1 000 000	
其中：利息费用		
利息收入		
加：其他收益	0	
投资收益（损失以“－”号填列）	3 200 000	
其中：对联营企业和合并企业的投资收益	0	
以摊余成本计量的金融资产终止确认收益（损失以“－”号填列）	0	
净敞口套期收益（损失以“－”号填列）	0	
公允价值变动收益（损失以“－”号填列）	0	
信用减值损失（损失以“－”号填列）	0	
资产减值损失（损失以“－”号填列）	－20 000	
资产处置收益（损失以“－”号填列）	0	
二、营业利润（亏损以“－”号填列）	4 610 000	
加：营业外收入	2 850 000	
减：营业外支出	2 000 000	
三、利润总额（净亏损以“－”号填列）	5 460 000	
减：所得税费用	1 800 000	
四、净利润（净亏损以“－”号填列）	3 660 000	
（一）持续经营净利润（净亏损以“－”号填列）	（略）	
（二）终止经营净利润（净亏损以“－”号填列）	（略）	
五、其他综合收益的税后净额	（略）	
（一）不能重分类进损益的其他综合收益	（略）	
1. 重新计量设定受益计划变动额		
2. 权益法下不能转损益的其他综合收益		

续表

项　　目	本期金额	上期金额
3.其他权益工具投资公允价值变动		
4.企业自身信用风险公允价值变动		
⋮		
（二）将重分类进损益的其他综合收益	（略）	
1.权益法下可转损益的其他综合收益		
2.其他债权投资公允价值变动		
3.金融资产重分类计入其他综合收益的金额		
4.其他债权投资信用减值准备		
5.现金流量套期储备		
6.外币财务报表折算差额		
⋮		
六、综合收益总额	（略）	
七、每股收益：	（略）	
（一）基本每股收益		
（二）稀释每股收益		

第四节　现金流量表

一、现金流量表的意义

现金流量表是指反映企业在一定会计期间经营活动、投资活动和筹资活动对现金及现金等价物产生影响的会计报表，属于动态报表。编制现金流量表的主要目的是为报表使用者提供企业一定会计期间内现金流入和流出的有关信息，揭示企业的偿债能力和变现能力。便于会计报表使用者了解和评价企业业绩、衡量企业财务资源和财务风险以及预测企业未来前景方面有着十分重要的作用。现金流量表有助于评价企业支付能力、偿债能力和周转能力；有助于预测企业未来现金流量；有助于预测企业未来现金流量；有助于分析企业收益质量及影响现金净流量的因素。

为更好地理解和运用现金流量表，必须正确界定如下概念：

1. 现金。指企业库存现金及可随时用于支付的存款。应注意的是，银行存款和其他货币资金中有些不能随时用于支付的存款。如不能随时支取的定期存款等，不应作为现金，而应列作投资；提前通知金融企业便可支取的定期存款，则应包括在现金范围内。

2. 现金等价物。指企业持有的期限短、流动性强、易于转化为已知金额现金、价值变动风险很小的投资。一项投资被确认为现金等价物必须同时具备四个条件：期限短、流动性强、易于转化为已知金额现金、价值变动风险很小。其中，期限较短一般是指从购买日起三个月内到期，例如可在证券市场上流通的三个月到期的短期债券投资等。

3. 现金流量。指企业现金和现金等价物的流入和流出。应该注意的是，企业现金形式的转换不会产生现金的流入和流出，如企业从银行提取现金，是企业现金存放形式的转换，并未流出企业，不构成现金流量；同样，现金和现金等价物之间的转换也不属于现金流量，比如，企业用现金购买将于三个月到期的国库券。

二、现金流量表的基本结构

设置现金流量表的公式为：现金净流量＝现金收入－现金支出。分为三部分：第一部分为经营活动中的现金流量；第二部分为投资活动中的现金流量；第三部分为筹资活动中的现金流量。各部分又分别按收入项目和支出项目列示，以反映各类活动所产生的现金流入量和现金流出量来展示各类现金流入和流出的原因。

(一)经营活动的现金流量

经营活动的现金流量是指企业投资活动和筹资活动以外的所有交易和事项所导致的现金收入和支出。

(1)经营活动所产生的现金收入，包括出售产品、商品、提供劳务等取得的现金收入。

(2)经营活动所产生的现金支出，包括购买材料、商品及支付职工劳动报酬发生的现金支出、各项制造费用、期间费用支出、税款等支出。

(二)投资活动的现金流量

投资活动的现金流量是指企业在投资活动中所导致的现金收入和支出。

(1)投资活动所产生的现金收入，包括收回投资、出售固定资产净收入等。

(2)投资活动所产生的现金支出，包括对外投资、购买固定资产等。

(三)筹资活动的现金流量

筹资活动的现金流量是指企业在筹资活动中所导致的现金收入和支出。

(1)筹资活动所产生的现金收入，包括发行债券、取得借款、增加股本(增发股票)等。

(2)筹资活动中所产生的现金支出，包括偿还借款、清偿债务、支付现金股利等。

一般企业现金流量表的基本格式如表 8-8 所示。

表 8-8　现金流量表

编制单位：东方公司　　　　201×年×月　　　　单位：元

项　　目	本期金额	上期金额
一、经营活动产生的现金流量		
销售商品、提供劳务收到的现金		
收到的税费返还		
收到其他与经营活动有关的现金		
经营活动现金流入小计		
购买商品、接受劳务支付的现金		
支付给职工以及为职工支付的现金		
支付的各项税费		
支付其他与经营活动有关的现金		
经营活动现金流出小计		
经营活动产生的现金流量净额		
二、投资活动产生的现金流量		
收回投资收到的现金		
取得投资收益收到的现金		
处置固定资产、无形资产和其他长期资产收回的现金净额		
处置子公司及其他营业单位收到的现金净额		
收到其他与投资活动有关的现金		
投资活动现金流入小计		
购建固定资产、无形资产和其他长期资产支付的现金		
投资支付的现金		
取得子公司及其他营业单位支付的现金净额		
支付其他与投资活动有关的现金		
投资活动现金流出小计		
投资活动产生的现金流量净额		
三、筹资活动产生的现金流量		
吸收投资收到的现金		
取得借款收到的现金		
收到其他与筹资活动有关的现金		
筹资活动现金流入小计		
偿还债务支付的现金		

续表

项　　目	本期金额	上期金额
分配股利、利润或偿付利息支付的现金		
支付其他与筹资活动有关的现金		
筹资活动现金流出小计		
筹资活动产生的现金流量净额		
四、汇率变动对现金及现金等价物的影响		
五、现金及现金等价物净增加额		
加:期初现金及现金等价物余额		
六、期末现金及现金等价物余额		

三、现金流量表的编制

编制现金流量表的时候,经营活动现金流量有两种列示方法:一为直接法,二为间接法。这两种方法通常也称为现金流量表的编制方法。直接法是通过现金收入和支出的主要类别反映来自企业经营活动的现金流量。一般以利润表中的营业收入为起点,调整与经营活动有关项目的增减活动,然后计算出经营活动的现金流量。间接法是以本期净利润为起点,调整不涉及现金的收入、费用、营业外收支以及有关项目的增减变动,据此计算出经营活动的现金流量。

现金流量表的编制,以后在财务会计中介绍。

第五节　所有者权益变动表

一、所有者权益变动表的意义

所有者权益变动表全面地反映了公司一定时期所有者权益变动的情况,其中不仅包括了所有者权益总量的增减变动,还包括了所有者权益增减变动的重要结构性信息,特别是反映了直接计入所有者权益的利得和损失,让报表使用者能准确地理解所有者权益增减变动的根源。

二、所有者权益变动表的基本结构

所有者权益变动表是指反映构成所有者权益各组成部分当期增减变动情况的报表。在该报表中，应至少单独列示反映以下项目：①净利润；②直接计入所有者权益的利得和损失项目及其总额；③会计政策变更和差错更正的累积金额；④所有者投入资本和向所有者分配利润；⑤提取的盈余公积；⑥实收资本或股本、资本公积、盈余公积、未分配利润的期初和期末余额及其调节情况。

所有者权益变动表一般以矩阵的形式列示，这样能够清楚地表明构成所有者权益的各组成部分当期的增减变动情况：①列示导致所有者权益变动的交易或事项，从所有者权益变动的来源对一定时期所有者权益变动情况进行全面反映；②按照所有者权益各组部分(包括实收资本，资本公积、盈余公积、未分配利润和库存股)及其总额列示交易或事项对所有者权益的影响。此外公司还需要提供比较所有者权益变动表，所有者权益变动表还就各项目再分为“本年金额”和“上年金额”两栏分别填列。

三、所有者权益变动表的编制

(一)上年金额栏的填列方法

所有者权益变动表“上年金额”栏内各项数字，应根据上年度所有者权益变动表“本年金额”栏内所列数字填列。如果上年度所有者权益变动表规定的各个项目的名称和内容同本年度不相一致，应对上年度所有者权益变动表各项目的名称和数字按本年度的规定进行调整，填入所有者权益变动表“上年金额”栏内。

(二)本年金额栏的填列方法

所有者权益变动表“本年金额”栏内各项数字一般应根据“实收资本(或股本)”、“资本公积”、“库存股”、“盈余公积”、“未分配利润”、“所有者权益合计”科目的发生额分析填列。所有者权益变动表要求根据一定时期的实收资本、资本公积、盈余公积、未分配利润科目填列“上年金额”和“本年金额”二列数字。“上年金额”填列上年同期累计实际发生数或余额；“本年金额”反映各项目自年初起至报告期末止的累计实际发生数或余额。如果上年度所有者权益变动表与本年度所有者权益变动表的项目名称和内容不相一致，应对上年度利润表项目的名称和数字按本年度的规定进行调整，填入本表“上年金额”栏。

所有者权益变动表各项目的内容及其填列方法，如表 8-9 所示。

1.“上年年末余额”项目，反映企业上年资产负债表中实收资本(或股本)、资本公积、盈余公积、未分配利润的年末余额。

2.“会计政策变更”和“前期差错更正”项目，分别反映企业采用追溯调整法处理的会计政策变更的累积影响金额和采用追溯重述法处理的会计差错更正的累积影响金额。

为了体现会计政策变更和前期差错更正的影响，企业应当在上期期末所有者权益余额的基础上进行调整得出本期期初所有者权益，根据“盈余公积”、“利润分配”、“以前年度损益调整”等科目的发生额分析填列。

3.“本年增减变动额”项目分别反映如下内容：

(1)“综合收益总额”项目，反映企业当年实现的净利润(或净亏损)金额，并对应列在“未分配利润”栏。

(2)“所有者投入和减少资本”项目，反映企业当年所有者投入的资本和减少的资本其中：

“所有者投入的普通股”项目，反映企业接受投资者投入形成的实收资本(或股本)和资本溢价或股本溢价，并对应列在“实收资本”和“资本公积”栏。

“股份支付计入所有者权益的金额”项目，反映企业处于等待期中的权益结算的股份支付当年计入资本公积的金额，并对应列在“资本公积”栏。

(3)“利润分配”下各项目，反映当年对所有者(或股东)分配的利润(或股利)金额和按照规定提取的盈余公积金额，并对应列在“未分配利润”和“盈余公积”栏。其中：

“提取盈余公积”项目，反映企业按照规定提取的盈余公积。

“对所有者(或股东)的分配”项目，反映对所有者(或股东)分配的利润(或股利)金额。

(4)“所有者权益内部结转”下各项目，反映不影响当年所有者权益总额的所有者权益各组成部分之间当年的增减变动，包括资本公积转增资本(或股本)、盈余公积转增资本(或股本)、盈余公积弥补亏损等。为了全面反映所有者权益各组成部分的增减变动情况，所有者权益内部结转也是所有者权益变动表的重要组成部分，主要指不影响所有者权益总额、所有者权益的各组成部分当期的增减变动。其中：

“资本公积转增资本(或股本)”项目，反映企业以资本公积转增资本或股本的金额。

“盈余公积转增资本(或股本)”项目，反映企业以盈余公积转增资本或股本的金额。

“盈余公积弥补亏损”项目，反映企业以盈余公积弥补亏损的金额。

4.“本年年末余额”项目中的各栏是在对应的“本年年初余额”基础上分别加减该栏中“本年增减变动额”的各项影响后计算填列。

表 8-9　所有者权益变动表

编制单位:东方公司　　　　20××年度　　　　单位:元

项　目	本年金额										上年金额									
	实收资本(或股本)	其他权益工具			资本公积	减:库存股	其他综合收益	盈余公积	未分配利润	所有者权益合计	实收资本(或股本)	其他权益工具			资本公积	减:库存股	其他综合收益	盈余公积	未分配利润	所有者权益合计
		优先股	永续债	其他								优先股	永续债	其他						
一、上年年末余额																				
加:会计政策变更																				
前期差错更正																				
其他																				
二、本年年初余额																				
三、本年增减变动金额(减少以“－”号填列)																				
(一)综合收益总额																				
(二)所有者投入和减少资本																				
1. 所有者投入的普通股																				
2. 其他权益工具持有者投入资本																				
3. 股份支付计入所有者权益的金额																				
4. 其他																				
(三)利润分配																				
1. 提取盈余公积																				
2. 对所有者(或股东)的分配																				
3. 其他																				
(四)所有者权益内部结转																				
1. 资本公积转增资本(或股本)																				
2. 盈余公积转增资本(或股本)																				
3. 盈余公积弥补亏损																				
4. 设定受益计划变动额结转留存收益																				
5. 其他																				
四、本年年末余额																				

第六节　会计报表附注和财务状况说明书

一、会计报表附注的主要内容

公司对外提供财务报表的种类、格式和内容由国家制定的会计制度统一规定，具有相对固定性，所能反映的财务信息受到一定的限制。财务报表附注是对财务报表起补充作用，即对资产负债表、利润表、现金流量表、所有者权益变动表等报表列示项目的文字描述或明细资料，以及对未能在这些报表中列示的内容，或者披露不详尽的内容做进一步的解释说明，以提高财务报表的可比性和会计信息的可理解性，有利于报表使用者更全面、准确地了解公司的财务状况、经营成果和现金流量情况，正确使用公司的会计信息。

(一)公司的基本情况

(1)公司注册地、组织形式和总部地址；

(2)公司的业务性质各主要经营活动；

(3)母公司以及集团最终母公司的名称；

(4)财务报告的批准报出者和财务报告批准报出日。

(二)财务报表的编制基础

(三)遵循企业会计准则的声明

企业应当声明编制的财务报表符合企业会计准则的要求，真实、完整地反映了企业的财务状况、经营成果和现金流量等有关信息。

(四)重要会计政策和会计估计

公司应当披露采用的重要会计政策和会计估计，不重要的会计政策和会计估计可以不披露。

会计政策是指公司在会计确认、计量和报告中所采用的原则、基础和会计处理方法。一般情况下会选择最恰当的会计政策反映其经营成果和财务状况。由于会计政策在具体使用中可以有不同的选择，这样采用不同的会计政策进行核算，所得出的财务报表的数据也不同。为了有助于使用者的理解，有必要在编制财务报表附注的形式加以说明。

另外需要特别指出，说明会计政策时还需要披露下面两项内容：①财务报表项目的计量基础，即披露财务报表中的项目是按照何种计量基础(包括历史成本、重置成本、可变现净值、公允价值等）予以计量的。②会计政策的确认依据，主要是指公司在运用会计政策过程中所做的对报表中确认的项目金额最具影响的判断。

（五）会计政策和会计估计变更以及差错更正的说明

根据企业会计准则的要求，公司采用的会计政策和会计各期方法前后各期应当一致，不得随意变更。如确有必要变更，应当在报表附注中加以说明。主要包括以下事项：

（1）会计政策变更的性质、内容和原因；

（2）当期和各个列报前期财务报表中受影响的项目名称和调整金额；

（3）无法进行追溯调整的，说明该事实和原因以及开始应用变更后的会计政策的时点；

（4）会计估计变更的内容的原因；

（5）会计估计变更对当期和未来期间的影响数；

（6）会计估计变更的影响不能确定的，披露这一事实和原因；

（7）前期差错的性质；

（8）各个列报前期财务报表中受到影响的项目名称和更正金额；

（9）无法进行追溯重述的，说明该事实和原因以及对前期差错开始进行更正的时点、具体更正情况。

（六）会计报表中重要项目的说明

公司应当以文字和数字描述相结合、尽可能以列表形式披露重要报表项目的构成或当期增减变动情况，并与报表项目相互参照。在披露顺序上，一般应当按照资产负债表、利润表、现金流量表、所有者权益变动表的顺序及其报表项目列示的顺序。

会计报表中重大项目主要有：

（1）应收款项（不包括应收票据）及计提坏账准备的方法；

（2）存货、投资核算的方法；

（3）固定资产计价和折旧方法；

（4）无形资产计价和摊销的方法；

（5）长期待摊费用的摊销方法；

（6）收入的分类及金额；

（7）所得税的会计处理方法。

（七）或有事项的说明

或有事项是指过去的交易或事项形成的一种状况，其结果须通过未来事项的发生或不发生予以决定的不确定事项。或有事项分为或有负债和或有资产。

或有负债是指过去的交易或事项形成的潜在义务，其存在须通过未来不确定事项的发生和不发生予以证实；或过去交易或事项形成的现时义务，履行该义务不是很可能导致经济利益流出公司或该义务的金额不能可靠计量。

或有资产是指过去的交易或事项形成的潜在资产，其存在须通过未来不确定性事项的发生或不发生予以证实。或有负债和或有资产不符合负债和资产的定义和确认条件，公司不应当确认或有负债和或有资产，而应当进行相应的披露。

1. 预计负债的披露

(1)预计负债的种类、形成原因以及经济利益流出不确定性的说明；

(2)各类预计负债的期初、期末余额和本期变动情况；

(3)与预计负债有关的预计补偿金额和本期已确认的预计补偿金额。

2. 或有负债的披露

(1)或有负债和种类及其形成原因，包括已贴现商业承兑汇票、未决诉讼、未决仲裁、对外提供担保等形成的或有负债；

(2)经济利益流出不确定性的说明；

(3)或有负债预计产生的财务影响，以及获得补偿的可能性；无法预计的，应当说明原因。

3. 企业通常不应当披露或有资产

但或有资产很可能会给企业带来经济利益的，应当披露其形成的原因、预计产生的财务影响。

(八)资产负债表日后事项的说明

资产负债表日后才发生的或存在的非调整事项，虽然不影响资产负债表日存在状况，但如不加以说明，将会影响财务报表使用者做出正确估计和决策，因此必须在财务报表附注中予以说明。主要包括：

(1)资产负债表日后股票和债券的发行；

(2)资产负债表日后自然灾害导致的资产损失；

(3)资产负债表日后发生巨额亏损；

(4)资产负债表日后资产价格、税收政策、外汇汇率发生较大变动；

(5)资产负债表日后发生重大诉讼、仲裁、承诺；

(6)资产负债表日后公司合并或处置子公司。

上述非调整事项，应当在财务报表附注中说明其性质、内容及其对财务状况、经营成果的影响；如无法做出估计，应当说明其原因。

(九)关联方关系及其交易的说明

公司无论是否发生关联方交易，均应当在附注中与母公司和子公司有关的下列信息：

(1)母公司和子公司的名称。母公司是该公司最终控制方的，还应当披露最终控制方的名称。母公司和最终控制方均不对外提供财务报表的，还应当披露母公司与其最相近的对外提供财务报表的母公司名称。

(2)母公司和子公司的业务性质、注册地、注册资本及其变化。

(3)母公司对该公司或公司对子公司的持股比例和表决权比例。

在公司与关联方发生关联交易的情况下,公司应当在财务报表附注中披露关联方关系的性质、交易类型及其交易要素。这些要素包括:①交易的金额;②未结算项目的金额、条款和条件,以及有关提供或取得担保的信息;③未结算应收项目的坏账准备金额;④定价政策。

关联方交易应当分别按关联方以及交易类型予以披露,类型相同的关联方交易,在不影响财务报表使用者正确理解的情况下,才能披露关联方交易是公平交易。

二、财务状况说明书的主要内容

企业会计制度规定,财务情况说明书至少应对下列情况做出说明:企业生产经营的基本情况;利润实现和分配情况;资金增减和周转情况;对企业财务状况、经营成果和现金流量有重大影响的其他事项。

(一)企业生产经营的基本情况

这部分内容可以不限于货币量度,用各种指标如产量、品种、质量、生产进度、产值、营业收入、营业成本、劳动生产率等来反映企业的生产经营情况,分析说明企业主营业务范围及经营情况;企业所处的行业以及在本行业中的地位,如按销售额排列的名次;企业员工的数量和专业素质情况;生产经营是否完成了预定计划,与以前会计年度相比,与同行业先进水平相比,与企业历史水平相比,经营中出现的问题与困难及解决方案;对企业业务有影响的知识产权的有关情况;经营环境的变化;新年度的业务发展计划,如生产经营的总目标及措施;开发、在建项目的预期进度;配套资金的筹措计划;需要披露的其他业务情况与事项。

(二)利润实现和分配情况

这部分内容主要对利润表中所反映的本期实际数与上年同期实际数及本期计划数进行对比,以说明利润计划完成(或亏损的弥补)情况。并且,通过计算资本金利润率、销售利润率、成本费用利润率等指标来反映企业的盈利能力。企业还应反映资本公积金转增实收资本(或股本)的情况等等。如果在本年度内没有发生利润分配情况或资本公积金转增实收资本情况,则企业需要在财务情况说明书中明确说明。此外,还要对利润分配情况进行分析,看其是否符合国家有关法规和企业章程的规定。企业利润的实现和分配情况,对于判断企业未来发展前景至关重要,所以,需要分析企业披露有关利润实现和分配情况方面的信息。

(三)资金增减和周转情况

资金增减和周转情况主要反映年度内企业各项资产、负债、所有者权益、利润构成项目的增减情况及其原因，这对于财务会计报告使用者了解企业的资金变动情况具有非常重要的意义。对这部分内容主要结合资产负债表和现金流量表中的有关项目进行分析，通过计算资产负债率、流动比率、速动比率、应收账款周转率、存货周转率等指标，评价企业资金周转的情况；通过计算现金比率、现金充足性比率、净利润现金流量比率等指标，评价企业现金流量和生产经营的质量。

(四)资本结构及其变动情况

这部分内容应对企业本期资本的增减变动进行说明，通过计算所有者权益报酬率、资本利润率、资本保值增值率等指标，评价企业资本保全、资本增值的情况。

(五)主要税费的缴纳情况

这部分内容主要应反映企业本期应向国家缴纳的各项税费的数额和缴纳情况。

(六)财产的盈亏报废情况

这部分内容应说明本期企业各项主要财产物资的增减情况，包括各项物资的盘亏、盘盈、毁损和报废情况。

(七)对企业财务状况、经营成果和现金流量有重大影响的其他事项

一、思考题

1. 什么是会计报表？编制会计报表有何意义？

2. 编制会计报表有哪些要求？

3. 试述资产负债表的定义、结构及其作用。

4. 试述利润表的定义、结构和编制方法。

5. 试述现金流量表的定义、结构和编制方法。

二、单项选择题

1. 依照我国的会计准则规定，资产负债表采用的格式为(　　)。

A. 账户式　　B. 混合式

C. 单步报告式　　D. 多步报告式

2. 依照我国的会计准则，利润表采用的格式为(　　)。

A. 账户式　　B. 混合式

C. 单步报告式　　D. 多步报告式

3. “应收账款”账户所属明细账户有贷方余额，应在资产负债表中下列一个项目内反映(　　)。

A. 预付账款　　B. 预收账款

C. 应收账款　　D. 应付账款

4. 按照编制单位的不同,会计报表可以分为(　　)。

A. 企业会计报表和事业会计报表　　B. 主、附表和财务状况说明书

C. 单位会计报表和汇总会计报表　　D. 个别会计报表和合并会计报表

5. 通过资产负债表不能了解(　　)。

A. 企业固定资产的新旧程度　　B. 企业的财务成果及其形成过程

C. 企业的经济资源及分布的情况　　D. 企业资金的来源渠道和构成

6. 资产负债表中资产的排列顺序是(　　)。

A. 项目收益性　　B. 项目重要性

C. 项目流动性　　D. 项目时间性

7. 在科目汇总表核算程序下,会计报表编制的根据是(　　)。

A. 原始凭证　　B. 记账凭证

C. 原始凭证汇总表　　D. 科目汇总表

8. 某企业为新开办的企业,本年度实现利润总额为 90 万元,其中有 10 万元是向外单位进行长期股权投资分得的税后利润,属于纳税前应扣除的项目,该企业按 25% 计算所得税,按税后利润的 10%提取法定盈余公积金,按税后利润 5%提取任意盈余公积金,分给投资者利润为 235 600 元,则该企业在利润分配表中"年末未分配利润"数额为(　　)。

A. 359 400 元　　B. 305 000 元

C. 220 000 元　　D. 276 950 元

9. 资产负债表是反映企业(　　)财务状况的会计报表。

A. 某一时点　　B. 一定时期内

C. 某一年份内　　D. 某一月份内

10. 在下列各个会计报表中,属于反映企业对外的静态报表的是(　　)。

A. 现金流量表　　B. 资产负债表

C. 利润表　　D. 所有者权益增减变动表

11."应付账款"科目所属明细科目如有借方余额,应在资产负债表(　　)项目中反映。

A. 应收账款　　B. 应付账款　　C. 预收账款　　D. 预付账款

12. 编制会计报表时,以"资产＝负债＋所有者权益"等式作为编制依据的报表是(　　)。

A. 资产负债表　　B. 现金流量表

C. 利润表　　D. 所有者权益增减变动表

13. 以"收入－费用＝利润"这一会计等式作为编制依据的会计报表是(　　)。

A. 资产负债表　　B. 现金流量表

C. 利润表　　　　　　　　　　D. 所有者权益增减变动表

14. 在编制资产负债表时,资产类备抵调整账户应列示在(　　)。

A. 借方　　B. 贷方　　C. 权益方　　D. 资产方

15. 某企业"应付账款"明细账期末余额情况如下:W 企业贷方余额为 200 000 元,Y 企业借方余额为 180 000 元,Z 企业贷方余额为 300 000 元。假如该企业"预付账款"明细账均为借方余额,则根据以上数据计算的反映在资产负债表上应付账款项目的数额为(　　)。

A. 680 000　　B. 320 000　　C. 80 000　　D. 500 000

16. 某企业"应收账款"明细账借方余额合计为 280 000 元,贷方余额合计为 73 000 元,坏账准备贷方余额为 680 元,则资产负债表的"应收账款净额"项目为(　　)元。

A. 207 000　　B. 279 320　　C. 606 320　　D. 280 000

17. 填列资产负债表"期末数"栏各个项目时,下列说法正确的是(　　)。

A. 大多数项目根据有关账户的期末余额记录填列,少数项目则根据有关账户的本期发生额记录填列

B. 主要是根据有关账户的期末余额记录填列

C. 主要是根据有关账户的本期发生额记录填列

D. 少数项目根据有关账户的期末余额记录填列,大多数项目则根据有关账户的本期发生额记录填列

18. 通过现金流量表可以了解到的会计信息是(　　)。

A. 企业所掌握的经济资源及其分布情况

B. 企业固定资产的新旧程度

C. 企业资金的来源渠道和构成

D. 企业在一定期间内现金的流入和流出的信息及其现金增减变动的原因

19. 按照会计报表反映的经济内容分类,资产负债表属于(　　)。

A. 对外报表　　　　　　　　B. 月报

C. 财务状况报表　　　　　　D. 经营成果表

20. 资产负债表的下列项目中,根据几个总账账户期末余额进行汇总填列的是(　　)。

A. 货币资金　　　　　　　　B. 累计折旧

C. 交易性金融资产　　　　　D. 短期借款

21. 资产负债表中的"存货"项目,应根据(　　)。

A. "存货"账户的期末借方余额直接填列

B. "原材料"账户的期末借方余额直接填列

C. "原材料"、"在产品"和"库存商品"等账户的期末借方余额之和填列

D.“原材料”、“生产成本”和“库存商品”等账户的期末借方余额之和填列

22. 某企业本期商品销售收入为 2 800 000 元，以银行存款收讫，应收票据期初余额为 270 000 元，期末余额 60 000 元，应收账款期初余额为 1 000 000 元，期末余额为 400 000 元，年度内核销的坏账损失为 20 000 元，另外，当期因商品质量问题发生的退货价款 30 000 元，货款已通过银行转账支付。根据上述资料，现金流量表中“销售商品、提供劳务收到的现金”为（　　）。

A. 3 580 000 元　　B. 3 620 000 元　　C. 3 560 000 元　　D. 3 590 000 元

23. 某企业 20×8 年 2 月主营业务收入为 100 万元，主营业务成本为 80 万元，管理费用为 5 万元，资产减值损失为 2 万元，投资收益为 10 万元。假定不考虑其他因素，该企业当月的营业利润为（　　）万元。

A. 13　　B. 15　　C. 18　　D. 23

三、多项选择题

1. 企业的下列报表中，属于对外报表的有（　　）。

A. 资产负债表　　B. 所有者权益增减变动表

C. 利润表　　D. 现金流量表

E. 主要产品单位成本表

2. 编制会计报表的基本要求是（　　）。

A. 格式统一　　B. 内容完整　　C. 计算正确　　D. 数字真实

E. 编报及时

3. 企业的年度会计报表附注应披露的内容有（　　）。

A. 或有事项的说明　　B. 资产负债表日后事项的说明

C. 遵循企业会计准则的声明　　D. 重要会计政策和会计估计的说明

E. 会计政策和会计估计变更以及差错更正的说明

4. 资产负债表中的“存货”项目反映的内容包括（　　）。

A. 分期收款发出商品　　B. 委托代销商品

C. 委托加工物资　　D. 生产成本

E. 库存商品

5. 资产负债表中的“货币资金”项目，应根据（　　）科目期末余额的合计数填列。

A. 备用金　　B. 库存现金

C. 银行存款　　D. 其他货币资金

E. 短期投资

6. 资产负债表中，流动资产包括的项目有（　　）。

A. 无形资产　　B. 交易性金融资产

C. 预付账款　　D. 固定资产

E. 持有至到期投资

7. 资产负债表中的“存货”项目根据下列有关账户的期末余额的代数和进行填列的有(　　)。

A. 材料成本差异　　B. 材料采购

C. 销售费用　　D. 生产成本

E. 工程物资

8. 在利润表中,应列入“营业税金及附加”项目中的税费有(　　)。

A. 城市维护建设税　　B. 资源税

C. 教育费附加　　D. 增值税

E. 消费税

9. 利润表提供的信息包括(　　)。

A. 实现的营业收入　　B. 发生的营业成本

C. 营业利润　　D. 利润或亏损总额

E. 企业的财务状况

10. 下列各项中,影响企业营业利润的有(　　)。

A. 出售原材料损失　　B. 计提无形资产减值准备

C. 公益性捐赠支出　　D. 出售交易性金融资产损失

11. 企业的下列报表中,属于对内的会计报表的有(　　)。

A. 资产负债表　　B. 利润表

C. 所有者权益增减变动表　　D. 生产成本明细表

E. 销售费用明细表

12. 会计报表的使用者包括(　　)。

A. 投资者　　B. 潜在的投资者

C. 国家政府部门　　D. 债权人

E. 企业内部管理层

13. 在编制资产负债表中,应根据总账科目的期末借方余额直接填列的项目有(　　)。

A. 坏账准备　　B. 累计折旧　　C. 短期借款

D. 固定资产原价　　E. 应收票据

14. 根据企业会计准则的规定,企业财务报告包括(　　)。

A. 财务报表　　B. 附注

C. 其他应在财务报告中披露的信息　　D. 利润预测报告

E. 审计报告

15. 下列账户的期末余额在资产负债表反映时,应考虑已计提的减值或损失准备的项目有(　　)。

A. 应收账款　　B. 在建工程　　C. 无形资产

D. 长期股权投资　　E. 预付账款

16. 不减少现金的费用和损失包括(　　)。

A. 转销固定资产盘亏　　B. 投资损失

C. 固定资产折旧　　D. 无形资产摊销

E. 结转固定资产清理净损失

17. 下列各项属于应记入经营活动产生的现金流入的经济业务包括(　　)。

A. 销售商品收入的现金　　B. 购货退回而收到的退货款

C. 收到的税费返还　　D. 提供劳务收到的现金

E. 取得债券利息收入所收到的现金

18. 下列各项属于筹资活动产生的现金流量的有(　　)。

A. 吸收投资所收到的现金　　B. 分配股利支付的现金

C. 偿还债务所支付的现金　　D. 收回投资所收到的现金

E. 借款所收到的现金

19. 下列各项，属于现金流量表中现金及现金等价物的有(　　)

A. 库存现金　　B. 其他货币资金

C. 3 个月内到期的债券投资　　D. 随时用于支付的银行存款

20. 下列各项现金流出，属于企业现金流量表中筹资活动产生的现金流量的有(　　)。

A. 偿还应付账款　　B. 偿还短期借款　　C. 发放现金股利　　D. 支付借款利息

四、判断题

1. 资产负债表是反映企业在一定时期内的资产、负债和所有者权益情况的报表。(　　)

2. 会计报表按其反映的内容，可以分为动态会计报表和静态会计报表；按照会计报表的编制单位，可以分为内部报表和外部报表。(　　)

3. 利润表是反映企业月末、季末或年末取得的利润或发生的亏损情况的报表。(　　)

4. 目前国际上比较普遍的利润表的格式主要有多步式利润表和单步式利润表两种。为简便明晰起见，我国企业采用的是单步式利润表格式。(　　)

5. 资产负债表的“期末数”栏各项目主要是根据总账或有关明细账期末贷方余额直接填列的。(　　)

6. 资产负债表中“货币资金”项目反映企业库存现金、银行结算户存款、外埠存款、银行汇票存款和银行本票存款等货币资金的合计数，因此，本项目应根据“库存现金”、“银行存款”账户的期末余额合计数填列。(　　)

7. 资产负债表中“应收账款”项目，应根据“应收账款”账户所属各明细账户的期末借方余额合计填列。如果“预付账款”账户所属有关明细账户有借方余额的，也应包括在本项目内。如果“应收账款”账户所属明细账户有贷方余额，应包括在“预付账款”项目内填列。（　　）

8. 利润表中“营业成本”项目，是反映企业销售产品和提供劳务等主要经营业务的各项销售费用和实际成本。（　　）

9. 现金流量表的现金净增加额应与资产负债表中的货币资金期末数相等。（　　）

10. 资产负债表中“非流动负债”部分列示的是企业报告期末全部长期负债余额，因而“非流动负债合计”项目的金额等于报告期末“长期借款”、“应付债券”、“长期应付款”等所有非流动负债类科目余额之和。（　　）

五、业务题

1. 目的：练习财务报表的编制

资料：A 公司 2018 年 12 月 31 日有关账户的余额如下：

应收账款——甲　25 000 元（借方）　应付账款——A　35 000 元（贷方）
预收账款——丙　20 000 元（贷方）　预付账款——C　10 000 元（借方）
预收账款——丁　13 000 元（借方）　预付账款——D　18 000 元（贷方）

要求：计算资产负债表上下列项目的金额（列示计算过程）：

（1）“应收账款”项目
（2）“应付账款”项目
（3）“预收账款”项目
（4）“预付账款”项目

2. 目的：练习财务报表的编制

某企业为增值税一般纳税人。该企业 2018 年各会计账户的期初（1 月 1 日）余额如下：

会计账户	借方余额	贷方余额
货币资金	6 000	
交易性金融资产	3 000	
应收账款	6 000	
原材料	12 000	
固定资产	21 000	
累计折旧		6 000
在建工程	15 000	
应交税费		6 000
长期借款		21 000

实收资本		18 000
盈余公积		12 000

该企业2018年度发生的经济业务如下：

(1)用银行存款支付购入原材料货款3 000元及增值税510元，材料已验收入库。

(2)2017年度，企业的长期借款发生利息费用1 500元。其中：计算出工程应负担的长期借款利息费用为600元，其他利息费用900元，所有利息均尚未支付。

(3)企业将账面价值为3 000元的交易性金融资产售出，获得价款6 000元，已存入银行。

(4)购入不需安装的设备1台，设备价款及增值税共计9 000元，全部款项均已用银行存款支付，设备已经交付使用。

(5)本年计提固定资产折旧4 500元，其中：厂房及生产设备折旧3 000元，办公用房及设备折旧1 500元。

(6)以现金发放职工工资6 000元，并将其分配计入相关成本费用项目。其中，生产人员工资3 000元，管理人员工资1 500元，在建工程应负担的人员工资1 500元。本年产品生产耗用原材料12 000元。计算产品生产成本并将其结转(假设本期产品全部完工)、假设2017年度生产成本科目无年初年末余额。

(7)销售产品一批，销售价款30 000元，应收取的增值税为5 100元。已收款项17 550元(其中货款15 000元，增值税2 550元)，余款尚未收取。该批产品成本为18 000元。假设本年产成品无期初及期末余额。

(8)将各损益类账户本期发生额结转至本年利润。

(9)假设本年企业不交所得税，不提取盈余公积，没有利润分配。本年利润余额全部转入“利润分配——未分配利润”账户。

要求：(1)编制上述各项经济业务的会计分录；

(2)编制该企业2018年度的资产负债表和利润表。

第九章　会计信息化

第一节　会计信息化概念

一、会计信息化的相关概念

(一)会计电算化

会计电算化有狭义和广义之分。狭义的会计电算化是指以电子计算机为主体的电子信息技术在会计工作中的应用;广义的会计电算化是指与实现电算化有关的所有工作,包括会计软件的开发应用及其软件市场的培育、会计电算化人才的培训、会计电算化的宏观规划和管理、会计电算化制度建设等。

(二)会计信息化

会计信息化是指企业利用计算机、网络通信等现代信息技术手段开展会计核算,以及利用上述技术手段将会计核算与其他经营管理活动有机结合的过程。

会计电算化与会计信息化的关系如下:

1. 会计电算化解决的仅仅是会计核算问题,财务信息与业务信息无法集成共享,其目标是替代手工做账。而会计信息化下财务业务信息一体化、实时化,其目标是为企业经营管理、控制决策和经济运行提供充足、实时、全方位的信息。

2. 会计电算化是会计信息化的初级阶段,是会计信息化的基础工作。

(三)会计软件

会计软件是指专门用于会计核算、财务管理的计算机软件、软件系统或者其功能模块。功能模块包括一组指挥计算机进行会计核算与管理工作的程序、存储数据以及有关资料。例如,会计软件中的账务处理模块,不仅包括指挥计算机进行账务处理的程序、基本数据(会计科目、凭证等),而且包括软件使用手册等有关技术资料在内的,用以指导使用人员进行账务处理的操作方法。

会计软件具有以下功能:

1. 为会计核算、财务管理直接采集数据;

2. 生成会计凭证、账簿、报表等会计资料;

3. 对会计资料进行转换、输出、分析、利用。

(四)会计信息系统

会计信息系统(Accounting Information System,AIS),是指利用信息技术对会计数据进行采集、存储和处理,完成会计核算任务,并提供会计管理、分析与决策相关会计信息的系统,其实质是将会计数据转化为会计信息的系统,是企业管理信息系统的一个重要子系统。

会计信息系统根据信息技术的影响程度可划分为手工会计信息系统、传统自动化会计信息系统和现代会计信息系统;根据其功能和管理层次的高低,可以分为会计核算系统、会计管理系统和会计决策支持系统。

会计信息系统包括手工会计信息系统和计算机会计信息系统,在应用计算机技术之前,会计信息系统本身就存在一个手工的会计信息系统,直至运用计算机工具后,会计信息系统功能才变得强大。所以,在工作中,一般提到会计信息系统时,都是指基于计算机的会计信息系统,但事实上手工会计工作也同样构成会计信息系统。

(五)ERP 和 ERP 系统

ERP(Enterprise Resource Planning,译为"企业资源计划"),是指利用信息技术,一方面将企业内部所有资源整合在一起,另一方面将企业与其外部的供应商、客户等市场要素有机结合,实现对企业的物资资源(物流)、人力资源(人流)、财务资源(财流)和信息资源(信息流)等资源进行一体化管理(即"四流一体化"或"四流合一")。其核心思想是供应链管理。ERP 强调对整个供应链的有效管理,提高企业配置和使用资源的效率。

在功能层次上,ERP 除了最核心的财务、分销和生产管理等管理功能以外,还集成人力资源、质量管理、决策支持等企业其他管理功能。会计信息系统已经成为 ERP 系统的一个子系统。

(六)XBRL

XBRL(Extensible Business Reporting Language,译为"可扩展商业报告语言"),是一种基于可扩展标记语言(Extensible Markup Language)的开放性业务报告技术标准。

XBRL 的主要作用在于将财务和商业数据电子化,促进财务和商业信息的显示、分析和传递。XBRL 通过定义统一的数据格式标准,规定了企业报告信息的表达方法。

二、会计信息化的意义

(一)减轻会计人员的劳动强度,提高会计工作效率

实现会计信息化后,大量的数据计算、分析等工作由计算机来完成,会计人员只需将原始数据输入计算机即可。

(二)提高会计核算质量

会计信息化不仅能减少手工处理会计数据的差错,且提高了存储会计数据的能力,细化了会计核算的内容,使许多在手工处理方式中难以实现的核算方法得到应用。例如:固定资产分项提取折旧,在手工处理时,因其分项过细,提取折旧类别太多而使得会计人员难以实施,而会计信息化系统则可轻松运用这一方法。

(三)促进会计工作职能的转变以及财会人员工作素质的提高

会计信息化系统把大量重复的数据处理工作交由计算机完成,会计工作人员不再受此困扰,能更迅速地转移工作重心,充分发挥会计参与管理决策的职能。会计工作职能也从财务会计职能转向管理会计职能。为了适应职能转变,会计工作人员在摆脱大量数据处理任务的同时,需要学习更多的知识,进一步提高自己的业务水平,努力向既懂会计、又懂计算机的复合型人才转化,提高工作素质。

(四)促进会计工作的规范化、标准化

规范化、标准化的会计工作是会计信息真实、合法、正确的基本保证。在会计信息化系统中,一般都建立了完善的内部控制制度,从数据输入到报表输出都有一系列的控制措施,使数据处理过程得到严格规范。例如:在操作中,执行结算功能时,要求所有凭证都必须记账,若检查发现有未执行记账功能的凭证,则不能结账。

会计电算化的实施,在很大程度上促进手工操作中不规范、易出错、易疏漏等问题的解决。因此,会计实现信息化的过程,也是促进会计工作规范化、标准化的过程。

(五)促进会计管理制度改革和会计理论的发展,促进信息产业和计算机行业的发展

电子计算机的应用,不仅仅是核算工具的变革,也会对会计核算的内容、方法、程序、对象等会计理论和技术产生影响。例如:由于账簿存储方式和处理方式的变化导致账簿的概念与分类的变化。而会计信息化的发展也使原有的会计管理制度显得滞后,会计信息化后必然要建立一个新的会计管理制度,对新生事物做出严格规范。

会计信息化系统广泛应用后,围绕信息系统的开发、经销、应用,形成若干专业软件开发公司,经销公司及系统维修公司、部门和人员,促使信息产业迅猛发展。大量计算机被用到会计信息化系统相关信息处理中,会计信息化的普及应用反过来也增加了对计算机软硬件的需求,促使计算机行业更迅速地发展。

(六)为整个管理工作现代化奠定基础

在现代社会中,企业不仅需要提高生产技术水平,而且还需要实现企业管理的现

代化，以提高企业经济效益。会计工作是企业管理工作的重要部分，据统计，会计信息约占企业管理信息的60%～70%。实现会计信息化，为企业管理手段现代化奠定了重要基础，带动或加速企业管理现代化的实现。

三、会计信息化与手工会计的联系和区别

（一）会计信息化与手工会计的联系

1.基本目标相同。无论会计信息化还是传统的手工会计，其基本目标都是加强企业经营管理，为企业经营管理提供会计信息，参与企业经营决策，提高经济效益。

2.基本职能相同。会计信息化系统和手工会计都具有数据收集职能、数据传输职能、数据加工职能、数据存储职能、信息输出职能。

3.遵循相同的会计理论和方法。会计理论是企业会计实践的总结，会计信息化虽然发展了会计理论，使会计工作有了很大的变化，但根本而言，这种发展仍是原有会计理论的延伸。

4.都要遵守有关的会计法规财经制度。任何会计信息都必须严格执行会计保密制度，也都必须按照财经制度进行操作。

5.对保存会计档案，编制会计报表的要求相同。会计信息化和手工会计都要求企业按照管理的要求来有效地组织保存会计档案，都要求编制财务会计报告向投资者、债权人、政府及社会公众提供企业的会计信息。编制财务会计报告的目标也完全一致，即向财务会计报告使用者提供与企业财务状况、经营成果和现金流量等有关的会计信息，反映企业管理层受托责任履行情况，帮助财务会计报告使用者做出经济决策。

（二）会计信息化与手工会计的区别

1.运算工具不同。传统的手工会计主要将算盘和计算器作为运算工具，会计信息化则以计算机为运算工具。

2.信息存储介质不同。手工会计采用纸张存储介质，将纸张作为存储介质，存在着占用空间大、数据检索烦琐、数据一致性差等缺点。会计信息化则主要以磁盘为存储介质，同时可以采用U盘、移动硬盘等作为数据备份存储介质。与纸张相反，磁盘等存储介质占用空间很小，数据查找方便，数据一致性强，并且随着技术不断进步，存储容量正在不断扩大。

3.数据输入方式不同。在手工下，数据的输入方式主要是人工编制。会计信息化的数据输入方式则是人工编制加上机内编制。在会计信息化中，可以由会计人员手工编制记账凭证，并输入计算机，由计算机进行记账等操作，也可由会计人员手工编制原始凭证，由计算机自动生成记账凭证，完成记账等工作。

4.数据处理组织方式不同。手工会计信息系统数据处理方式是分散收集、分散处理;会计信息化系统数据处理方式是集中收集、集中处理。通常手工处理会计数据时,按会计业务性质分组进行处理,如分为材料组、工资组、资金组、成本组、固定资产核算组。各组间主要是通过信息资料的传递和交换建立联系,因此要求各组间要相互稽核,相互牵制。计算机会计信息系统由于其内部控制制度和机制更为严密,存储容量大、运算能力强、承载能力强,无须再分成若干组核算,所有数据处理均由计算机集中自动完成。

5.人员组织体系和内部控制制度不同。由于会计信息化下数据处理组织方式不同于手工,这一改变导致组织体系和内部控制的调整。原有的部分工作岗位被计算机替代(如数据处理工作),而信息系统的开发、设计以及运行维护又产生一些新的工作岗位,岗位的增减变动导致企业人员的重新分工,内部控制体制也随之做出调整,从而带来内部控制制度的改变。岗位被替代的会计人员需要转向会计管理工作,参与企业管理。

6.信息输出方式不同。所谓信息输出,简单而言就是指最后的财务会计报告以何种形式提供。在手工会计下,所有工作都由人工完成,因此,其信息输出方式是由会计人员手工编制会计报表。而在会计信息化中,输出方式可以有文件输出、屏幕输出、打印输出等多种形式,相比于手工会计,会计信息化下信息输出方式更为灵活方便,效率也更高。

四、会计信息化的特点

(一)数据处理速度快,准确性和精确度高

计算机具有高精度、高准确性、逻辑判断等特点,这使得数据准确性有明显提高。如在编制凭证时,若凭证不满足有关原则,则计算机立即给出错误提示,不允许保存错误凭证,从而减少了人为因素造成的错误。

(二)信息提供系统,全面实现共享

会计电算化可利用磁盘、光盘等存储工具,扩大信息存储量,延长信息存储时间,而网络则实现企业内部、同城市企业之间、跨区域企业之间数据共享和信息快速传递,增强信息处理的深度。

(三)提高管理、预测和决策能力

会计信息化系统是企业管理信息系统的重要组成部分。实现会计信息化后,管理人员借助软件可实现已有的管理模型,如最优经济订货批量模型。而且可研制和建立新的计算机管理模型,利用模型迅速地存储、传递大量会计核算信息和资料,进行各种复杂的数量分析、规划求解。故管理者可相当准确地估计出各种可行方案的

结果，挖掘企业内在潜力，提高管理、预测和决策的科学性和合理性。

第二节　会计信息化的发展

一、国外会计信息化的发展

计算机应用于会计领域始于20世纪50年代，1954年美国通用电气公司首次将计算机用于工资处理。从20世纪至今，可将国外会计信息化发展分为以下几个阶段：

(一)20世纪50年代

20世纪50年代计算机刚产生，计算机硬件十分庞大，硬件价格也很昂贵，计算机数据处理也相对较弱，这些都严重限制了计算机的应用范围。所以，当时的计算机主要应用于单项业务数据处理，只能局部替代手工劳动，并且在处理流程上也只是模仿手工操作。

本阶段的应用目的是：简单替代手工处理会计数据，提高这方面会计工作效率。

(二)20世纪50年代末—60年代

随着第三代计算机大规模生产、软件工具不断改进，会计信息化得到了较大发展。这一时期出现操作系统和高级语言，计算机应用从单项业务数据处理向全面综合业务发展，能对会计信息进行综合加工处理，可对会计数据进行较系统分析，并具有一定反馈功能，开始为基层、中层管理决策提供有用会计信息。但应用目的仍未发生根本改变，仍然是简单替代手工处理会计数据，提高这方面会计工作效率。

(三)20世纪70年代

在这一阶段，出现了数据库管理系统和网络，促使企业计算机管理信息系统的全面开发，实现企业内部数据共享。这一时期，会计信息系统成为管理信息系统的重要组成部分，会计信息化呈现普及化趋势。

本阶段的应用目的是：以提高会计工作质量为立足点，向决策支持系统发展，替代手工处理，参与企业决策，提高工作效率和管理水平。

(四)20世纪80年代

随着微型计算机进入企业，会计信息化发展迅速，会计信息化已成为企业会计工作的基本要求。会计信息化在大型企业中普及率相当高，例如，1986年，日本制造业、批发商业和零售商业中的大型企业，其会计信息化普及率分别为88.2%、88.5%、76.2%。

1987 年 10 月，国际会计师联合会(IFAC)在日本东京召开第十三届世界会计师大会，其中心议题即为会计电算化问题，这表明会计信息化受到各国高度重视。会计信息化系统日趋完善。会计信息化使计算机审计也得到快速发展，美国先后发布多项审计控制公告，最早在 1974 年，美国执业会计师协会(AICPA)发布的《审计标准文告第 3 号》中，其标题为“EDP 对审计人员和评价内部控制的影响”。

(五)20 世纪 90 年代

随着微型计算机的广泛普及，计算机技术发展迅猛，会计信息化已发展为能够向管理层提供管理信息，进行财务计划、分析、预测、决策的综合信息系统，在企业的管理信息系统中居于核心地位。

(六)20 世纪 90 年代末至今

会计信息化已发展到决策支持系统(DSS)阶段。决策问题可以分为结构化、半结构化、非结构化三个类别。其中结构化决策是指能用明确的语言和模型进行描述的决策问题。非结构化决策是指没有固定的决策方法和决策规则，往往要依靠决策者的主观判断，因而易受决策者学识、判断力、个人偏好的影响。半结构化决策居于两者之间，其决策过程和方法有一定规律可循，但不能完全确定。

决策支持系统是一种能帮助解决半结构化或非结构化问题的计算机应用系统，它以管理学、运筹学等学科为基础，利用计算机信息技术向决策者提供数据信息。决策支持系统并不代替决策者进行决策，而是通过提供各种备选方案，对各种方案进行评价和优选，再通过人机间的交互，为决策提供支持。

二、我国会计信息化的发展

(一)会计信息化的萌芽阶段(1979—1999 年)

1. 会计电算化起步阶段(1979—1982 年)

这一阶段处于实验试点和理论研究阶段。1979 年，财政部拨专款给长春汽车制造厂进行会计电算化试点工作。1981 年，中国人民大学与第一汽车制造厂联合召开“财务、会计、成本应用电子计算机专题讨论会”，正式提出会计电算化概念，这是我国会计信息化理论研究的里程碑。但这一时期，会计信息化发展缓慢，发展缓慢原因一是人才缺乏(复合型人才缺乏)，二是设备缺乏，三是还未引起领导足够重视。

2. 会计电算化推广应用阶段(1983—1987 年)

1983 年，国务院成立电子振兴领导小组，推动全国计算机行业发展。1983 年后，微机在国内市场上大量出现，又由于汉字操作系统的开发成功，使得计算机会计系统得到迅速推广。但是由于企业往往各自组织力量开发会计软件，会计信息化在这一阶段处于各自为战、闭门造车局面。会计软件的一家一户式开发，投资大，周期长，见效慢，开发盲目、重复，造成大量的人力、物力和财力浪费，会计信息化组织管理明显滞后。

3. 会计电算化的普及应用(1987—1999年)

1987—1999年，相继出现以开发经营会计核算软件为主的专业公司，如先锋、用友、金蝶公司等，形成会计软件产业，推动财务软件在我国的广泛应用。至1998年3月底，通过财政部评审的商品化会计软件达到38种，会计软件的开发向通用化、规范化、专业化和商品化方向发展。与此同时财政部颁布一系列相关法规，如《会计电算化管理办法》、《会计电算化工作规范》等，各级行政部门和业务主管部门加强对会计电算化的管理。1996年第二届全国会计电算化会议上提出会计软件从核算型向管理型发展的口号。1997年，金蝶公司开始进行MPRH/ERP企业管理软件研究，引发国内财务软件厂商向企业管理软件的转型。

但这一阶段，以网络技术为核心的现代信息技术在会计工作中的研究与应用极少。

(二)会计信息化的产生与初级应用阶段(1999—2002年)

会计电算化是会计信息化的必经过程，会计电算化走向会计信息化是以网络技术为核心的现代信息技术发展和应用的客观要求，也是会计发展的内在要求。

1. 会计信息化的产生(1999年)

20世纪90年代，信息技术的广泛应用推动了全球经济一体化进程，企业竞争环境发生很大变化，管理者希望通过利用网络和电子商务的优势，实现生产经营中有关各方的共同协作以获得竞争优势。因此，ERP的研究与应用开始得到广泛重视。

1999年4月2日至4日，深圳市财政局与金蝶公司在深圳联合举办"会计信息化理论专家座谈会"，对会计信息化的发展等问题进行了深入探讨。这是会计电算化向会计信息化理论转变的一个里程碑。这次会议提出会计信息化的概念及其含义，标志着我国会计信息化的产生。

2. 会计信息化的初级应用(1999—2002年)

1999年8月，用友公司率先提出"网络财务"概念，并在北京发布其基于SQL数据库的、真正实现购销存业务处理、会计核算和财务监控一体化管理的企业级财务软件8.10版。1999年8月24日，用友公司和《中国财经报》在北京联合举办"新世纪的网络财务"专家研讨会，引发会计学界对网络会计研究的热潮。2000年4月，我国第一套基于B/S结构和第一套基于WEB技术的财务及企业管理软件——用友网络财务软件V9.00(WEB)版上市。2001年3月，用友公司推出用友客户关系管理软件V1.00和用友NC管理软件(国内第一套完全基于网络应用，提供企业全面管理解决方案的软件)。同年12月，金蝶公司K/3 V9.0版发布。2002年3月，用友ERP-U8的"选成熟ERP，提升企业竞争力"市场活动在北京举办，活动巡展范围覆盖全国60

余个城市，掀起全国中小企业应用 ERP 的热潮。

(三)会计信息化的普及与提高阶段(2002 年至今)

1. 会计信息化理论体系的规范研究

会计信息化理论体系的规范研究主要表现在中国会计学会会计信息化年会的定期召开并就会计信息化专题进行研究和讨论。至今，中国会计学会会计信息化年会召开了十七届。2018 年 7 月 7 日—8 日，第十七届会计信息化年会在北京市举行，年会以“智能财务：理念、技术与应用”为主题，研讨大数据与智能化背景下财务与会计的前沿发展和应用研究。

2. ERP 软件公司的蓬勃发展推动会计信息化的普及与提高

(1)用友公司。用友公司成立于 1988 年，是亚太本土最大的管理软件和中国领先的企业云服务提供商。用友公司也是中国最大的财政、汽车、烟草等行业软件和商业分析、内审、小微企业管理软件提供商，并在金融服务、医疗卫生等行业信息化以及管理咨询、培训教育和 IT 专业服务等领域快速发展。2004 年 11 月，用友 ERP-U8 企业应用套件(U860)发布。2005 年用友公司吹响“推动中国企业 ERP 普及”的号角，标志着我国会计信息化开始全面进入普及时代。如今，中国 500 强企业有超过 60% 已成功运行用友软件。

(2)金蝶公司。金蝶公司始创于 1993 年，是中国软件产业的领导厂商。金蝶公司是中国第一个 WINDOWS 版财务软件及小企业管理软件——金蝶 KIS、第一个基于互联网平台的三层机构的 ERP 系统——金蝶 K/3 的缔造者。KIS 和 K/3 是我国中小型企业市场中占有率最高的企业管理软件。IDC 权威数据显示，金蝶连续十年位居中国中小企业市场占有率第一。

(3)其他软件公司。ERP 软件供应商，除了用友、金蝶公司外，较典型的还有浪潮通软、金算盘、易飞等软件公司，这些公司研发和提供的成熟 ERP 产品，有力地推动了我国会计信息化进程。

3. 政府部门对会计信息化的推动

1999 年 4 月 2 日，深圳市财政局在深圳主办“会计信息化理论专家座谈会”，对会计信息化的发展等问题进行探讨。2001 年中央重新组建国家信息化领导小组，以加强对信息化工作的领导。2002 年以来，财政部门允许地方对各单位甩账，实行备案制，不再组织应用验收，推动了会计信息化的发展。2002 年 10 月，国家经贸委企业改革司委托用友公司组织编写《企业信息化基本知识系列讲座》，成为我国企业开展信息化工作的权威普及读本。2005 年 1 月 1 日起，国家质检总局和国家标准委发布提高会计数据综合利用率的国家标准《信息技术会计核算软件数据接口》(GB/T19581-2004)。2006 年，中共中央办公厅、国务院办公厅制定发布《2006—2020 年国家信息化发展战略》。2009 年 4 月 12 日，财政部发布《财政部关于全面推进我国会计信息化工作的指导意见》。2016 年 7 月中共中央办公厅、国务院办公厅制定发布《国家信息化发展战略纲要》,对《2006—2020 年国家信息化发展战略》进行调整和发展,规范和指导未来十年国家信息化发展。作为国家信息化的重要组成部分,财政部发布的《会计改革与发展"十三五"规划纲要》,提出"十三五"时期会计信息化工作的目标任务和措施,推动会计信息化创新,助力会计工作转型升级。

三、我国会计信息化的发展趋势

(一)XBRL 技术(可扩展商业报告语言)的应用与发展

XBRL 是财政部在制定会计信息化标准体系所采用的关键技术。众所周知,谁掌握标准谁就拥有话语权。如果说会计准则是注册会计师手中的权威,那么会计准则通用分类标准就是会计信息化人手中的权威。会计准则通用分类标准可以认为是我国会计治理的基石。

推进企业会计准则通用分类标准实施,利用 XBRL 提升内部信息标准化,促进财务业务数据融合和互联已经写入《会计改革与发展"十三五"规划纲要》。下一步推动 XBRL 在政府监管、资本市场、企业内部的应用将是重要趋势,尤其是在企业内部应用 XBRL 技术建立内部信息数据标准,形成企业内部运营大数据,挖掘数据应用场景,找到企业应用 XBRL 技术的原生动力方面。

(二)管理会计信息化具有较大发展前景

我国著名会计学家杨纪琬教授曾提出,"会计是一种管理活动"。近几年财政部连续发文力推管理会计,将管理会计作为中国会计改革发展的重点方向。尽管学术界在管理会计的边界和范畴仍然存在很多争议,但是管理会计落地必然需要信息化的支撑。2017 年伴随着管理会计应用指引系列操作性文件的正式出台,如何将管理会计与信息化相结合,发现管理会计的最佳实践将是会计信息化发展的一个重要方向。而落实到具体领域,在预算、成本、营运、投融资、绩效、报告等方面,会计信息化都将大有作为。

(三)财务共享服务步入 3.0 时代

财务共享服务已经成为会计信息化重要的增长点。财务共享服务发展分为三个阶段:1.0 阶段是主要面向财务报销、会计核算、影像扫描共享等;2.0 阶段是通过打通业务与财务核算的壁垒,以共享平台支撑共享服务向资产管理、工程分包、合同管理等相关业务领域进行深度延伸;3.0 阶段以构建数据共享为核心,集成核算数据、预算数据、资金数据、资产数据、成本数据、外部标杆数据等与高层管理和决策相关的信息,成为集团的大数据中心,实现公司未来决策最重要的大数据平台。应该说,利用企业集团的数据中心不仅是财务共享服务的目标,也是管理会计信息化的落脚点,因此财务共享服务 3.0 将会有较大发展。

(四)政府会计信息化的创新和应用

为了落实《权责发生制政府综合财务报告制度改革方案》,编制权责发生制政府财务报告和健全完善政府财务报告体系,政府会计改革已经成为我国会计界的重头戏之一。不同于企业会计,政府会计采用财务会计和预算会计的双轨制,也就是在同一会计主体中同时进行财务会计核算和预算会计核算。政府会计信息化需要将会计人员从更加繁重的政府会计工作中解脱出来。而财政部会计司也在多个单位进行试点工作,尝试利用会计信息化手段提高会计核算工作效率,确保政府会计改革的有效实施。随着政府会计基本准则和具体准则逐步发布,政府会计信息化也必然是未来的重要发展趋势。

(五)会计档案无纸化向纵深发展

无论是从环境保护角度,还是为了提高会计信息化水平,会计档案无纸化必将进一步发展。电子发票的推广应用在一定程度上推动会计档案无纸化的进程。会计档案无纸化不仅是会计信息化的问题,而且涉及整个社会信息化的发展水平。未来会计信息化上要做到对电子会计档案的接收、认证、处理、保存等全流程管理,减轻会计人员处理电子发票等工作的负担,将电子发票等电子原始凭证纳入会计循环中。

(六)区块链技术驱动下的会计审计创新

区块链作为一种分布式记账技术,已经引起社会各界的极大关注,被认为是下一代互联网创新的主要技术,是价值互联网的基石。从宏观上看,目前的会计本身就是一个分布式记账过程,但是由于商业机密的考虑,会计账簿之间不进行或很少进行共享、确认和共识。区块链技术应用在会计上,在提高簿记的准确性,减少欺诈舞弊,提高数据的透明性等方面具有巨大优势。区块链一旦与会计融合,对于审计实践来说也是不小的变革。区块链技术的使用将真正消除对簿记员、审计员和其他第三方团体的需要,从而扩大经济的规模,提高商业和金融领域的效率。

(七)人工智能在会计中的应用

会计确认和计量包括主观和客观两个过程,尽管财务业务一体化能够使得大部分核算自动化,但是仍然有大量的会计核算需要会计人工参与,尤其是中小企业无法做到财务业务一体化,几乎所有会计核算都需要人工录入凭证。如果将人工智能技术引入会计工作中,大量基础会计工作能够被机器所取代。2017 年,德勤智能机器人问世,德勤智能机器人中心已经与多家企事业单位建立合作,提供财务自动化流程解决方案。智能机器人为财务部门的工作带来效率的提升,帮助财务人员完成大量重复规则化的工作。

(八)云会计的定位和发展

云计算环境下的会计工作,其实质是利用云技术在互联网上构建虚拟会计信息系统，完成企业的会计核算和会计管理等内容。“云会计”普遍被认为是会计在云计算环境下的应用，目前的表现形式主要是互联网在线财务软件。互联网在线软件主要面向的对象是中小企业，可以允许他们以较低的成本甚至免费使用这些软件，而不用花费巨资购买软件版权以及服务器、网络等基础设施。但是使用互联网财务软件和服务时，企业财务数据不可避免的需要保存在云服务器上，因此安全性是用户所关注的问题。

(九)大数据审计、云审计的发展

审计作为一种独立的经济监督活动，工作核心是发现问题、寻找证据。在大数据环境下，审计证据隐藏在海量的数据中，利用数据挖掘等大数据分析技术降低审计风险是未来发展趋势。大数据审计对于审计风险模型带来一定的变化，传统审计风险可能受到审计抽样风险的影响。利用大数据分析技术可以实现对审计总体进行风险评估和设计进一步审计程序，几乎可以消除抽样风险。同时，云计算的管理模式逐渐应用到审计大数据中，云审计逐渐走进审计人员的视线。云审计是一种运用云计算技术并通过互联网完成审计的模式，审计人员通过运用储存在“云”端的各种数据与资源，更科学更有效地进行审计。

(十)互联网代理记账信息化

传统的代理记账行业从手工记账到会计电算化，自身的发展也在不断地向“电子化”发展。“互联网”思维向会计工作的渗透，在传统代理记账领域找到最具互联网化的结合点。据相关数据显示，中国目前 8 000 万商事主体，2 100 万企业，有超过 1 600 万个小微企业，其中 80%需要代理记账来完成。因此，以大账房为代表的“互联网代理记账”创业型公司如雨后春笋般涌现，目前此类企业仍处于初创期，后期发展和盈利模式有待进一步观察。

第三节　会计软件选择

一、会计软件的概念及种类

(一)会计软件的概念

会计软件又称财务软件，是指专门用于会计核算、管理、决策工作的电子计算机应用软件，包括采用各种计算机语言编制的用于会计工作的计算机程序。

(二)会计软件的种类

1. 按功能进行划分。

按会计软件的功能进行划分，可将会计软件分为核算型、管理型和决策型会计软件。

2．按使用范围进行划分。

会计软件按使用范围可分为专用会计软件和通用会计软件两种。

（1）专用会计软件，是仅适用于个别单位的会计软件，又可称为定点开发软件。它将指定单位的会计核算规则编入会计软件中，使得软件只能适用于该单位，且不必再做设置会计科目等系统初始化工作，而其他企业则无法直接使用该软件。

专用会计软件的优点：

第一，专用性和针对性强。

第二，完全符合企业管理要求和操作习惯，易为会计人员掌握。

第三，系统使用时基本不必进行初始化工作。初始化工作工作量很大，因此专用软件对于提升效率有好处。

专用会计软件的缺点：

第一，投入专门人力、财力进行开发，成本高。

第二，缺乏灵活性，设置被固定在程序中，操作使用时不能灵活处理。

（2）通用会计软件，是指在一定范围内适用的会计软件。又分为全通用和行业通用会计软件。软件中只包含基本的核算规则，只解决“共性”问题，并留接口给用户自行解决“个性”问题，企业可通过一系列定义将其转化为本企业专用会计软件。

通用会计软件的优点：

第一，成批制作成本低，售价低。通用会计软件是商业化的会计软件，可以由软件企业成批制作售卖，从而降低其成本。

第二，对运行环境兼容性好，界面美观。

第三，维护方便，版本升级快。

第四，通用性强，具有广泛适用性。

第五，能适应会计制度和有关核算方法的改变。

通用会计软件的缺点：

第一，初始化工作量相对较大。

第二，对于某些特殊的会计处理在初始化调整上需要一些技巧。

3．按是否商业化划分。

按是否商业化可划分为商品化会计软件和非商品化会计软件。一般而言，商品化软件是通用软件，而非商品化软件是专用会计软件。

4．按信息共享程度划分。

按会计软件的信息共享程度，可将会计软件分为单用户会计软件、多用户会计软件和网络会计软件。

二、会计软件的评价

对会计软件的评价,可从软件的性能和软件的功能等方面进行评价。

(一)软件的性能

1. 合法性。所谓合法性是指,会计工作要遵循有关制度,符合有关法令规定。

2. 安全可靠性。安全性是指会计软件防止会计信息被泄露和被破坏的能力。可靠性指商品化会计软件防错、查错、纠错的能力,防止产生不正确的会计信息的能力。

3. 易使用性。会计软件应易学易懂,这包括界面友好,提示齐全,操作方便,厂家提供资料完整,自动化程度高等。

4. 适用性。适用性指会计软件适于本单位会计业务处理的程度。

5. 易适应性。易适应性指软件能否较好地适应财务处理的具体情况,能否适应工作内容的变化。

(二)软件的功能

软件功能包括主处理功能,辅助功能,服务功能,控制功能等。

三、会计软件的基本功能组成

(一)软件的初始化

软件的初始化是指软件安装完毕后,第一次使用软件时,从手工会计系统转换到计算机会计系统的一系列准备工作过程。无论是商品化会计软件还是定点开发的专用会计软件,初始化工作均必不可少,区别只在于工作量大小,故初始化是用户首次使用会计软件必须做的工作。初始化工作内容主要有:设置操作人员及分工,设置会计科目,期初余额,凭证种类,会计核算方法选择等。在每一个子系统中都有初始化工作。

(二)会计数据的输入

可采用键盘手工输入,软盘转入,网络传输等几种形式。同样,各子系统均有数据输入。

(三)会计数据的处理

会计数据的处理主要包括生成总账、明细账、日记账、辅助账等。

(四)会计数据的输出

包括由会计软件提供的查询各类账簿和报表、打印输出账簿和报表的功能。

(五)会计数据的安全

会计软件具有按照初始化功能中的设定,防止非指定人员擅自使用的功能和对制定操作人员实行使用权限控制的功能。

四、会计软件的配备方式

企业会计软件的配备方式主要有购买、定制开发、购买与开发相结合等。其中，定制开发包括企业自行开发、委托外部单位开发、企业与外部单位联合开发三种具体开发方式。

(一)购买通用会计软件

通用会计软件是指软件公司为会计工作而专门设计开发，并以产品形式投入市场的应用软件。企业作为用户，付款购买即可获得软件的使用、维护、升级以及人员培训等服务。采用这种方式的企业投入少，见效快，实现信息化的过程简单。

(二)企业自行开发

企业自行开发是指企业自行组织人员进行会计软件开发。采用这种方式的企业能够在充分考虑自身生产经营特点和管理要求的基础上，设计最有针对性和适用性的会计软件。

(三)委托外部单位开发

委托外部单位开发是指企业通过委托外部单位进行会计软件开发。采用这种方式的企业开发的会计软件针对性较强，降低了用户的使用难度。

(四)企业与外部单位联合开发

企业与外部单位联合开发是指企业联合外部单位进行软件开发，由本单位财务部门和网络信息部门进行系统分析，外部单位负责系统设计和程序开发工作，开发完成后，对系统的重大修改由网络信息部门负责，日常维护工作由财务部门负责。采用这种方式的企业开发工作既考虑了企业的自身需求，又利用了外部单位的软件开发力量，开发的系统质量较高。

(五)购买与开发相结合

购买与开发相结合是通用会计软件与定点开发会计软件相结合的方式。对于本单位特殊的需求，在通用会计软件不能满足的情况下，再自行开发，然后利用通用会计软件提供的接口将它们连接起来。所以，使用商品化会计软件加上自行开发会计软件，既省时间又省费用，是实现会计电算化的有效途径。

五、ERP 软件

(一)ERP 的概念

所谓 ERP(企业资源计划)，由美国 Gartner Group 公司于 1990 年提出，指建立在信息技术基础上,以系统化的管理思想为企业决策层及员工提供决策运行手段的管理平台。简单而言,ERP强调一种集成化的管理,将企业的制造、财务、销售、采购、质量管理、存货管理、运输管理、人力资源管理集成到一个平台之上,甚至跳出企业边界,将上游供应商、下游分销商都集成到平台,从而使企业可以优化资金流、物流、信息流,更充分地利用资源,改善业务流程,不断优化企业发展。

(二)ERP软件

ERP软件就是基于ERP思想所设计的软件,它将供应链管理、分销管理、客户管理、财务管理、生产制造管理、库存管理、人力资源管理等企业边界内外的部门事务集成到ERP软件的各个模块,通过对各模块内部事务的分解和各模块间业务的衔接,使企业所有资源可以纳入计划和管理。

(三)会计软件和ERP软件

会计软件被ERP软件所包含,是ERP软件的核心组成部分。企业的ERP软件可以被分为四大模块或四大系统,即生产控制系统,物流管理系统,销售管理系统和财务管理系统。会计软件在ERP软件中承担财务管理的职能,具体而言,ERP软件中的财务管理系统包括会计核算的内容,同时又包括财务管理的内容。

随着ERP思想的逐步普及,越来越多的企业选择购买ERP软件,商品化软件开发企业对ERP软件的推广也起到重要作用。使用包含财务管理功能的ERP软件对会计工作本身也有更多优点,会计人员在利用ERP平台完成本部门工作时,可以将会计数据和企业所发生的业务紧密联系,并与其他部门共享信息,从而可更好地发现问题和解决问题,对业务和数据进行多角度地分析和追踪。

六、会计软件的功能模块

(一)会计软件各模块的功能描述

完整的会计软件的功能模块包括:账务处理模块、固定资产管理模块、工资管理模块、应收管理模块、应付管理模块、成本管理模块、报表管理模块、存货核算模块、财务分析模块、预算管理模块、项目管理模块和其他管理模块。

1. 账务处理模块

账务处理模块是以凭证为数据处理起点,通过会计凭证输入和处理,完成记账、银行对账、结账、账簿查询及打印输出等工作。

2. 固定资产管理模块

固定资产管理模块主要是以固定资产卡片和固定资产明细账为基础,实现固定资产的会计核算、折旧计提和分配、设备管理等功能,同时提供了固定资产按类别、使用情况、所属部门和价值结构等进行分析、统计和各种条件下的查询、打印功能,以及该模块与其他模块的数据接口管理。

3. 工资管理模块

工资管理模块是进行工资核算和管理的模块，该模块以人力资源管理模块提供的员工及其工资的基本数据为依据，完成员工工资数据的收集、员工工资的核算、工资发放、工资费用的汇总和分摊、个人所得税计算和按照部门、项目、个人时间等条件进行工资分析、查询和打印输出，以及该模块与其他模块的数据接口管理。

4. 应收、应付管理模块

应收、应付管理模块以发票、费用单据、其他应收单据和应付单据等原始单据为依据，记录销售、采购业务所形成的往来款项，处理应收、应付款项的收回、支付和转账，进行账龄分析和坏账估计及冲销，并对往来业务中的票据、合同进行管理。同时提供统计分析、打印和查询输出功能，以及与采购管理、销售管理、账务处理等模块进行数据传递的功能。

5. 成本管理模块

成本管理模块主要提供成本核算、成本分析、成本预测功能，以满足会计核算的事前预测、事后核算分析的需要。此外，成本管理模块还具有与生产模块、供应链管理模块，以及账务处理、工资管理、固定资产管理和存货核算等模块进行数据传递的功能。

6. 报表管理模块

报表管理模块与其他模块相连，可以根据会计核算的数据，生成各种内部报表、外部报表、汇总报表，并根据报表数据分析报表，以及生成各种分析图等。在网络环境下，很多报表管理模块同时提供远程报表的汇总、数据传输、检索查询和分析处理等功能。

7. 存货核算模块

存货核算模块以供应链模块产生的入库单、出库单、采购发票等核算单据为依据，核算存货的出入库和库存金额、余额，确认采购成本，分配采购费用，确认销售收入、成本和费用，并将核算完成的数据，按照需要分别传递到成本管理模块、应付管理模块和账务处理模块。

8. 财务分析模块

财务分析模块是从会计软件的数据库中提取数据，运用各种专门的分析方法，完成对企业财务活动的分析，实现对财务数据的进一步加工，生成各种分析和评价企业财务状况、经营成果和现金流量的各种信息，为决策提供正确依据。

9. 预算管理模块

预算管理模块将需要进行预算管理的集团公司、子公司、分支机构、部门、产品、费用要素等对象，根据实际需要分别定义为利润中心、成本中心、投资中心等不同类型的责任中心，然后确立各责任中心的预算方案，指定预算审批流程，明确预算编制内容，进行责任预算的编制、审核、审批，以便实现对各个责任中心的控制、分析和绩效考核。

10. 项目管理模块

项目管理模块主要是对企业的项目进行核算、控制与管理。项目管理主要包括项目立项、计划、跟踪与控制、终止的业务处理以及项目自身的成本核算等功能。

11. 其他管理模块

根据企业管理的实际需要，其他管理模块一般包括领导查询模块、决策支持模块等。领导查询模块可以按照领导的要求从各模块中提取有用的信息并加以处理，以最直观的表格和图形显示，使得管理人员通过该模块及时掌握企业信息；决策支持模块利用现代计算机、通信技术和决策分析方法，通过建立数据库和决策模型，实现向企业决策者提供及时、可靠的财务和业务决策辅助信息。

上述各模块既相互联系又相互独立，有着各自的目标和任务，它们共同构成会计软件，实现会计软件的总目标。

(二)会计软件各模块的数据传递

会计软件是由各功能模块共同组成的有机整体，为实现相应功能，相关模块之间相互依赖、互通数据，如图 10-1 所示。

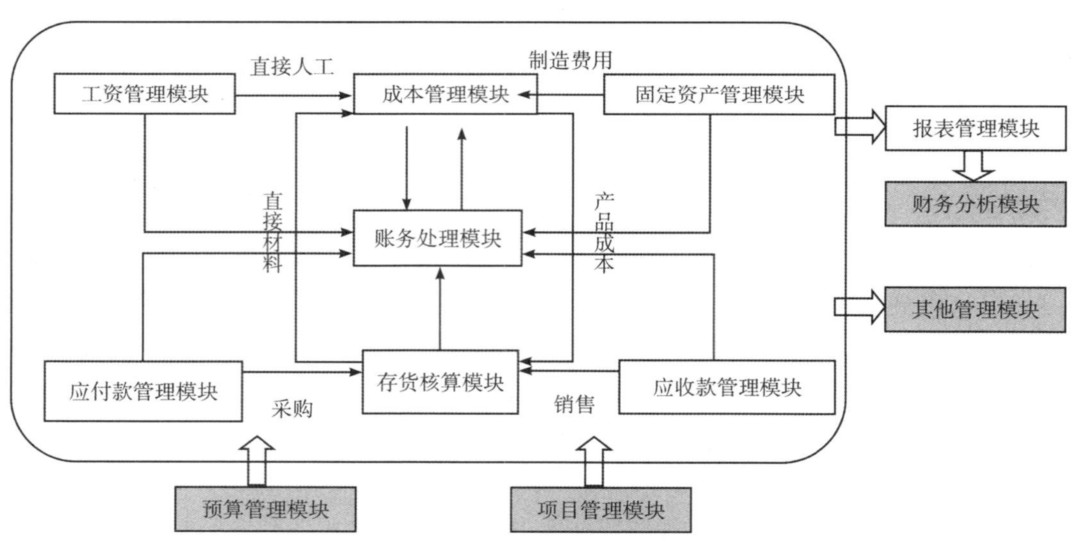

图 10-1 会计软件各模块数据传递

1. 存货核算模块生成的存货入库、存货估价入账、存货出库、盘亏/毁损、存货销售收入、存货期初余额调整等业务的记账凭证，并传递到账务处理模块，以便用户审核登记存货账簿。

2. 应付管理模块完成采购单据处理、供应商往来处理、票据新增、付款、退票处理等业务后，生成相应的记账凭证并传递到账务处理模块，以便用户审核登记赊购往来及其相关账簿。

3. 应收管理模块完成销售单据处理、客户往来处理、票据处理及坏账处理等业务后，生成相应的记账凭证并传递到账务处理模块，以便用户审核登记赊销往来及其相关账簿。

4. 固定资产管理模块生成固定资产增加、减少、盘盈、盘亏、固定资产变动、固定资产评估和折旧分配等业务的记账凭证，并传递到账务处理模块，以便用户审核登记相关的资产账簿。

5. 工资管理模块进行工资核算，生成分配工资费用、应交个人所得税等业务的记账凭证，并传递到账务处理模块，以便用户审核登记应付职工薪酬及相关成本费用账簿；工资管理模块为成本管理模块提供人工费资料。

6. 成本管理模块中，如果计入生产成本的间接费用和其他费用定义为来源于账务处理模块，则成本管理模块在账务处理模块记账后，从账务处理模块中直接取得间接费用和其他费用的数据；如果不使用工资管理、固定资产管理、存货核算模块，则成本管理模块还需要在账务处理模块记账后，自动从账务处理模块中取得材料费用、人工费用和折旧费用等数据；成本管理模块的成本核算完成后，要将结转制造费用、结转辅助生产成本、结转盘点损失和结转工序产品耗用等记账凭证数据传递到账务处理模块。

7. 存货核算模块为成本管理模块提供材料出库核算的结果；存货核算模块将应计入外购入库成本的运费、装卸费等采购费用和应计入委托加工入库成本的加工费传递到应付管理模块。

8. 固定资产管理模块为成本管理模块提供固定资产折旧费数据。

9. 报表管理和财务分析模块可以从各模块取数编制相关财务报表，进行财务分析。

10. 预算管理模块编制的预算经审核批准后，生成各种预算申请单，再传递给账务处理模块、应收管理模块、应付管理模块、固定资产管理模块、工资管理模块，进行责任控制。

11. 项目管理模块中发生和项目业务相关的收款业务时，可以在应收票据、收款单或者退款单上输入相应的信息，并生成相应的业务凭证传递至账务处理模块；发生和项目相关采购活动时，其信息也可以在采购申请单、采购订单、应付模块的采购发票上记录；在固定资产管理模块引入项目数据可以更详细地归集固定资产建设和管理的数据；项目的领料和项目的退料活动等数据可以在存货核算模块进行处理，并生成相应凭证传递到账务处理模块。

此外，各功能模块都可以从账务处理模块获得相关的账簿信息；存货核算、工资管理、固定资产管理、项目管理等模块均可以从成本管理模块获得有关的成本数据。

第四节　会计软件的应用管理

会计软件的应用流程一般包括系统初始化、日常处理和期末处理等环节。

一、系统初始化

(一)系统初始化的特点和作用

系统初始化是系统首次使用时,根据企业的实际情况进行参数设置,并录入基础档案与初始数据的过程。

系统初始化是会计软件运行的基础。它将通用的会计软件转变为满足特定企业需要的系统,使手工环境下的会计核算和数据处理工作得以在计算机环境下延续和正常运行。

(二)系统初始化的内容

系统初始化的内容包括系统级初始化和模块级初始化。

1. 系统级初始化

系统级初始化是设置会计软件所公用的数据、参数和系统公用基础信息,其初始化的内容涉及多个模块的运行,不特定专属于某个模块。

系统级初始化内容主要包括:(1)创建账套并设置相关信息;(2)增加操作员并设置权限;(3)设置系统公用基础信息。

2. 模块级初始化

模块级初始化是设置特定模块运行过程中所需要的参数、数据和本模块的基础信息,以保证模块按照企业的要求正常运行。

模块级初始化内容主要包括:(1)设置模块控制参数;(2)设置模块基础信息;(3)录入模块初始数据。

二、日常处理

(一)日常处理的含义

日常处理是指在每个会计期间内,企业日常运营过程中重复、频繁发生的业务处理过程。

(二)日常处理的特点

1. 日常业务频繁发生,需要输入的数据量大。

2. 日常业务在每个会计期间内重复发生，所涉及金额不尽相同。

三、期末处理

(一)期末处理的含义

期末处理是指在每个会计期间的期末所要完成的特定业务。

(二)期末处理的特点

1. 有较为固定的处理流程。

2. 业务可以由计算机自动完成。

四、数据管理

在会计软件应用的各个环节均应注意对数据的管理。

(一)数据备份

数据备份是指将会计软件的数据输出保存在其他存储介质上，以备后续使用。数据备份主要包括账套备份、年度账备份等。

(二)数据还原

数据还原又称数据恢复，是指将备份的数据使用会计软件恢复到计算机硬盘上。它与数据备份是一个相反的过程。数据还原主要包括账套还原、年度账还原等。

一、单选题

1. ERP 是(　　)的简称。

A. 管理信息系统　　B. 企业资源计划

C. 制造资源规划　　D. 专家系统

2. 下列关于 ERP 与会计信息化、会计电算化关系的表述中，正确的是(　　)。

A. 会计信息化是会计电算化的初级阶段

B. ERP 系统是会计信息系统的子系统

C. 会计信息系统是 ERP 系统的子系统

D. 会计电算化与 ERP 系统没有任何关联关系

3. 在会计软件中，(　　)模块与账务处理模块之间不存在凭证传递关系。

A. 应收管理模块　　B. 固定资产管理模块

C. 工资管理模块　　D. 财务分析模块

4. 会计电算化下,许多会计核算基本上实现了自动化,但(　　)工作仍需手工完成。

A. 登记账簿　　B. 会计数据的收集

C. 记账　　D. 审核签字正确

5. 会计软件以(　　)模块为核心。

A. 报表管理　　B. 成本管理　　C. 账务处理　　D. 工资管理

6. 下列模块中,(　　)与"应收应付款核算模块"之间存在数据传递关系。

A. 账务处理模块　　B. 工资管理模块

C. 固定资产管理模块　　D. 成本管理模块

7. 成本管理模块的成本核算完成后,要将结转制造费用、结转辅助生产成本、结转盘点损失和结转共享产品耗用的记账凭证数据传递到(　　)模块。

A. 存货核算模块　　B. 报表管理模块

C. 账务处理模块　　D. 项目管理模块正确

8. 企业与外部单位联合开发是企业配备会计软件的一种方式,下列说法错误的是(　　)。

A. 此种方式是指企业联合外部单位进行软件开发

B. 在此种方式下,由本单位财务部门的网络信息部门负责系统设计好程序开发工作,由外单位负责进行系统分析

C. 开发完成后,对系统的重大修改由本单位网络信息部门负责

D. 开发完成后,日常维护工作由本单位财务部门负责正确

9. 购买通用会计软件的缺点主要是(　　)。

A. 成本高　　B. 见效慢

C. 维护没有保障　　D. 软件针对性不强正确

10. 下列关于自行开发配备会计软件的说法正确的是(　　)。

A. 对企业自身技术力量的要求不高

B. 软件的针对性不强,通常针对一般用户涉及,难以适应企业特殊的业务或流程

C. 实现信息化的过程简单

D. 能够在充分考虑自身生产经营特点和管理要求的基础上,设计的会计软件最有针对性和适用性

11. 会计核算软件的功能模块是(　　)。

A. 一种文件

B. 一种计算功能

C. 一种打印功能

D. 一种有会计数据输入、处理、输出功能的软件程序正确

12. 一般中小企业实施会计电算化做法合理的是(　　)。

A. 购买通用会计核算软件　　　　　　B. 自行开发

C. 委托外部单位开发　　　　　　　　D. 企业与外部单位联合开发正确

13. 会计信息系统根据(　　)划分为会计核算系统、会计管理系统和会计决策支持系统。

A. 信息技术的影响程度　　　　　　B. 功能和管理层次的高低

C. 对会计数据进行处理的方式　　　D. 复杂的程度正确

14.(　　)是指将会计软件的数据输出保存在其他存储介质上,以备后续使用。

A. 日常处理　　B. 期末处理　　C. 数据备份　　D. 数据还原

15. 下列说法错误的是(　　)。

A. 系统初始化包括系统级初始化和模块级初始化

B. 系统级初始化包括操作员的权限设置

C. 系统初始化工作必须完整且尽量满足企业的需求

D. 创建账套并设置相关信息是模块级初始化的内容

二、多项选择题

1. 会计信息系统根据其功能和管理层次的高低,可以分为(　　)。

A. 会计核算系统　　　　　　　　B. 手工会计信息系统

C. 会计管理系统　　　　　　　　D. 会计决策支持系统

2. 企业应用可扩展商业报告语言(XBRL)的优势主要有(　　)。

A. 能够增加资料在未来的可读性和可维护性

B. 提供更具可信度和相关性的信息

C. 使财务数据具有更广泛的可比性

D. 适应变化的会计准则制度的要求

3. 下列关于会计信息系统与 ERP 系统关系的表述中,正确的是(　　)。

A. ERP 系统包括会计信息系统

B. ERP 系统和会计信息系统属于相同的管理信息系统

C. 会计信息系统包括 ERP 系统

D. ERP 系统和会计信息系统互不相关正确

4. 下列说法中,属于购买通用会计软件的优点的有(　　)。

A. 软件的针对性较强

B. 企业投入少,见效快,实现信息化的过程简单

C. 软件性能稳定,质量可靠

D. 当会计软件需要改进时,能够及时纠错和调整

5. 企业定制开发会计软件的方式主要有(　　)。

A. 自行开发　　　　　　　　　　B. 委托外部单位开发

C. 企业与外部单位联合开发　　　　D. 购买通用会计软件

6. 下列模块中，与成本管理模块存在数据传递关系的有（　　）。

A. 存货核算模块　　　　B. 工资管理模块

C. 固定资产管理模块　　　　D. 账务处理模块

7. 模块级初始化的内容包括（　　）。

A. 设置系统公用基础信息　　　　B. 设置系统控制参数

C. 设置基础信息　　　　D. 录入初始数据

8. 系统级初始化的内容包括（　　）。

A. 创建账套并设置相关信息　　　　B. 增加操作员并设置权限

C. 设置系统控制参数　　　　D. 设置基础信息

9. 下列属于期末处理的特点的有（　　）。

A. 有较为固定的处理流程

B. 日常业务频繁发生，需要输入的数据量大

C. 业务可以由计算机自动完成

D. 重复性

10. 会计软件的应用流程一般包括（　　）。

A. 系统初始化　　B. 日常处理　　C. 期末处理　　D. 数据备份

三、判断题

1. 会计信息系统实质是将会计数据转化为会计信息的系统，是企业管理系统的一个重要子系统。（　　）

2. 狭义的会计电算化是指与实现电算化有关的所有工作。（　　）

3. 会计电算化是指企业利用计算机、网络通信等现代信息技术手段开展会计核算，以及利用上述技术手段将会计核算与其他经营管理活动有机结合的过程。（　　）

4. ERP 的核心思想是财务管理。（　　）

5. 2009 年 4 月，国家标准化管理委员会和财政部颁布了可扩展商业报告语言（XBRL）技术规范系列国家标准和企业会计准则通用分类标准。（　　）

6. 在会计电算化方式下，全部的会计工作都可以交由计算机自动完成，大大减轻了会计人员的工作负担。（　　）

7. 会计软件不包括报表管理模块。（　　）

8. 如果不使用工资管理、固定资产管理、存货核算模块，则成本管理模块无法取得数据。（　　）

9. 系统初始化在系统初次运行时一次性完成，在系统使用后不可以进行修改。（　　）

10. 数据还原是数据备份的一个相反的过程。（　　）

第十章 会计工作组织及档案管理

第一节 会计工作组织

一、会计工作组织的意义及要求

(一)会计工作组织的意义

会计工作是一项系统工作,有系统就必然存在着系统地组织和管理。会计工作的组织,主要是通过设置会计机构,配备会计人员,制定与执行会计规章制度,实施与改进会计工作的技术手段,管理会计档案,进行会计工作与其他经济管理工作间的协调,形成一个高效运行的会计工作体系。

会计工作是一项综合性、政策性、严密性都很强的工作,科学合理地组织会计工作,具有以下重要的意义。

1. 有利于保证会计工作质量,提高会计工作效率

会计工作是一项严密细致的工作。任何企业或单位,每时每刻都发生着错综复杂的经济活动和财务收支,从凭证到账簿,从账簿到报表,连续进行收集、整理、分类、记录、反映、计算、综合和分析,需要通过一系列的程序手续,而且各个程序之间、各种手段之间、各个数字之间环环相扣,存在着有机的联系。在实际工作中,往往会因为一个数字的差错,一个手续的疏忽或者一道工作程序的脱节,而使全部核算结果发生差错,贻误工作。如果没有专职的机构和办事人员,没有一定的工作制度、程序和方法,把这项工作科学地组织起来,就不可能很好地完成会计任务。

2. 能够加强企业单位内部经济责任制

会计工作具有广泛的群众性,接触面广。企业在供、产、销等过程中所发生的各项经济业务,都是会计核算和监督的对象。合理地组织会计工作,不仅可以使会计工

作由专人负责，按一定的办法和程序进行，而且可以通过会计工作，加强经营管理上的责任制。如对各项财产物资的收发和保管，资金的管理和使用，款项的收支和结算，债权、债务的发生和清算，收益的取得和分配，费用的开支和报销等，都能按规定的手续办事，这就严格划清了企业内部各部门的经济责任，有利于加强微观经济管理，提高经济效益。会计是企业管理的重要内容和中心环节，它是企业内部实行经济责任制的有效形式。会计能够及时提供企业资金运用周转情况，促进企业加速资金周转，提高资金利用率；能及时提供人力、财力、物力消耗情况，促进企业减少劳动耗费、降低成本；能及时将收入和支出进行对比，计算盈亏，使企业领导和职工及时了解自己的经营成果和努力方向，促使企业不断挖掘潜力，精打细算，增产节约，努力提高经济效益，加强各单位内部经济责任制。

3. 能够确保会计工作与其他经济管理工作的协调性

会计工作是企业经营管理工作的重要组成部分，它既有独立的职能，又同其他经营管理工作有着十分密切的关系，并且相互影响、相互制约、相互促进。比如，资产核算工作同资产管理工作紧密联系；成本核算工作同成本管理工作不可分割；会计工作同计划、统计工作必须口径一致，相互协调等。因此，必须设置必要的机构和办事人员，按照一定的要求，使会计工作有条不紊地进行，使会计工作同其他经营管理工作分工协作，相互配合，实施全面的经济管理。

4. 能够充分发挥会计监督的作用

会计工作是一项政策性很强的工作，具有认真贯彻国家有关方针、政策、法令和制度，并揭露制止一切违法乱纪行为的重要任务。因此，正确科学地组织会计工作，充分发挥会计监督职能，对于贯彻执行国家的方针、政策、法令和制度，维护财经纪律，建立良好的社会经济秩序具有十分重要的意义。

(二)会计工作组织的要求

合理组织会计工作，应遵循一定的要求，或者说要遵循一定的原则。一般有以下几项基本要求：

1. 必须符合国家对会计工作的统一要求

在我国，会计所提供的各项经济信息，既反映国家计划、预算的执行情况，又为国家确定方针、政策，制订计划、预算提供重要依据。企业、机关、事业等单位的经济活动和财务收支是否符合政策、制度、计划和预算的规定，也都需要通过会计进行监督、检查。因此，组织会计工作，必须按照《会计法》对会计工作的统一要求，贯彻执行国家规定的法令和制度，进行会计核算，实行会计监督。各单位要按照国家统一的会计法规，设置会计科目、登记账簿和编制会计报告，向有关方面正确、及时地提供会计信息。只有按照统一要求组织会计工作，才能发挥会计工作在维护社会主义市场经济秩序、加强经济管理、提高经济效益中的作用。

2. 必须适应本单位的特点

国家对会计工作提出的统一要求,是从整个国家的情况和需要出发的。对于不同的单位,在组织会计工作时,既要严格贯彻国家的统一要求,又要根据各单位经济活动的不同情况和经济管理的不同需要,做不同的具体安排。在组织会计工作时,对会计机构的设置,会计人员的配备,以及对会计准则的执行,都要结合本单位业务经营的特点和经营规模的大小,做出切合实际的安排和制订具体的实施办法。比如,规模大的单位,会计机构就要大些,会计人员就应配备多些,分工也要细些;规模小的单位,会计机构就要小些,会计人员就应配备少些,往往一个会计人员要担负几个方面的工作。不同企业,根据不同情况和不同需要,在国家统一规定的原则范围内,可以采用不同的账簿组织、不同的记账程序、不同的成本计算方法,增加或减少一些会计科目等。总之,会计工作必须能够适应实际情况,满足实际需要,才能发挥其应有的作用。

3. 必须符合精简节约原则

在组织会计工作时,对会计机构的设置和会计人员的配备,以及会计准则和会计制度的执行,应在保证会计工作质量的前提下,力求精简、合理,注意提高工作效率;会计与统计要密切配合,有关指标的核算口径和有关凭证、账簿的设置等方面应尽可能协调一致,避免重复。目前,很多单位实现了会计电算化,组织会计工作仍要符合精简节约的要求。总之,既要保证会计工作的质量,又要精简节约,力求以尽量少的人力、物力耗费,取得最大的工作效果。

4. 必须符合内部控制及经济责任制的要求

内部控制及经济责任制的要求,是指在组织会计工作时,要遵循内部控制的原则,在保证贯彻整个单位责任制的同时,建立和完善会计工作自身的责任制,从现金出纳、财产物资进出以及各种费用的开支等方面形成彼此相互牵制的机制,防止工作中的失误和弊端。对会计工作进行合理分工,不同岗位上的人员各司其职,使得会计处理手续和会计工作程序达到规范化、条理化。综上所述,组织会计工作,应在保证会计工作质量的前提下,尽量节约耗用在会计工作上的时间和费用。会计证、账、表的设计,各种核算程序的选择,有关措施的确定,会计机构的设置和会计人员的配备等,应做到成本与效益相结合,符合精简节约的原则,既要组织好会计工作,又要减少人财物的消耗。

二、会计机构的设置

“各单位应当根据会计业务的需要,设置会计机构,或者在有关机构中设置会计人员并指定会计主管人员;不具备设置条件的,应当委托经批准设立从事会计代理记账业务的中介机构代理记账。”这是《中华人民共和国会计法》对设置会计机构问题做出的规定。

(一)根据业务需要设置会计机构

各单位是否设置会计机构,应当根据会计业务的需要来决定,即各单位可以根据本单位会计业务的繁简情况决定是否设置会计机构。一个单位是否需要设置会计机构,一般取决于以下几个方面的因素:

1. 单位规模的大小

从有效发挥会计职能作用的角度看,实行企业化管理的事业单位,大、中型企业应当设置会计机构;业务较多的行政单位、社会团体和其他组织也应设置会计机构。而对那些规模很小的企业、业务和人员都不多的行政单位等,可以不单独设置会计机构,将会计业务并入其他职能部门,或者委托代理记账。

2. 经济业务和财务收支的繁简

大、中型单位的经济业务复杂多样,在会计机构和会计人员的设置上应考虑全面、合理、有效的原则,但是也不能忽视单位经济业务的性质和财务收支的繁简问题。有些单位的规模相对较小,但其经济业务复杂多样,财务收支频繁,也要设置相应的会计机构和会计人员。

3. 经营管理的要求

经营管理上对会计机构和会计人员的设置要求是最基本的。如果没有经营管理上对会计机构和会计人员的要求,也就不存在单位对会计的要求了。单位设置会计机构和会计人员的目的,就是为了适应单位在经营管理上的需要。随着科学技术的进步,单位会计机构和会计人员的要求与手工会计核算相比有了很大的不同。数据的及时性、数据的准确性、数据的全面性比任何其他时候对会计机构和会计人员的要求都高。因此,如何设置会计机构和会计人员是单位会计设置中的重要课题。

(二)不设置会计机构

不设置会计机构的应设置会计人员并指定会计主管人员。会计机构负责人是负责组织管理会计事务、行使会计机构负责人职权的负责人。它不同于通常所说的“会计主管”、“主管会计”、“主办会计”。一个单位如何配备会计机构负责人,主要应考虑单位的实际需要,不能使用“一刀切”的做法,要求完全统一标准。实际上,凡是设置了会计机构的单位,都配备了会计机构负责人。《中华人民共和国会计法》规定应在会计人员中指定会计主管人员,目的是强化责任制度,防止出现会计工作无人负责的局面。《会计基础工作规范》中,对会计人员配备、会计岗位设置的原则做了规定,如规定“会计工作岗位,可以一人一岗、一人多岗或者一岗多人”;会计岗位可以包括:会计机构负责人或者会计主管人员、出纳、财产物资核算、工资核算、成本费用核算、财务成果核算、资金核算、往来核算、总账报表、稽核、档案管理等。

(三)代理记账

1. 代理记账的概念

代理记账是指从事代理记账业务的社会中介机构接受委托人的委托办理会计业务。委托人是指委托代理记账机构办理会计业务的单位。代理记账机构是指从事代理记账业务的中介机构。

财政部于2005年1月22日发布《代理记账管理办法》,对代理记账机构设置的条件、代理记账的业务范围、代理记账机构与委托人的关系、代理记账人员应遵循的道德规则等做出具体的规定。

2. 代理记账的业务范围

代理记账机构可以根据委托人的委托,办理下列业务:

(1)根据委托人提供的原始凭证和其他资料,按照国家统一会计制度的规定,进行会计核算,包括审核原始凭证、填制记账凭证、登记会计账簿、编制财务会计报告。

(2)对外提供财务会计报告。代理记账机构为委托人编制的财务会计报告,经代理记账机构负责人和委托人签名并盖章后,按照有关法律、行政法规和国家统一的会计制度的规定对外提供。

(3)向税务机构提供税务资料。

(4)委托人委托的其他会计业务。

3. 委托代理记账的委托人的义务

委托人应当履行以下义务:

(1)对本单位发生的经济业务事项,应当填制或者取得符合国家统一的会计制度规定的原始凭证。

(2)应当配备专人负责日常货币收支和保管。

(3)及时向代理记账机构提供真实、完整的凭证和其他相关资料。

(4)对于代理记账机构退回的要求按照国家统一会计制度的规定进行更正、补充的原始凭证,应当及时予以更正、补充。

4. 代理记账机构及其从业人员的义务

(1)按照委托合同办理代理记账业务,遵守有关法律、行政法规和国家统一的会计制度的规定。

(2)对在执行业务中知悉的商业秘密应当保密。

(3)对委托人示意要求做出的会计处理,提供不实会计资料,以及其他不符合法律、行政法规和国家统一的会计制度规定的要求的,应当拒绝。

(4)对委托人提出的有关会计处理原则问题应当予以解释。

三、会计机构的组织形式

会计机构的组织形式，按照部门之间会计工作分工方式的不同，可分为集中核算和非集中核算两种；按照企业与所属内部单位间的管理体制不同，又可分为独立核算和非独立核算两种。

1. 集中核算和非集中核算

集中核算，是指企业的主要会计工作集中于企业财会部门，其总分类核算、明细分类核算及会计报表的编制都由会计部门集中办理的一种会计核算组织方式。在这种核算方式下，企业内部各业务部门（如企业内部的车间、班组，商店内部的营业柜组等）一般不进行单独核算，只对其所发生的经济业务办理原始凭证和某些原始凭证的汇总工作，并定期将原始凭证和汇总凭证送交会计部门。这种会计核算方式，可以简化核算手续，便于实施电算化，提高工作效率，节省核算费用。中小型企业适宜采用此种形式。

非集中核算，又称分散核算，是企业内部各业务经营部门对本部门所发生的经济业务直接进行较全面的会计核算，企业财会部门对所属各级的会计工作实务实行领导、监督和业务指导，分配企业一级的各种费用计入期间费用，汇总各级的会计报表，进行全企业的财务决算的一种会计核算组织方式。非集中核算可以是两级管理、两级核算；也可以是三级管理、三级核算。实行非集中核算的车间、部门，不仅要填制和整理凭证，设置账簿，而且要计算收入和支出，确定盈亏，并定期编制会计报表，报送财会部门。这种会计核算方式适用于层次分明的大中型企业，以及内部实行承包责任制的企业。

集中核算和非集中核算仅仅是一种相对的划分。一个企业可以对某些业务采用集中核算，而对另一些业务采用非集中核算。究竟采用哪种形式为宜，应根据单位的特点和管理的需要，从有利于强化经营管理，加强经济核算的角度来决定。但企业无论采用哪种形式，企业同银行的往来，债权、债务的结算等业务，都要通过企业会计部门管理。

2. 独立核算与非独立核算

独立核算是对本单位的业务经营活动过程及其结果进行全面的、系统的会计核算。独立核算单位通常在管理上有独立的组织形式、独立编制计划，能与有关部门签订经营合同，具有一定数量的资金，在当地银行开设账户，可对外办理结算、单独计算盈亏等。独立核算单位应单独设置会计机构，配备专职会计人员并且有完整的会计工作组织体系，包括所使用的会计科目、会计凭证，设置会计账簿，编制会计报表，以及进行会计分析与会计检查。作为独立核算单位，可以采用集中核算的形式，也可采用非集中核算的形式。

非独立核算有半独立核算和简易核算两种组织形式。半独立核算，是企业在自身业务经营、成本费用的管理支配上，基本上有独立处理的权限。在会计核算上能单独核算盈亏，并能编制会计报表，但对外没有经济联系权，资金由上一级部门统一掌握、调配。

简易核算，又称报账制，一般是把本单位业务经营的日常资料逐日或定期报送上级单位，由上级单位进行核算。如商品流通企业所属的某些购销网点，这些单位由上级拨给一定数额周转资金，一切收入均交给上级单位，所有支出向上级单位报销，所以这些单位通常被称为报账单位。简易核算单位没有完整的账簿组织，一般只办理原始凭证的填制、整理和汇总，以及商品、原材料等实物账、卡的登记，不单独编制会计报表。若是企业规模较小、业务简单、人员较少，组织管理上缺乏独立核算的条件，一般采取这种非独立核算形式。

四、会计工作岗位设置

会计工作岗位，是指一个单位会计机构内部根据业务分工而设置的职能岗位。对于会计工作岗位的设置，《会计基础工作规范》提出以下示范性的要求：

(1)根据本单位会计业务的需要设置会计工作岗位。

(2)符合内部牵制制度的要求。根据规定，会计工作岗位可以一人一岗、一人多岗或者一岗多人，但出纳人员不得兼任稽核、会计档案保管和收入、支出费用、债权债务账目的登记工作。

(3)对会计人员的工作岗位要有计划地进行轮岗，以促进会计人员全面熟悉业务和不断提高业务素质。

(4)要建立岗位责任制。根据《会计基础工作规范》和有关制度的规定，会计工作岗位一般分为：会计机构负责人(会计主管人员)岗位；出纳岗位；稽核岗位；资本、基金核算岗位；收入、支出、债权债务核算岗位；工资核算、成本核算、财务成果核算岗位；财产物资的收发、增减核算岗位；总账岗位；对外财务会计报告编制岗位；会计电算化岗位；会计档案管理岗位。

对于会计档案管理岗位，在会计档案正式移交之前，属于会计岗位；正式移交档案管理部门之后，不再属于会计岗位。档案管理部门的人员管理会计档案，不属于会计岗位。医院门诊收费员、住院处收费员、药房收费员、药品库房记账员、商场收款(银)员所从事的工作，均不属于会计岗位。单位内部审计、社会审计、政府审计工作也不属于会计岗位。

五、会计人员

设置了会计机构，还必须配备相应的会计人员。会计人员通常是指在国家机关、社会团体、公司、企事业单位和其他组织中从事财务会计工作的人员，包括会计机构负责人（会计主管人员）及从事会计工作的会计师、会计员和出纳员等。合理地配备会计人员，提高会计人员的综合素质是每个企业单位做好会计工作的决定性因素，对会计核算管理系统的运行起着关键的作用。可以说，提高会计人员的素质是经济发展的需要，更是企业单位自身发展的需要。

（一）会计人员的职责

会计人员的主要职责包括以下五个方面：

1. 进行会计核算

会计人员应按照会计制度的规定，切实做好记账、算账、报账等会计核算工作，必须根据实际发生的经济业务事项认真填制和审核原始凭证，编制记账凭证，登记账簿，正确计算各项收入、支出、成本、费用、财务成果。按期结算、核对账目、进行财产清查、编制财务会计报告，保证账证相符、账账相符、账实相符，手续完备，数字真实。

2. 实行会计监督

通过会计工作，对本单位的各项经济业务和会计手续的合法性、合理性进行监督。对不真实、不合法的会计事项，会计人员应拒绝办理或者按照职权予以纠正。对重大经济业务事项，如重大的对外投资、资产处置、资金调度等决策和执行的相互监督、相互制约程序应当明确；对财产清查的范围、期限和组织程序也应当明确；对于账簿记录与实物、款项不符的问题，应按有关规定进行处理或及时向本单位领导人报告；对会计资料定期进行内部审计的办法和程序应当明确。此外，各单位必须按照法律和国家有关规定，接受财政、审计、税务机关的监督，如实提供会计凭证、会计账簿、财务会计报告和其他会计资料以及有关情况，不得拒绝、隐匿、谎报。

3. 拟订本单位办理会计事务的具体办法

根据国家的法规、财政经济方针政策和上级的有关规定以及本单位的具体情况，拟订本单位办理会计事务的具体办法，如会计人员岗位责任制度、内部稽核制度、内部牵制制度、财产清查制度和成本计算方法等。

4. 编制预算和考核预算执行情况

财务会计部门应负责制订财务计划、预算。财会人员应根据会计资料结合统计核算、财务核算等有关资料，考核分析财务计划、预算的执行情况，检查成本、费用升降和盈亏形成的原因，总结经验，揭露问题，并提出改进的建议和措施，促使有关部门改善经营管理。此外，财会人员还应参与拟定本单位的其他经济计划和业务计划，以掌握的会计数据资料，为加强经济核算提供重要依据，在经济管理的各个方面发挥其应有的作用。

5. 办理其他会计事项

其他会计事项是指上述各项尚未包括的其他会计业务，如协助企业其他管理部门做好企业管理的基础工作，搞好企业、单位管理人员的财会知识培训等。

(二)会计人员的专业职务

会计人员的专业技术职务分为正高级会计师、副高级会计师、会计师、助理会计师和会计员五种。高级会计师为高级职称，会计师为中级职称，助理会计师为初级职务。会计人员必须获得专业技术职务的任职资格，然后由各单位根据会计工作需要和本人的实际工作表现聘任一定的专业职务。为了加强会计工作队伍的建设，更好地体现客观、公正的原则，从 1992 年 8 月份起，我国开始试行会计人员专业技术职务任职资格考试制度，即“以考代评”“考评结合”，以专业知识水平测试成绩作为确定会计人员专业职务任职资格的主要依据。

对各种职称会计人员的基本要求是：(1)高级会计师必须较系统地掌握经济、财务会计理论和专业知识，具有较高的政策水平和丰富的财务会计工作经验，能担负一个地区、一个部门或一个系统的财务会计管理工作，较熟练地掌握一门外语；(2)会计师必须较系统地掌握财务会计基础理论和专业知识，掌握并能正确贯彻执行有关的财经方针、政策和财务会计法规和制度，具有一定的财务会计工作经验，能担负一个单位或管理一个地区、一个部门、一个系统某个方面的财务会计工作，掌握一门外语；(3)助理会计师必须掌握一般的财务会计基础理论和专业知识，熟悉并能正确执行有关的财经方针、政策和财务会计法规和制度，能担负一个方面或某个重要岗位的财务会计工作；(4)会计员必须初步掌握财务知识和技能，熟悉并能按照要求执行有关会计法规和财务会计制度，能担负一个岗位的财务会计工作。

(三)会计人员的职业道德

会计人员的职业道德，是会计人员从事会计工作应当遵循的道德标准。会计人员在会计工作中应当遵守职业道德，树立良好的职业品质和严谨的工作作风，严守工作纪律，努力提高工作效率和工作质量。关于会计人员的职业道德，我国的《会计法》、财政部发布的《会计基础工作规范》等都做出明确规定，其内容可以概括为以下八个方面：爱岗敬业，诚实守信，廉洁自律，客观公正，坚持准则，提高技能，参与管理，强化服务。

1. 爱岗敬业

爱岗敬业，要求会计人员充分认识本职工作在整个经济和社会事业发展过程中的地位和作用，珍惜自己的工作岗位，做到干一行爱一行，一丝不苟，兢兢业业，争当会计工作的行家里手。同时，还要求会计人员在工作中自觉主动地履行岗位职责，以积极、健康、求实、高效的态度对待会计工作，做到认真负责，恪尽职守。

2. 诚实守信

诚实守信是会计人员的基本道德素养。诚实是指言行跟内心思想一致，不弄虚作假，不欺上瞒下，做老实人、说老实话、办老实事就是遵守自己所做出的承诺，讲信用、重信用。守，是指遵循、依照；信，即信用。守信、信守诺言、保守秘密。诚实守信要求会计人员谨慎，信誉至上，不为利益所诱惑，不伪造账目事项。同时，还应当保守本单位的商业秘密，不弄虚作假，如实反映单位经济业务。

3. 廉洁自律

廉洁自律是会计人员的基本品质，是会计职业道德的基本原则。廉洁自律要求会计人员必须树立正确的人生观和价值观，严格划分公私界限，做到不贪不占、遵纪守法、清正廉洁。要正确处理会计职业权利与职业义务的关系，增强抵制行业不正之风的能力。

4. 客观公正

客观公正是会计人员必须具备的行为品德，是会计职业道德规范的灵魂。所谓客观，是指会计人员在处理会计事务时必须以实际发生的交易或事项为依据，如实反映企业的财务状况、经营成果和现金流量情况，不掺杂个人主观意愿，不为单位领导的意见所左右；所谓公正，是指会计人员应该具备正直、诚实的品质，不偏不倚地对待有关利益各方。客观公正，不只是一种工作态度，更是会计人员追求的一种境界。

5. 坚持准则

坚持准则要求会计人员熟悉财经法律、法规和国家统一的会计准则、制度，在处理经济业务过程中，不为主观或他人意志左右，始终坚持按照会计法律、法规和国家统一的会计准则、制度的要求进行会计核算，实施会计监督，确保所提供的会计信息真实、完整、维护国家利益、社会公众利益和正常的经济秩序。

6. 提高技能

如今的会计工作对从业人员的业务素质有着相当高的要求。会计人员应当具有一定的专业胜任能力，主要包括相应的经济理论水平、政策法规水平、业务知识水平、操作能力水平和文字表达水平等。提高技能要求会计人员通过学习、培训和实践等途径，不断提高会计理论水平、会计实务能力、职业判断能力、自动更新知识的能力、提高会计信息能力、沟通交流能力以及职业经验。运用所掌握的知识、技能和经验，开展会计工作，履行会计职责，以适应深化会计改革和会计国际化的需要。

7. 参与管理

参与管理要求会计人员在做好本职工作的同时，树立参与管理的意识，努力钻研相关业务，全面熟悉本单位经营活动和业务流程，主动向领导反映经营管理活动中的情况和存在的问题，主动提出合理化建议，协助领导决策，参与经营管理活动，做好领导的参谋。

8. 强化服务

强化服务要求会计人员具有强烈的服务意识、文明的服务态度和优良的服务质量。会计人员必须端正服务态度，做到讲文明、讲礼貌、讲信誉、讲诚实，坚持准则，真实、客观地核算单位的经济业务，努力维护和提升会计职业的良好社会形象。新的经济环境及企业相关利益主体的多样化要求强化会计的服务职能。会计的功能是服务性的，"会计"本身不是目的，会计始终处于助手地位，发挥参谋作用。摆正会计配角的位置丝毫不会削弱会计在单位管理中的重要性。

《会计基础工作规范》同时要求财政部门、业务主管部门和各单位定期检查会计人员遵守职业道德规范的情况，并作为会计人员晋升、晋级、聘任专业职务、表彰奖励的重要考核依据。会计人员违反职业道德的，由所在单位进行处罚；情节严重的，由会计发证机关吊销其会计证。

第二节　会计档案

一、会计档案的概念

会计档案是指会计凭证、会计账簿和财务会计报告等会计核算专业材料，是记录和反映单位经济业务的重要史料和证据。会计档案是国家档案的重要组成部分，也是各单位的重要档案之一。各单位必须加强对会计档案管理的领导，建立和健全会计档案的立卷、归档、保管、查阅和销毁等管理制度，保证会计档案妥善保管、有序存放以方便查阅，严防损毁、散失和泄密。为了加强会计档案管理，各级人民政府财政部门和档案行政管理部门共同负责会计档案工作的指导、监督和检查。

二、会计档案的归档

会计档案是指单位在进行会计核算等过程中接收或形成的，具有保存价值的文字、图表等各种形式的会计资料，包括通过计算机等电子设备形成、传输和存储的电子会计档案。会计档案主要有以下几类：

(1)会计凭证，包括原始凭证、记账凭证。

(2)会计账簿，包括总账、明细账、日记账、固定资产卡片及其他辅助性账簿。

(3)财务会计报告，包括月度、季度、半年度、年度财务会计报告。

(4)其他会计资料，包括银行存款余额调节表、银行对账单、纳税申报表、会计档案移交清册、会计档案保管清册、会计档案销毁清册、会计档案鉴定意见书及其他具有保存价值的会计资料。

单位应当加强会计档案管理工作，建立和完善会计档案的收集、整理、保管、利用和鉴定销毁等管理制度，采取可靠的安全防护技术和措施，保证会计档案的真实、完整、可用、安全。

单位的档案机构或者档案工作人员所属机构（以下统称单位档案管理机构）负责管理本单位的会计档案。单位也可以委托具备档案管理条件的机构代为管理会计档案。单位可以利用计算机、网络通信等信息技术手段管理会计档案。同时满足下列条件的，单位内部形成的属于归档范围的电子会计资料可仅以电子形式保存，形成电子会计档案：(1)形成的电子会计资料来源真实有效，由计算机等电子设备形成和传输；(2)使用的会计核算系统能够准确、完整、有效地接收和读取电子会计资料，能够输出符合国家标准归档格式的会计凭证、会计账簿、财务会计报表等会计资料，设定了经办、审核、审批等必要的审签程序；(3)使用的电子档案管理系统能够有效接收、管理、利用电子会计档案，符合电子档案的长期保管要求，并建立了电子会计档案与相关联的其他纸质会计档案的检索关系；(4)采取有效措施，防止电子会计档案被篡改；(5)建立电子会计档案备份制度，能够有效防范自然灾害、意外事故和人为破坏的影响；(6)形成的电子会计资料不属于具有永久保存价值或者其他重要保存价值的会计档案。

单位的会计机构或会计人员所属机构（以下统称单位会计管理机构）按照归档范围和归档要求，负责定期将应当归档的会计资料整理立卷，编制会计档案保管清册。

当年形成的会计档案，在会计年度终了后，可由单位会计管理机构临时保管一年，再移交单位档案管理机构保管。因工作需要确需推迟移交的，应当经单位档案管理机构同意。

单位会计管理机构临时保管会计档案最长不超过三年。临时保管期间，会计档案的保管应当符合国家档案管理的有关规定，且出纳人员不得兼管会计档案。

单位会计管理机构在办理会计档案移交时，应编制会计档案移交清册，并按照国家档案管理有关规定办理移交手续。纸质会计档案移交时应当保持原卷的封装。电子会计档案移交时应当将电子会计档案及其原数据一并移交，且文件格式应当符合国家档案管理的有关规定。特殊格式的电子会计档案应当与其读取平台一并移交。

单位档案管理机构接收电子会计档案时，应当对电子会计档案的准确性、完整性、可用性、安全性进行检测，符合要求的才能接收。

三、会计档案的保管期限

会计档案的保管期限分为永久、定期两类。定期保管期限一般分为 10 年和 30

年。会计档案的保管期限，从会计年度终了后的第一天算起。

《会计档案管理办法》规定，各类会计档案的保管期限原则上应当按照本办法附表执行，本办法规定的会计档案保管期限为最低保管期限。企业和其他组织会计档案保管期限表，如表 10-1 所示。

单位会计档案的具体名称如有同本办法附表所列档案名称不相符的，应当比照类似档案的保管期限办理。

单位应当定期对已到保管期限的会计档案进行鉴定，并形成会计档案鉴定意见书。会计档案鉴定工作应当由单位档案管理机构牵头，组织单位会计、审计、纪检监察等机构或人员共同进行。

表 10-1　企业会计档案保管期限表

序号	档案名称	保管期限	备注
一	会计凭证		
1	原始凭证	30 年	
2	记账凭证	30 年	
二	会计账簿		
3	总账	30 年	
4	明细账	30 年	
5	日记账	30 年	
6	固定资产卡片		固定资产报废清理后保管 5 年
7	其他辅助性账簿	30 年	
三	财务会计报告		
8	月度、季度、半年度财务会计报告	10 年	
9	年度财务会计报告	永久	
四	其他会计资料		
10	银行存款余额调节表	10 年	
11	银行对账单	10 年	
12	纳税申报表	10 年	
13	会计档案移交清册	30 年	
14	会计档案保管清册	永久	
15	会计档案销毁清册	永久	
16	会计档案鉴定意见书	永久	

四、会计档案的查阅和复制

各单位保存的会计档案不得借出。如有特殊需要，可以提供查阅或者复制，但必须办理一定的手续。单位应设置“会计档案调阅登记簿”，详细登记调阅日期、调阅人、调阅理由、归还日期等。本单位人员调阅会计档案，须经会计主管人员的同意。外单位人员调阅或复制会计档案，要有正式单位介绍信，经本单位负责人批准，并在“会计档案调阅登记簿”上详细记录档案的调阅或复制情况。查阅或者复制会计档案的人员，严禁在会计档案上涂画、拆封和抽换。

五、会计档案的销毁

2016 年 1 月 1 日起施行的新《会计档案管理办法》第十八条规定，经鉴定可以销毁的会计档案，应按照以下程序销毁：

1. 单位档案管理机构编制会计档案销毁清册，列明拟销毁会计档案的名称、卷号、册数、起止年度、档案编号、应保管期限、已保管期限和销毁时间等内容。

2. 单位负责人、档案管理机构负责人、会计管理机构负责人、档案管理机构经办人、会计管理机构经办人在会计档案销毁清册上签署意见。

3. 单位档案管理机构负责组织会计档案销毁工作，并与会计管理机构共同派员监销。监销人在会计档案销毁前，应当按照会计档案销毁清册所列内容进行清点核对；在会计档案销毁后，应当在会计档案销毁清册上签名或盖章。

电子会计档案的销毁还应当符合国家有关电子档案的规定，并由单位档案管理机构、会计管理机构和信息系统管理机构共同派员监销。

一、判断题

1. 单位负责人对本单位的会计工作和会计资料的真实性、完整性负责。（　　）

2. 会计人员的助理会计师和会计师的职称，只有通过会计专业技术资格考试，才能获取。（　　）

3. 会计人员的高级职称不用考试，通过评审就可以获得。（　　）

4. 出纳人员不得监管审核、会计档案保管和收入、费用、债权债务账目的登记工作。（　　）

5. 会计人员应当保守本单位的商业秘密。（　　）

6. 会计人员无权对不真实、不合法的原始凭证不予受理。（　　）

7. 会计只对纸质会计资料建立会计档案，不对电子设备形成的会计资料建立电子会计档案。（　　）

8. 单位应当设置专门的单位档案管理机构，单位会计管理机构临时保管会计档案最长不超过三年。（　　）

9. 单位出纳人员可以兼管会计档案。（　　）

10. 原始凭证和记账凭证的保管期限为 10 年。（　　）

11. 会计账簿（总账、明细账、日记账、其他辅助性账簿）的保管期限为 30 年。（　　）

12. 固定资产报废清理后仍需要保管 3 年。（　　）

13. 年度财务会计报告需要永久保存。（　　）

二、单项选择题

1. 会计档案管理办法规定，企业年度会计报表的保存期限是（　　）。

A. 3 年　　B. 5 年　　C. 15 年　　D. 永久

2. 会计工作的组织形式有集中核算和非集中核算，其选择的依据是（　　）。

A. 会计组织机构的特点　　B. 企业经济业务的特点

C. 会计经营管理的需要　　D. 会计准则的要求

3. 对于记载不准确的原始凭证，会计人员的正确处理方法是（　　）。

A. 不予受理　　B. 予以退回

C. 上报单位负责人　　D. 及时办理会计手续

4. 各单位每年形成的会计档案，都应由（　　）按照归档的要求负责整理立卷，装订成册，依法妥善保管，不得随意销毁。

A. 行政部门　　B. 会计管理机构

C. 文书机构　　D. 档案机构

5. 档案部门接受保管的会计档案需要拆封整理时，正确的做法是（　　）。

A. 由原封装人员拆封整理

B. 由原财务部门拆封整理

C. 由档案部门拆封整理

D. 由档案部门会同财会部门和原经办人员共同拆封整理

6. 会计档案的定期保管期限中，不包括（　　）。

A. 永久　　B. 10 年　　C. 20 年　　D. 30 年

7. 企业的会计档案保管清册的保管期限一般是（　　）。

A. 5 年　　B. 10 年　　C. 30 年　　D. 永久

三、多项选择题

1. 下列各项中，属于会计人员工作岗位的有（　　）。

A. 会计主管　B. 出纳　C. 初级会计师

D. 往来结算　E. 固定资产核算

2. 下列各项中，（　　）是会计人员应该遵守的会计职业道德。

A. 热爱本职工作　B. 遵守法律法规和各种规章

C. 实事求是，客观公正　D. 保守企业商业秘密

E. 保证会计信息合法、真实、准确、及时和完整

3. 下列会计档案中，保管年限为30年的有（　　）。

A. 原始凭证　B. 记账凭证　C. 总账

D. 明细账　E. 日记账

4. 下列各项中，需要永久保管的会计档案有（　　）。

A. 年度财务会计报告　B. 会计档案移交清册

C. 会计档案保管清册　D. 会计档案销毁清册

E. 会计档案鉴定意见书